# 贺兰山下种树人

宁夏大学口述实录（第四辑）

主编
郎　伟

副主编
王海文　马海龙　张　惠

黄河出版传媒集团
阳光出版社

图书在版编目（ＣＩＰ）数据

贺兰山下种树人：宁夏大学口述实录. 第四辑／郎伟主编. -- 银川：阳光出版社，2022.12
ISBN 978-7-5525-6686-4

Ⅰ. ①贺... Ⅱ. ①郎... Ⅲ. ①宁夏大学 - 校史 - 史料
Ⅳ. ①G649.284.31

中国版本图书馆CIP数据核字（2022）第245973号

贺兰山下种树人——宁夏大学口述实录（第四辑）

郎 伟 主 编

王海文 马海龙 张 惠 副主编

责任编辑 李媛媛 贾 莉
封面设计 晨 皓
责任印制 岳建宁

黄河出版传媒集团
阳 光 出 版 社 出版发行

出 版 人 薛文斌
地 址 宁夏银川市北京东路139号出版大厦（750001）
网 址 http：//www.ygchbs.com
网上书店 http：//shop129132959.taobao.com
电子信箱 yangguangchubanshe@163.com
邮购电话 0951-5047283
经 销 全国新华书店
印刷装订 宁夏凤鸣彩印广告有限公司
印刷委托书号 （宁）0025152

开 本 880 mm×1230 mm 1/16
印 张 20.75
字 数 300千字
版 次 2022年12月第1版
印 次 2022年12月第1次印刷
书 号 ISBN 978-7-5525-6686-4
定 价 62.00元

# 总　序

1958年10月25日，经党中央、国务院批准，宁夏回族自治区成立。同年金秋，宁夏大学正式创建。

1958—1962年，一批接一批刚刚走出大学校门的青年学子，或参加工作不久的热血青年，积极响应党和政府"到边疆去，到西北去，到祖国最需要的地方去"的号召，怀着为祖国建功立业的崇高理想，毅然告别家乡和亲人，分别从北京、上海、天津、成都、广州、沈阳等繁华都市，义无反顾地奔赴偏僻遥远的宁夏，进入初创的宁夏大学（含宁夏师范学院、宁夏农学院、宁夏医学院），从而结束了宁夏没有大学的历史，翻开了宁夏高等教育崭新的一页。

1958—1978年，经历了初创的万般艰辛，年轻的宁夏大学和第一代"宁大人"，在极其艰难的条件下负重前行，在诸多因素困扰几近停办的情况下，初心不改，矢志不移，广大师生员工用坚定的信念、坚强的意志、勇于自我牺牲的情怀以及敢于努力争先的勇气，在一片荒漠戈壁滩上，书写了一部白手起家、共克时艰、螺旋式上升、曲折中前进的传奇，谱写了一曲坚韧不拔的生命之歌，同时也培育出了"不畏风寒、不怕困难、根深叶茂、本固枝荣"的宁大"沙枣树"精神，并传之后世，影响至今。

党的十一届三中全会至今，宁夏大学步入良性发展的快车道，学校几经分合，也先后迎来了宁夏工学院、宁夏教育学院（含银川师专）的并入和宁夏农学院的回归，完成了由单一师范教育为主向多学科发展的综合性大学的华丽转身。2004年，宁夏大学成为自治区政府与教育部"省部共建高校"；2008年，迈进国家"211工程"重点建设高校行列；2012年，成为"中西部高校综合实力提升工程"入选高校；2017年，跨入国家一流学科建设高校行列；2018年，跻身教育部与自治区人民政府"部区合建"高校行列。

在此期间，一代又一代"宁大人"，人心思齐、人心思进，抢抓机遇、砥砺前行，无论是苦心孤诣创办专业、凝练教学科研特色内涵的专家学者，还是殚精竭虑引领广大师生"跳出宁大看宁大""跳起来摘苹果"的一届届校领导，他们在社会大发展的关键节点上，立足地域优势和自身特色，创新进取、开拓前进，突破瓶颈、衔命疾进，使这个西部小省区名不见经传的地方高校一步步成长壮大。

高校应该是宁静的育人家园、活跃的学术社区和典雅的文化高地；大学以育人为本、尊重学者、崇尚学术为理念。回首宁夏大学六十多年的奋斗历程，我们感念于第一代"宁大人"付出的巨大牺牲和无私奉献，感念于此后一代代"宁大人"薪火相传的责任心和使命感。从这个意义上说，《贺兰山下种树人——宁夏大学口述实录》系列图书的结集出版，一方面使我们有幸聆听老领导、老教师讲述的精彩故事和不同的心路历程；另一方面，也有益于让后来的"宁大人"知道，宁夏大学的前辈们，他们如何用理想信念、文化传承来抵御生活的艰难和生存的困扰，如何用文化的火种照亮后来者前行的道路，又是如何努力用健康和谐的团体生活、心无旁骛的学术追求，来激励自己，培养合格的社会主义建设者和接班人。广大读者可以通过本书的阅读，欣赏到可歌可敬的老领导老教师的群像：真诚践行尊师重教的老校长刘继曾，为教师优先解决住房、为改善宁大办学条件奔走呐喊的法学家校长吴家麟，大学毕业便怀着一腔热血从北京师范大学奔赴宁夏扎根银川、"西行铺路五十年"的李增林（原宁夏回族自治区政协副主席）、张奎校长、刘世俊副校长，几十年如一日把教学科研搬到田间地头的李玉鼎教授（原宁夏农学院院长）、陈如熙教授，勇于开拓、敢于担当的张秀林（原宁夏教育学院院长）、杨圣诠（原宁夏工学院院长），以及抢抓机遇、目光深远，把宁夏大学带进"211工程"建设行列的陈育宁书记、校长（原宁夏回族自治区政协副主席），等等，他们的口述质朴亲切，他们的故事令人起敬。他们和所有创建初期的"宁大人"一样，是指路的明灯，是铺路的基石，也是燃烧的蜡烛，涅槃的凤凰，他们的牺牲和奉献，历史不会忘记，宁夏大学会永远铭记。

2019年夏日，站在新的起跑线上，宁夏大学适时召开了第七次党代会，明确提出了"到2025年，把宁夏大学建成区域特色鲜明、服务地方能力突出的西部一流大学"的一个战略目标，"立德树人"和"双一流"建设两条工作主线，"建设高效能现代大学治理体系"等七项重点任务。这是面向未来，学校各项事业的顶层设计和发展愿景，凝聚了全校师生的智慧，体现了全校师生的共同愿望。

自古至今，人才是第一生产力，是宝贵的财富，优秀的教育工作者，是助推学校不断发展壮大的力量源泉。当打开这本书的时候，你一定会从这些德高望重的老前辈身上，聆听到他们不一样的人生经历，学习到他们宝贵的治学育人经验，从而引发深思，深受禅益。我们有理由相信，目前已处于历史上发展势头最好的宁夏大学，必将涌现更多的有益于学校发展和社会建设的优秀人才。

铭记历史，这本书无疑是"宁大人"树立标杆、自我认知的一扇窗口，是贺兰山下种树人难忘的集体记忆。

开拓未来，宁夏大学新的发展蓝图已经绘就，新一届学校党委正与时俱进，牢牢把握"部区合建"和"双一流"建设叠加的重大历史机遇，不断增强忧患意识、创新发展理念、完善体制机制、优化治理结构，以更高远的历史站位、更宽广的国际视野、更深邃的战略眼光，加快推进综合改革，为学校发展作出长远谋划、注入永续动力，引领全校师生员工，承前启后、继往开来，丰富并更新着宁夏大学的光荣传统和"沙枣树"精神的时代内涵。

　　校史档案工作是学校文化建设的重要组成部分，抢救性采集口述校史，是一项非常有意义的工作，由此，我们在感谢编者付出辛勤劳动的同时，也对这本书的付梓，充满热忱的期待。

宁夏大学党委书记　李星

二〇二二年十月

# 贺兰山下种树人·序

　　作为地处祖国西北地区的一所地方性高校，宁夏大学始建至今，已经走过了62年的峥嵘岁月。62年当中，几代人为这所地方高校的建设和发展贡献了青春和热血、汗水和智慧；也见证了这所大学由1958年创建时的"三土"学校（土教师、土教室、土学生）成长为今天的"211"大学和"部区合建"大学的不平凡历程。

　　对人类发展的广漠悠长时空而言，62年的时间不算漫长，这一段岁月在历史的长河里所激起的应有"浪花"也并非巨大无比。然而，对所有曾经和正在生活、工作、战斗和学习在这座校园里的人而言，62年又是多么漫长而又充满了人生的丰富意味和内心情韵的时光。许多人以满怀激情和梦想的青春年纪来到宁夏大学，一直到花甲之年带着依依不舍的深情离开洒过汗水和泪水的校园，他们的一生与宁夏大学相伴相随，其生命年轮里已经无可避免地留下了"宁大岁月"所带来的深刻记忆。他们青春年少的时候，共和国也正年轻。于是，他们高唱着"革命人永远是年轻"的时代之歌，感应着"大风起兮云飞扬"的时代召唤，从祖国的四面八方，来到当时甚为荒寒的宁夏，开始了宁夏高等教育历史的第一次美丽书写和描画。当他们即将进入壮年的时刻，这片土地的上空忽然间阴云密布、寒流阵阵。西北风比往日要凛冽了许多，讲台上的讲授也带着些滞重和迟疑。好在，飘流于天空中的疑云终于被时代的长风吹散吹跑，改革开放的灿烂阳光一时间洒满原本荒凉的西北之地。正是在春风浩荡、壮怀激烈的20世纪80年代，那些经历了岁月淬炼、命运磨砺的"归来者"们和在新时期以后逐渐加入宁夏大学教职员工行列的更年轻的奋斗者们，在新的历史条件下，开始了宁夏大学的又一次崭新创业之旅。在时代风潮的强劲推动之下，这一次的创业显然异乎寻常，这一次的建设和发展也完全超出许多人的想象。当时间进入21世纪，坐落于黄河之滨、贺兰山下的这座西部高校，已经不再是面貌模糊、神情黯淡的旧有状态。相反，激情四溢、从容挥洒倒成为宁夏大学的崭新气质。这显然是新的创业年代所给予的精神馈赠，更是工作和学习于这座校园当中的所有师生用不倦的奋斗和永不停止的追求所塑造的精神性格。

　　我从1984年北京大学中文系毕业后被分配到宁夏大学中文系任教，迄今已经36年。这36年当中，除去在宁夏师范学院任教四年外，我一直在宁夏大学工作，是这座西部高校近四十年来建设和发展的参加者和见证者。1984年7月当我怀着新奇而又忐忑的心情第一次进入这座校园时，我还只是一个22岁的毛头小伙子。如今，经历了岁月风霜的吹打，早已经到了韩愈老先生所谓的"发苍苍、视茫茫"的年岁。这样的年龄，自然会对往昔有回顾、有眷恋，也会对曾经接触过的宁夏大学的创业老人们和耳闻目睹的"老故事"有兴致、有深情。2019年春末，我从宁夏师范学院奉调回到宁夏大学。不久，宁大档案馆馆长王海文来汇报工作，谈话中言及口述实录档案一事。我和海文虽是学中文出身，但老话所谓的"文、史、哲，不分家"，我们的历史感大概比一般人要略强一些。遂商议决定趁宁夏大学的创建老人们还有许多人处于身康体健状态，进行口述档案的抢救式挖掘和记录。目的只有一个：用真实的记录，为宁夏大学的创建史和发展史留一份沉甸甸的历史资料。当然，也希望在日益喧嚣和功利主义成为流行意识的年代，宁夏大学的年轻教师和莘莘学子能够从这一份份口述实录档案中，从并不遥远的故事、人物和旧年事迹当中，深深体会共和国早期历史上的那一份理想主义和集体主义情怀，认真感悟前辈们不畏艰险、不怕困难、矢志不移、发愤图强的硬骨头精神和"舍小家顾大家"的无私、忘我的精神境界。体会和感悟不是为了发"思古之幽情"，而是为了从历史深处和前辈们的奋斗精神当中汲取应有的精神营养和进取的力量，以强大的心脏去迎接未来的挑战。因为，我始终固执地相信：历史是明天的太阳。

是为序。

宁夏大学副校长　郎　伟<br>二〇二二年十月

# 目　录

宋乃平

　　1963年7月生，陕西扶风人。本科毕业于西北大学自然地理学专业，硕士毕业于西北大学地图学与遥感专业，博士毕业于中国农业大学土壤学专业。现为宁夏大学生态环境学院教授，博士生导师，宁夏大学学位委员会副主席；兼任中国治沙暨沙业学会理事、中国科学院沙坡头试验站学术委员会委员、宁夏林草局咨询委员会委员、西北师范大学风沙危害区生态修复与沙产业协同创新中心理事，西北大学兼职教授，《水土保持通报》和《宁夏大学学报（自然科学版）》编委。2000年入选宁夏跨世纪学术技术带头人。学术方向为恢复生态学。主持完成国家重点基础研究发展计划专项课题、国家自然科学基金项目、国家重点研发计划课题等20余项，发表学术论文200余篇，其中SCI/EI收录20余篇。获中国科学院科技进步奖二等奖（集体）和宁夏科技进步奖一等奖（第二、第八）、二等奖（第三、第四）、三等奖（2项均为第一）7项，宁夏哲学社会科学优秀成果二、三等奖2项（均为第一），宁夏回族自治区教学成果一等奖（第一）、二等奖（第二）2项。荣获国家土地管理系统优秀教师（1993）、第六届宁夏青年科技奖（1998）等荣誉。

# 我与生态学科

宋乃平

我与生态学科是不期而遇的。

2004年博士毕业回校后，我就决定回归到地理学专业中去。此前几年在科研处担任副处长，虽然工作氛围良好，但我对学术仍不能忘情。业务放不下又没有多少时间做，内心纠结。在攻读博士学位期间，我通过阅读大量文献与北京的专家交流以及在北京、内蒙古两地的野外考察，确定了自己将来的研究方向，就是从生态环境演变角度探寻农牧交错带的可持续发展道路。从农户土地利用选择的机制研究人类活动对荒漠化的影响，以及如何分离人类活动在荒漠化过程的作用，人类活动又是如何与自然因素叠加共同推进荒漠化的？这些问题渐渐进入了我探寻的视野。

2005年1月，学校任命我为西部生态与生物资源开发联合研究中心（下文简称生态研究中心）主任。当时分管中心的李星副校长希望我能带领这个单位搭上"西部大开发生态先行"和"退耕还林（草）"政策的快车，将生态尽快做起来，为自治区在生态研究方面作出宁夏大学的贡献。来之前我也大略知道生态研究中心的基本情况，觉得单位小、事情少，能够静下心来做专业。但另一方面，新单位缺老师、缺学位点、缺学生，更缺仪器，遑论实验室。在我之前，生态研究中心只有两位老师，"底盘"小、资源少，面临发展困难。大家对生态研究中心发展的心情迫切，也都明白高校中科研单位存在的理由就是为学校、为自治区、为社会作出贡献。因此需要尽快明确定位，找到切实的发展道路。

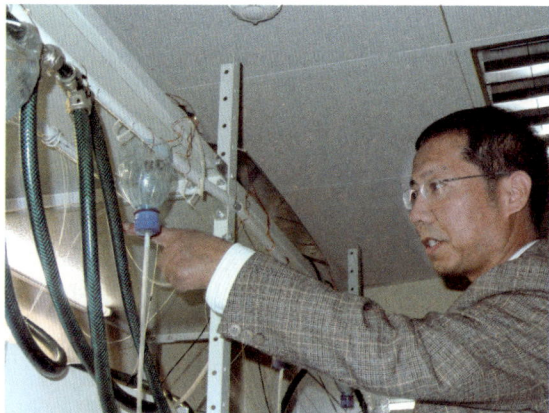

宋乃平教授做实验中

机会转眼到来。2005年3月，国家启动学位点申报工作，我们决定申报生态学二级硕士学位授权点。当时校内多个院系的实力比我们强，也都有申报生态学学位点的强烈意愿，这对学校的权衡是个压力。我找陈育宁书记表达了生态学硕士学位点以及它所托起的生态学科对西部生态与生物资源开发联合研究中心的重要性，并将申报硕士点的方向做了一个初步的匹配方案，陈书记对这个方案比较满意。

最终，学校决定让生态研究中心申报生态学硕士学位点。尽管生态研究中心建设了生态科技教育基地，也有一定的学术成果，但由于成立仅有两年，人员又很少，学科积累薄弱，申报书需要超常规设计，基本材料在全校范围收集，还需要细心阅读和恰当排布。我们夜以继日认真工作，把学科方向、人员、项目、成果等进行梳理和匹配，尽最大能力做申请书。结果没有辜负学校和陈书记的期望，生态学以88.23分的宁夏当年最高评审成绩获得硕士学位授权点。

学位点评审结果公布之后，我心有余悸：如果没拿下来如何给学校交代？现在拿下来了，如何建设？怎样才能不辜负研究生的期待、学校的支持？2005年开始进人，从校内吸引研究员、教授到中心，从2008年开始引进博士。同时，聘任校内老师担任导师和授课老师共同支撑学位点的教学和人才培养。原来我的想法是将生态研究中心发展成为一个15个人左右的校级研究平台，同时为教学和社会服务作出应有的贡献。如果少于15人，这个单位没有力量，如果多于15人，离心力比较大，效益也难同步增加。后来由于搭建了西北退化生态系统恢复与重建教育部重点实验室、宁夏退化生态系统恢复重点实验室、西北土地退化与生态恢复国家重点实验室培育基地等平台，为了满足这些平台更多的研究任务以及更高要求和考核评估的需要，进一步壮大了队伍，到2020年年底成立生态环境学院前，生态研究中心的队伍已经达到30人。

要带领生态学科发展，我自己必须深谙学科内容和动态。近10多年，我由地理学向生态学转行非常艰难和辛苦。放弃自己熟悉的地理学（2003—2007年，我已经在地理学方面的权威期刊《地理学报》《自然资源学报》《资源科学》发表多篇论文）转到生态学，不是因为我想做生态学，而是学校把我安排到这个岗位上，我要先服从学校大目标。这是老一辈人率先垂范给我们的价值观。到了生态研究中心，发现建设和管理一个新单位需要沉入的时间和精力非常多。生态重点实验室要在更大范围组织协调工作，在更高层面申请、答辩、考核、评估，给我们带来更多机会的同时，也带来了超常的工作量和申请书、任务书、年度报告、考核报告、评估报告等许许多多的材料。最让我感到压力的就是科技部、教育部层面的答辩、考评，一旦失误或者不理想，将会损害宁夏大学的声誉。好在一分耕耘一分收获，我们做的材料曾经被学科规划处赞赏，也被研究生院当作范本。在学校的支持、各部门的配合和许多老师的共同努力下，我们在两次教育部重点实验室评估中都获得了"良好"档次，为重点实验室进入"省部共建国家实验室"赢得了声誉。单位小，工作量大，除了上课和指导研究生，我的其他业务只能利用行政工作以外的时间或者抽时间开展。由于加班和经常处在较大压力的焦虑之中，我患上了严重的颈椎病、眩晕和失眠。

有了学位点就有了研究生，研究生始终是生态研究中心队伍的生力军。2007年，第一届招收4人，中心的科研项目立即有了研究力量。但是要让研究生能够做科研，老师必须下功夫培养。我深切地体会到研究生就像"银行"，老师想从"银行"拿到"利息"（做出科研成果），必须先给"银行"存入"本金"，这个"本金"就是对研究生的培养和关怀，让研究生有学术能力。从那个时候我更加要求自己备好和上好每一节课。恢复生态学课程之所以在2021年能够获得宁夏大学和自治区研究生教学成果一等奖，是我和课程团队学习、积累、提升、磨炼的结果，更是我们对课程的人才培养作用深刻认识的结果。我们的课程教学有理念、有目标、有做法、有效果。我除了开展正常的教学和指导，还重视自己的育人职责，全方位扶持研究生成长。得知2007级研究生成果的弟弟病危需要凝血药时，我立刻委托哈尔滨的学生坐飞机将药送到银川，使病人得救，让成果安心回校读书。李勇同学入学前就谈了家庭生活困难，我做他的导师，以勤工俭学和资助结合，帮助他带着患病的父亲上完了研究生。我还将已经毕业工作的李旺霞同学担任村主任的事迹推到《宁夏大学报》并被《宁夏工作研究》转载，在研究生中宣传李旺霞同学扎根基层服务农民的奉献精神。我也组织过老师为学生捐款。推荐研究生读博和工作的情况就更多。2016年生态研究中心搬迁到科技楼，我在装修方案中加入设立研究生墙，以宣传展示研究生学习生活，营造育人环境，涵养研究生人文精神。

宁夏是中国荒漠化最严重的地区，也具有重要地理特点的荒漠化过程，世纪之交的沙尘暴非常活跃，把荒漠化防治也推到了一个很高的工作高度。国家在"三北"防护林工程实施过程中，又开启了"退耕还林"工程，生态研究中心刚刚成立就建立了防沙治沙科技教育基地，我们正好做退耕还林的科研项目。我们对退耕还林实践先于理论、迫切需要综合研究深有体会，于是，在2005年申报生态学硕士学位点时规划了"植物生态学"和"恢复生态学"两个研究方向。由于那时

宋乃平教授（右一）带学生在野外实地教学

我们追踪了学科前沿，洞悉了区域特点，所以规划的这两个方向到今天不但不落伍，还是10年后国家划分的生态学7个二级学科中的其中2个，而且随着研究的深入，这两个领域得到深化和拓展。

生态学的区域研究对象非常重要，它是承载学科的实体空间平台。在当初是选择将荒漠草原还是将宁夏中部干旱带作为研究对象时，我们选择了前者。有失有得，这使得以新进年轻人为主的研究中心，走向以国家基金为主的基础研究和应用基础研究的方向。由我们重点推动的宁夏荒漠草原的研究成果在中国知网检索中成为全国继北京、内蒙古之后的第三个集中研究区域；锻炼培养了一支素质较好的师资队伍。在此研究基础上，我们进一步凝练了干旱半干旱过渡带研究方向。选择是比较困难的事，这些年我们做到"有所为"相对容易些，即使付出很大努力，但是对于"有所不为"，从决策上到各方面理解和认同上比较困难。学科的事在于你要做得宽就不能做得深。生态研究中心是在没有试验研究条件的情况下开展工作的。因为没有设施，没有实验室，我们走了一条后向发展的道路，也就是从应用问题开始，先依靠人力开展简单的调查，做粗浅的成果，再向基础研究逐步深入。2005年我们开始利用课题做基地，连续取样，做野外试验，到2009年利用"973"专项课题做定位研究，杨新国、王磊、陈林等博士以柠条为关键对象的生态系统连续观测，建立了盐池县农牧复合系统试验与示范基地。依托这个基地申请到的国家项目多达20项，发表的论文在130篇以上，培养的研究生在30人以上，特别是发表了第一篇 top 期刊的高水平论文，获得了宁夏科技进步奖二等奖、三等奖。2010年国家林业局启动了森林生态系统定位站申报工作。得到消息后，我多次与自治区林业局、中国林业科学研究院、西北农林科技大学联系，努力促成申招工作。后我们参与申请工作，几位博士搜集材料撰写申请报告，由西农牵头、贺兰山自然保护区管理局和我们参加的贺兰山森林生态系统定位研究站开始建设，迈向了系统观测的新阶段。后来，以何彤慧教授和王磊博士作为技术支撑，我们与银川市湿地保护中心共同建立了银川黄河湿地生态系统定位研究站，此研究站被评为国家林草局系统优良定位研究站。定位研究站用一个具体的空间点位凝练和固定了我们的学术方向，使得老师们更加集中于具体领域，研究方向更加凝练。现在生态研究中心的中青年老师在 top 期刊发表的诸多论文，大都是依托定位研究站点产出的。同时，我们建立起了9个专业实验室，功能覆盖了植物逆境生理、植物组培、植物生态、土壤理化、土壤生物、生态恢复、生态水文模拟、人工气候、"3S"技术、水环境分析、湿地生态。

生态学科这些年对于支撑西北退化生态系统恢复与重建教育部重点实验室、宁夏退化生态系统恢复重点实验室、西北土地退化与生态恢复国家重点实验室培育基地等平台，发挥了关键性作用。生态学的诸多成果应用到生产和生态修复保护的实践中。非常可喜的是，生态学专业的一些教授和博士成为宁夏相关领域的专家，在服务社会中发挥了更大的作用。青年老师很快获得国家自然科学基金项目，一些人还进入各类人才体系。生态学2015年顺利进入自治区"十三五"优势特色学科，2017年进入自治区人民政府下达的国内"西部一流学科"建设行列。2017年，生态学科在国家第四轮学科评估中获得 C⁻ 等次。这是生态学十几个人十几年努力的结果。

回望在宁夏大学工作的33年，20世纪80年代末与我们一起从外地来宁夏大学工作的硕士研究生已所剩无几（其实连宁夏本地的许多人都"飞"走了），我则选择了坚守。虽然学术水平已无法望他人项背，但我可以欣慰地说，我为建立和发展宁夏大学的生态学科奉献了全部力量。

# 扎根宁大的"不败长安花"

何小倩

那一年，他从历史积淀厚重的西安来到当时贫瘠的宁夏，一待就是30多年。

正值青春时，他与当时拥有同样远大理想的学者们一起，投身宁夏大学建设；知天命之年，他依然与朝气蓬勃的年轻学子共同守望着荒漠草原的变迁。他是从长安来的二月兰，扎根在西北荒漠草原，成就绿荫一片。他就是宋乃平。

## 脚踏实地　兢兢业业

1988年，作为宁夏大学第二届在外委培研究生宋乃平从西北大学毕业，来到宁夏大学工作。从历史氛围浓厚的古都西安来到宁夏，满怀憧憬的他发现理想与现实有不小的差距。

宋乃平在西北大学求学时，由于学科的特殊性，他的老师已经利用课题购置了 Personal Computer（个人电脑）开展研究了，而成立于1983年的宁夏大学地理系各方面条件都不成熟，整个系连一台计算机都没有，他只能依靠学校计算中心的电脑做研究。那时他每月工资是72块钱，差不多要拿出10块钱来上机。

考验他的事还在后面。宋乃平本科四年学习的是地理专业，编程能力不高，工作后，如何精通程序成了他的一个坎儿。由于技术限制，他果断转向历史地理，踏踏实实投身到新的研究领域。如今我们无法知晓突然转变研究方向，他在当时默默付出了多少努力，只是在谈到这段经历时，他自豪地说："我们这一代人，学校和组织让我们干什么，我们就干什么。我们没有为自己的利益奋斗，而是在为这个学校奋斗。学校和组织把我们安排到哪个岗位上，我们就在哪个岗位上。"

个人目标服从学校目标，大学毕业后就扎根在宁夏大学，宋乃平时刻谨记自己的初心："你自己发展得很好，如果不和学校结合是没有多大用处的。有些人说我们那时候都是老实人，老实人的逻辑就是认准了拿了国家的钱，就应该给国家干；我们拿了学校的钱，我们就要给学校干。这是老师们应该要记住的。我拿了这份工资就要对得起这份工资，所以无论学校给什么样艰苦的工作，我都会想办法去完成。"宋乃平几十年来以此为标准来要求自己，脚踏实地，兢兢业业。他在地理系执教了11年，见证了宁大地理系的发展与变迁。1999年，他在孔斌处长的介绍下到宁夏大学科技处任职副处长，从原本熟悉的教学领域到行政领域，这对于他又是一个全新的挑战。

没有专业政策，一起想！没有科研经费，一起筹！到科技处后，宋乃平在孔斌处长的带领下，与其他同事一起跑经费、制定科研政策。在大家的不懈努力下，申请到了200万元科研经费。"那时候我们不嫌自己的起步低，什么东西都不怕，丢面子也不怕，有一股往前蹦的劲，大家的劲头都很足，干不死就往死里干。"

## 扎根宁大　不忘初心

2000年，宋乃平被评为自治区"跨世纪学术、技术带头人"，彼时，他选择去中国农业大学脱产学习攻读博士学位，专心投入到学业中。获得博士学位后，虽然有更好的选择，但在接到陈育宁校长的一封恳切的信后重回宁大，继续在荒漠草原上扎根做研究。

2005年1月，宋乃平任宁夏大学西部生态与生物资源开发联合研究中心主任。在生态中心只有2名老师的情况下，他和2位同事共同担起了重任。他们组织全校的资源，申请生态学硕士学位点，在全国评审中，生态学是宁夏得分最高的学科。他们毫不松懈，继续向前探索，对全校老师的课题、个人情况、个人成果进行反复梳理，梳理完后，根据生态学的研究方向结合宁夏自身条件联合攻关，努力缩小与外面的差距。作为一名老师，宋乃平潜心研究；作为一位学者，他目光深远。从遥感地图学转到历史地理，后来转到生态学，他一直在学术研究的路上转弯，即使这样，仍取得了丰硕的科研教学成果。在生态学研究中，他确定了荒漠草原的研究方向。为了使学科保持先进性，他贯彻"联合、开放、流动、竞争"的八字方针，带领一众人走到正确学术道路上，摆正方向，矢志前行，得到学术界的普遍认同。他们自我反省，自我激励，生态学科建设将近20年的历史，其发展之快是他们自己也没有想到的。宋乃平作为生态中心的主任，其奉献与贡献是有目共睹的。

## 以身作则　甘为人梯

作为学科领路人，宋乃平始终以更高的准则要求自己，他总是说自己就是一个只知道干活的老实人，也正是这种老实人的逻辑让他甘愿自己多干一些、为学生多做一些。在回忆起自己年轻时走过的路时，他感慨道："我们这个学科是需要积淀的。我们这一代人要做的就是把握好大方向，让年轻人来了以后有一个比较高的台阶，有一个完善的平台，让学科长久发展下去。这就是我们对学校最大的贡献。"他始终坚信，要为年轻人做好学术铺垫，要甘为人梯，不能让年轻人从头搞起，要让他们站在前人的肩膀上做起，不断积累，真正形成学科的良性发展。

正是在宋乃平他们的努力下，宁夏大学生态学系现有生态学一级硕士学位点，西北土地退化与生态恢复国家重点实验室培育基地、西北退化生态系统恢复与重建教育部重点实验室2个研究平台，组建了6个科研创新团队，整合成立了5个教研组，形成了"生态学硕士点—省部级科研平台—教研组"互为一体的教学科研相辅相成的发展模式。生态学系从2006年起开始在盐池县马儿庄建立研究基地，2009年又开辟了盐池县杨寨子村研究基地。宋乃平将学科发展从学校扩展到社会，每到假期都坚持与学生一起调研试验。作为学科带头人，他总是谦虚地说："学科实际上是众人团结一心做出来的事，实际上就是左顾右盼，看别人在做什么、社会需求什么、整个学术发展往什么方向，更多的是为大家做事的。"在他心中完美的教学科研流程就是：前方有领路人，路上有同行者，后方有追随者。他告诫学生一个好的课题值得研究终身。

"当学生用亮晶晶的眼睛看着我时，我感受到了他们对知识的渴望。"宋乃平在提及学生时不免动情。爱是双向奔赴。他家的房子漏了，学生瞒着他修好了；学生病了，他想办法寻医求药，只为学生能恢复健康，完成学业。这种互相给予的师生情谊让他深深动容，他相信每个学生都有美好的未来，他也相信学生们良好的基础和踏实的研究就是学科的未来。"学校就是每个学生的娘家，只有娘家强了，孩子才能更优秀更自豪。如果娘家不强，学生甚至都不敢说出母校的名字，所以拿过硬的办学实力给学生撑腰，是我们一直在追求的目标。"宋乃平做到了，他的学生也感受到了，学科发展的强大正是他给学生最坚实的支撑。

在西北这片土地上，宋乃平像一粒种子，破土在这儿，成长在这儿，开花在这儿，结果也在这儿。他将青春年华无怨无悔奉献给了这片荒漠草原，建立起了具有区域和学科综合交叉特色的独具"泥土芬芳"的地方性学科，为自治区生态立区战略的实施提供了有力支撑，更为宁夏大学的发展添上了浓墨重彩的一笔。他是从长安来的二月兰，踏实做事，平实待人，虽不起眼，但芬芳无比；他又似荒漠草原中的沙枣树，顽强生长，硕果盈枝。

# 扎根宁夏三十载　立德树人育英才

## ——宋乃平老师从教纪事

李学斌　陈　林

近些年，宁夏大学办学水平快速提升，由以本科教育为主到本科与研究生教育共同发展，学校朝着教学研究型大学的道路大步迈进。一批扎根宁夏、兢兢业业耕耘杏坛的教师是这一变化的基石，宋乃平老师就是其中一员。

### 矢志不渝立宁夏　播洒汗水铸师魂

1988年7月，宋老师从西北大学毕业来到宁夏大学，担任新生班主任。一群渴求知识的青年大学生与血气方刚、甘愿奉献的宋老师相遇，师生之间教学相长，感情交流也很快加深。在享受学生的爱戴中，他更加认真地备课和急切地读书。学生对于讲课清晰的宋老师也愈加钦佩。地理学专业实践性很强，他常带领学生攀登贺兰山、走进毛乌素沙地、考察银川绿洲、参观黄河水情，这不仅使他体会到自然之书博大精深，也让他产生了浓厚的教学兴趣。2005年，响应学校安排，他转而从事生态学教学与管理工作，更好地将教学与实践紧密结合起来，不断探索、改进和积累。由他主持的《面向复合人才培养目标的恢复生态学课程教学模式创新》荣获2021年宁夏高等教育自治区级教学成果一等奖（研究生教育类）。

宋老师兢兢业业教学，勤勤恳恳育人。他不断更新教案，把新知识教给学生，用成功者的事迹感召学生。他将教学内容梳理得清晰、流畅，听他的课是一种享受。他关心学生生活，向有困难的学生伸出援助之手。得知一位研究生的弟弟患病垂危需要凝血药时，他立刻委托在哈尔滨上学的学生在当地买药坐飞机将药送到宁夏，使病人得救。宋老师还为这位学生的弟弟垫付了2000元医疗费用。

在教学科研中，由于做事认真、原则性强，他也会遇到其他人的不理解。在他的课程或主持的考评中，学生课程或有不及格，论文开题、答辩的意见有时也很尖锐。有的同学对此很有意见，但他都一笑置之。对学生的要求丝毫不放松、评价标准不降低，这是他的底线。他从自身做起，狠抓课堂教学，深入理解教材，广泛收集材料，增加直观教学内容，以风趣幽默的语言讲解，增强学生的学习兴趣，用他的话说就是"用糖水喂药"。在他的不懈努力下，学生缺勤率低了，考试合格率高了；混日子的少了，钻研学问的多了。

宋老师可谓桃李满天下，这也应验了那句"耕耘就是收获，付出就是回报"的朴素哲理。由于教学效果显著，他多次获得宁夏大学教学成果奖，荣获优秀指导教师和全国土地管理系统优秀教师等荣誉称号。

深入科研提水平　服务教学与社会

面对教学任务，宋老师早就给自己制定了长期要求和奋斗目标，即在助教阶段，要学到一门课程教学的基本套路；在讲师阶段，要熟练掌握一门课程80%的基本内容；在副教授阶段，通过教学研究搞清课程中50%内容的来龙去脉；在教授阶段，对该课程70%内容的学理过程清楚，对课程20%的内容开展研究。科学研究是实现这一要求、提升教学水平的必由之路。多年来，他深入野外做试验，深入农村做调查，建立野外基地搞积累，逐步将学术方向凝练在农牧交错带土地利用变化与生态过程研究方面。

面对学科发展和地方生态建设的现实需求，他将生态监测与遥感图像、农户调查、历史资料相结合，针对宁夏全区和内蒙古鄂尔多斯农牧交错带，总结了土地利用变化对生态系统演变的影响过程，得出了在长周期波动与短时段突变（重大事件）的共同作用之中，人类生计刚性需求下的土地利用加剧了生态系统的波动。通过土地利用，恢复了一些历史时期的生态系统面貌，为今天的生态建设和保护工作提供了参照。

他参与的"中国退耕还林政策评估与实践"课题，以土地利用转换的环境效应为科学问题，重点研究了退耕实践中的科技支撑不足、贫困与生态环境难以协调的矛盾以及政策实施偏离科学目标等关键问题；从县域、村域和农户尺度，对宁夏退耕还林工程的实践效果进行全面评估，揭示了退耕还林工程实践中的科学与政策对接的深层次问题及产生的原因，构建了宁夏黄土区退耕还林的可持续模式。这一成果被宁夏林业局采用，获2007年宁夏科技进步奖一等奖，《科学时报》《宁夏日报》对这一成果进行了专题采访报道，获得了良好的社会反响。

他主持的"禁牧政策的生态效益补偿与草地资源的可持续利用"课题，在分析和借鉴国外生态补偿理论和案例的基础上，估算了草地生态系统服务价值，确定了草地生态效益补偿标准，提出了适应草地保育与发挥最大生产力的草地利用调控措施。研究成果被宁夏科协、宁夏生态建设办公室、宁夏草原站采纳或参考，为宁夏获得国务院"建立草地生态保护补偿奖励机制促进农民增收"政策提供了理论支撑。该成果《科学时报》做了报道，获2009年宁夏科技进步奖三等奖。

他带领生态研究中心的老师，踏遍了宁夏荒漠草原，深入了解到农牧业资源利用和生产方式粗放、草—畜产业耦合度低、农牧活动易引发土地退化等问题，以生态与生计协调和生态系统可持续发展为目标，从认知、技术和模式三方面系统开展了问题剖析与复合系统构建机理研究，提出了"以牧为主"和"以农为主"两种农牧复合模式，为后封育禁牧阶段草原可持续利用提供了理论依据、技术支撑和示范模式。该成果获2017年宁夏科技进步奖三等奖。

宋老师所做的科学研究与其性格相符，是一种平实的风格。抱着为社会服务、对地方有用的目的，他总是深入科研一线，对科学数据的获取过程非常重视，亲自记录，是为了在材料整理和成果提炼时将数据还原到现实场景中去。他始终抱着尊重事实的态度："数据往往不完美，做不到完全定量，就半定量或定性研究，尊重科学事实是科研的基本道德。"对学生论文的修改和为杂志审稿中，他也是这么做的，用他的话说就是"以微薄之力践行求真精神"。宋老师团队从事的课题研究，往往要在艰苦地方做连续观测和试验，也往往是在大风、沙尘暴、下雨的时候做观测，对团队老师和学生是一种高强度的锻炼和磨砺，但他们不言苦累、无怨无悔地挺过来了。

## 开拓进取搭平台　凝聚团队求共赢

做好自己的教学和科研是本分，但是培养学生、服务社会，需要的是团队协作和长期的学科积累。2005年初，在主持宁夏大学西部生态与生物资源开发联合研究中心之后，宋老师立即组织编制发展规划，并且抓住机遇申报生态学硕士学位点，利用宁夏生态建设的地位和形势，申报自治区和教育部重点实验室。这3项申请获准立项后，首先挑战的是这位"书生"的组织能力和实施能力。机会是关键，宋老师通过积极沟通，抓住了学校里"中地共建""中央支持地方高校专项""科研条件能力建设""以奖代补"等机会，以勤勉的工作精神来面对每一个机会。在西部的大学里，没有太多的资源可以调动，

宋乃平教授（中）接受档案馆采访留影

所能支配的就是将机会、荣誉和利益首先分配给一起合作的同事。在生态中心，最先获得多项大课题的不是主任、副主任，而是普通研究人员。以公平公正、以身作则的态度来做事，就会得到更多的支持。宋老师总是公共工作的担纲者，大事小事他都亲自组织，还身体力行地与大家一起干。在他的感召下，大家都倍加勤奋工作。天道酬勤，正是由于宋老师的带领，生态实验室2009年通过评估验收，进入教育部重点实验室行列，2010年又跻身国家重点实验室培育基地。2015年和2020年两次在教育部组织的重点实验室评估中获得"良好"等次。

新的起点需要多倍的干劲和勇气。在西部高校要抓住的关键问题是凝聚人才和团队建设。宋老师不断壮大学术队伍，并逐步改变"哑铃型"的队伍结构，柔性引进院士和知名教授，弥补高层次人才缺乏的矛盾。营造公平、向上、心情舒畅的环境是稳定人才的关键。宋老师学养兼修，团结大家在学科方向上开展教学和科研工作，形成了师生融洽、教学相长、协作攻关的机制和文化环境。

除了20多年前获得的"宁夏青年科技奖""宁夏跨世纪学术技术带头人"和近年的教学、科研成果奖励外，宋老师没有更多的荣誉和

光环，他主动将获奖机会让给其他同事。由于做事认真，学校领导安排他继续担任行政职务，但他毅然放弃，并主动辞去了现任的行政领导职务。他的放弃和让出是为了给别人更多发展机会。在校内外熟人圈子里，大家都知道他是做实事的人；在学生眼中，他是坚守学术道德的人；在领导看来，学校需要更多这样的人。他的治学之道、做人之道、做事之道、待人之道，都是值得我们学习的！

（编校：马健）

## 作者简介

李学斌，男，1972年10月生，宁夏盐池人，中共党员，毕业于宁夏大学农学院草学专业，研究员，现任宁夏大学副校长。

陈林，男，1983年8月生，湖南湘乡人，中共党员，毕业于宁夏大学农学院草学专业，副研究员。

张亚红

女，汉族，1965年10月生，教授，博士，正高级职称，九三学社宁夏区委会兼职副主委，自治区政协常委，曾先后任宁夏大学农学院副院长、食品与葡萄酒学院院长、宁夏大学教务处处长，现任宁夏大学本科生院院长，兼本科生院招生与学籍管理办公室主任、课程思政教学研究中心主任、国家语言文字推广基地主任。2003年6月博士毕业于中国农业大学设施园艺环境工程专业，2018—2020教育部高等学校植物生产类专业教学指导委员会委员、园艺（含茶学）类教学指导分委员会委员，中国农业工程学会设施园艺工程专业委员会委员，中国农业工程学会"科创中国"农业工程科技服务团高级专家。获得区级以上"优秀指导教师"12次；获得自治区"塞上名师""自治区政府特殊津贴""三八红旗手""宝钢教育优秀教师奖""宁夏大学师德标兵"等荣誉。

# 做播撒种子的人

张亚红

对于自己的从教经历，我想从以下几个方面加以概括。

带团队，育新人，创奇迹。宁夏大学地处西部，资源和环境不占优势，在全国赛事或专业建设中，只有靠团队持续打造才能脱颖而出。为培养青年教师的教学基本功，当时作为农学院的教学副院长，我组织团队倾心打造农学院青年教师代表宁夏参加全国青年教师教学大赛，他们分别在2014年第二届、2016年第三届全国青年教师教学竞赛中脱颖而出，获得全国二等奖和一等奖，如黑马跑在了前列。获得二等奖的梁熠回忆道："为了打磨20个单元的现场教学，张院长组织大家每隔10天试讲3个单元并提出修改建议。由于任务难度大，占用了暑假，最后谁都坚持不下去了，我自己也感到很疲惫。有一次拖拖拉拉迟到了，到校后发现张院长一个人。坐在实验室的小板凳上等待着，我顿时感到惭愧，同时也坚定了坚持下去的决心。"2016年，我组织宁夏大学8个专业斩获全国卓越农林人才教育培养计划——拔尖创新型（全国共40项获批）和复合应用型（全国共70项获批）两类专业试点。2020年组织园艺专业获批国家级一流专业建设点，葡萄与葡萄酒工程专业获批自治区一流专业建设点，2021年获批全国东西部高校园艺专业核心课程群虚拟教研室。

全面推行本科和研究生教育教学改革。主持完成教育部"新工科"、自治区级教学改革等项目5项，通过教学改革项目的实施，在农学院构建了"创新＋应用型"人才培养体系并组织实施，获得宁夏高等学校教学成果特等奖；在食品与葡萄酒学院推行"葡萄与葡萄酒产业国际化高素质行业性人才培养"，获得宁夏高等学校教学成果一等奖；推行"三协同四提升"葡萄与葡萄酒全产业链人才培养模式，获得宁夏高等学校教学成果二等奖；在农学院推行的园艺学科研究生"五个一工程"提升行动，获得宁夏高等学校教学成果一等奖。这些改革与创新举措，极大地提高了本科生和研究生的培养质量。

做学生眼中的爱心"母亲"，关心爱护每一个学生，将学生视如己出。我常年资助多名宁南山区家庭经济困难的学生和新疆少数民族困难学生，同时教育他们具备良好的品德并参与科技创新。先后有近10名学生在我的资助下顺利完成学业。其中，学生孙利鑫2013年荣获第十二届"挑战杯"全国大学生课外学术科技作品竞赛二等奖（宁夏本届最高奖项），他的成长经历在《中国青年报》头版刊出，名为《孙利鑫：山里娃走上"挑战杯"赛场》，他同时荣获第八届中国青少年科技创新奖（宁夏唯一）。一位自小没有母亲的女学生，跟我实习后再也不用外出打工养活自己，毕业没找到工作前，我给发工资、租公寓参加项目研究，每周还带好吃的看望，她泪眼婆娑地说"老师像妈妈"。当她组建家庭时，我放心了，以"娘家人"身份陪嫁了一台空调。我还曾拿出10万元，为一时糊涂犯错的学生解决问题，帮他介绍工作，学生的母亲说："张老师就是你的再生父母，要一辈子心存感恩！"

做服务社会成果丰硕的农业专家。我任中国农业工程学会设施园艺工程专业委员会委员，在贺兰、永宁都有服务基地。2020年冬季，我主持的自治区重大专项课题"塑料大棚越冬蔬菜"喜获成功。恰在疫情期间，蔬菜物资短缺，我率先将科研试验喜获成功的越冬新鲜蔬菜，分13批次捐赠给抗疫战线的医护人员、居家隔离的青年教师以及加班坚守抗疫一线的工作人员，获得社会高度认可，国家《温室园艺》杂志以"正能量"为题做了报道。目前我和团队已推广了桥式塑料大棚一年三茬（两茬果菜一茬越冬蔬菜）技术，转化"日光温室香椿持续8个月采收技术"，设施园艺环境调控技术已在全区推广，还有2项专利签署协议进行了转化。我主持完成国家自然科学基金、国家科技支撑课题、自治区重大专项等课题14项，发表论文100余篇，授权专利17项，2项得到转化，成果鉴定9项，颁布地方标准3项；获得宁夏科学技术进步奖二等奖2项（排名第一和第四），三等奖1项（排名第一）。

做勇于担当的民主党派成员。我现任自治区政协委员、九三学社宁夏区委会兼职副主委。2019年，我提出的《关于健全知识产权管理制度加快我区科技成果有效转化的建议》的提案被选为自治区政协3号提案，得到政协主席亲自督办；《关于强化东西部合作，联合开办宁夏"三农"电视栏目》被评为自治区政协十一届二次会议优秀提案。2020年全国两会期间，我撰写的《改进科研成果评价机制，确保高质量论文服务国家战略》作为宁夏政协委员提案，引起社会关注和点赞；2021年撰写的《关于净化网络环境，给网络干净的空间》的提案，得到多部门督办，并作为今年全国两会政协委员的提案素材。2010年带领九三学社宁夏大学委员获"全国优秀基层组织"奖，2020年获九三学社建立75周年"全国优秀基层组织"奖。我2013年获得九三学社中央委员会授予的2012—2013年度全社参政议政先进个人；2017年获九三学社宁夏区委会2012—2017年度参政议政工作先进个人；2020年获九三学社宁夏区委会2018—2019年度反映社情民意信息工作先进个人。

# 为人师表是巾帼

王锡彬

她时常站在讲台上，为学生传道授业解惑；她也时常出现在田间地头，俯身察看农作物的长势；她又时常出现在会议室里，作为政协委员建言献策；她还时常出现在谈判桌上，竭力争取下一个实验基地和学生实践基地……她就是张亚红，宁夏大学食品与葡萄酒学院院长。她是一位受人爱戴的老师勇于担当的民主党派成员，更是一位有着家国情怀的高级知识分子。

## 含辛茹苦抓教学

2007年，张亚红成为农学院分管教学的副院长。她提出在学院实行"农科创新＋应用型本科人才培养模式"改革，提出了两个体系的构建。一是创新型人才培养体系的构建，提出了"科研导师制""创新学分制""本科生参加老师科研项目"等模式，实施以"科技服务"为主体的大学生社会实践活动，培养学生的创新能力。二是应用型人才培养体系的构建，提出了"教学综合大实习""实践操作专业课"等教学模式，实施"3+1"培养模式，即"课堂教学＋示范园区实训教学"的培养模式，提高本科生的生产服务水平；签署了35个实习基

张亚红教授（中）现场指导农民生产

地，做到每个专业有1—2个设施完善的综合实习基地。在这样的体系下，学生的创新能力、实践能力得到了很大提升。

2007年，国家启动本科质量工程项目，其中包括大学生创新实验项目。张亚红敏锐地意识到这是锻炼学生能力的好机会，于是亲自推动农学院学生参与此项目。2008年，农学院申报项目有19项，次年便达到38项，后来更是每年基本保持在65项。学生有能力和信心申报项目、完成项目就是张亚红抓教学的成果体现。除此之外，张亚红还从2007年开始坚持指导学生的创新试验，指导的学生获得"第八届中国青少年科技创新奖"、全国专业竞赛一等奖等国家竞赛奖项及自治区"挑战杯""创青春"特等奖等各类奖项30余项，2011年指导的"日光温室果树促早栽培方法及装置实现"获第十二届"挑战杯"全国大学生课外学术科技作品竞赛二等奖，是自治区在本届"挑战杯"获得的唯一奖项。她本人也获得了第十二届"挑战杯"全国大学生课外学术科技作品大赛优秀指导教师荣誉，是宁夏高校唯一获此殊荣的指导教师。除此之外，她还获得了自治区"塞上名师""三八红旗手""宁夏大学师德标兵""二级岗教授"等荣誉。

除了抓学生工作，教师的工作也要抓。张亚红注重青年教师的培养，鼓励青年教师创新，提升教学能力。在第三届全国青年教师教学比赛上，农学院教师王彬斩获全国一等奖。提起这段经历，张亚红眼神里满是骄傲和自豪。为拿下这届比赛，张亚红带领农学院一众老师成立了专门团队，每十天就为王彬量身打造一套计划方案，包括讲课内容、PPT 制作、教案等各个方面的内容。王彬进入全国比赛后，张亚红带领团队更是废寝忘食，利用一切休息时间研究教案和教学内容。最终，功夫不负有心人，王彬获得全国一等奖。

在张亚红既抓学生工作又抓老师教学的努力下，农学院教学水平整体提升，获得国家级特色专业、国家级教学团队、全国教育系统先进集体，并获批唯一一批国家卓越农林项目。

## 把论文写在大地上

从业几十年，张亚红始终坚持做好科学研究工作，并主张"把论文写在大地上"。她把科技创新作为自己的重要任务，并且一直秉承"两条腿走路"的观点：既要搞好学术研究，又要把学术研究转化为实践成果。在众多的项目执行中，她的项目得到了大面积成果转化，取得了良好的经济效益和社会效益。

在科研活动中，她紧密结合宁夏现代农业产业需求，基础研究和应用研究相结合，多学科交叉进行科技创新，通过基础研究成果，形成具有自主知识产权的专利，将专利进行产业化开发，反哺农业。张亚红参与的具有自主知识产权的产品"群体日光温室智能卷闭帘、卷闭膜分布式控制系统"和"设施果树促早栽培环境管理预警仪"已进行成果转化，在生产上推广应用，开始大面积推广。这些产品推进了自治区日光温室现代化发展进程，有广泛的应用前景。

她的许多学术成果都无偿地给了企业，主动帮企业发展技术，无偿帮助企业攻克技术难题，真正做到了把学术成果转换为实践成果，并将实践成果推向了社会。她的汗水流在了大地上，成果在大地上生根、发芽。

## 亲力亲为　服务社会

张亚红从业几十年来，始终怀着对国家和社会的感恩，并用自己的实际行动回报国家，回报社会。

作为九三学社宁夏区委会副主任委员，她始终将自己的专业知识与人民需求结合在一起，保极建言献策。她拟订的关于知识产权保护的草案获得了自治区政协主席的批示并进行了督办，推动了宁夏知识产权保护工作的深入开展。此外，她还参与多次科技类调研，生成调研报告。她拟订的诸多提案多次被自治区政协委员带到全国两会上。

她带领九三学社成员逢年过节去敬老院，携带自购的大米、面粉、香油、牛奶看望老人，还为他们分发零用钱。在一次看望中，张亚红认识了一位孤寡老人，但看到老人十分孤单，她便经常来看望，嘘寒问暖，老人有什么需要的她都会及时购买。这一照顾就是20多年。考虑到老人的起居安全，张亚红建议老人入住敬老院，所有费用她来支付。但老人执意不去，激动地说："你就是我的亲人，现在我还能动，有一天起不来了，你给我穿老衣。"张亚红含泪答应了老人的嘱托。作为九三学社成员，张亚红实实在在地履行了自己的义务和职责，用学识和能力服务了百姓，造福了百姓，用强烈的责任心和担当回报了社会，传递大爱。

张亚红注重言传身教，以德育人。她关爱学生，总是为学生着想。她鼓励学生积极参加自治区外的学术会议，往返的车票、食宿、交通等各种费用都由她来承担。她常常亲自带领学生下农村，进大棚。

张亚红教授（中）在户外给学生授课

想到学生要赶早班车，来不及吃早餐，她就在家里做好早餐给学生带上，有的学生已经吃过了，她劝说："干活重，多吃点。"中午有时忙起来学生赶不回来，附近又没有地方吃饭，她就在家里做好饭菜送进大棚里与学生一起吃。在校外实习的学生经常因为吃饭犯难，她就给学生买全套炊具，教学生做饭，还把家里的电视搬到学生工作的地方。学生激动地说："虽然有半年多的时间在田间地头，但是因为有老师的关爱，我们不寂寞。"学生的点点滴滴都记挂在张亚红的心头，她对学生无微不至的关怀透着为人师者的博爱。

张亚红遇见过不少贫困学生。对于这部分学生，她总是能帮的就帮，用各种形式资助。时至今日，她已经资助了近10名学生，目前还在资助两位在校贫困生。《中国青年报》《孙利鑫：山里娃走上"挑战杯"赛场》这篇，就报道了农学院学生孙利鑫受资助的经历。家庭贫困的孙利鑫通过不懈努力考上了宁夏大学，却为学费犯了难。开学那天，他独自一人带了200元来报名，除去路费只剩160元了。张亚红了解情况后当即决定先让他报名入学，自己每年支付3000元为孙利鑫交学费。张亚红说："在学生困难的时候老师伸手帮一把，这是作为一名教师的责任与担当。"这项爱心事业她坚持了十几年，在默默奉献中彰显着大爱。

笔者采访快要结束的时候，正好碰到夏进公司来了几位代表与农学院洽谈学生实习实践事宜。张亚红与代表商谈完毕后笑着回来，自言自语地道："太好了，我的学生又多了实习的机会！"她笑得是那么开心。

（编校：胡彬）

# 黄土地的女儿

## ——记张亚红老师平凡的故事

张新民

她从"塞上江南"走来，是黄土地这块热土哺育出的女儿。她是一位德艺双馨的大学教师。她就是宁夏大学教授、博士生导师张亚红。

张亚红曾先后任宁夏大学农学院副院长、食品与葡萄酒学院院长、宁夏大学教务处处长。除日常管理工作外，她还坚持完成本科和研究生教学，获得自治区教学成果特等奖1项，一等奖2项；指导学生参加全国及自治区各类竞赛屡获大奖。她获得全国和自治区大赛"优秀教师"称号，多次获得宁夏大学教学优秀奖、教学质量奖，是宝钢教育基金优秀教师奖获得者、自治区"塞上名师"。

她是一位服务社会成果丰硕的农业专家，任中国农业工程学会设施园艺工程专业委员会委员，中国农业工程学会"科创中国"农业工程科技服务团高级专家，主持完成"十一五"国家科技支撑课题、国家自然科学基金项目、国家农业成果转化重点项目、教育部重点课题和自治区国际合作项目等各类项目共14项。她以"第一完成人"获得自治区科技进步奖二等奖1项、三等奖1项，自治区第九届自然科学优秀论文二等奖1项；获授权专利17项（2项得到转化）、成果鉴定9项，颁布地方标准3项；发表论文100余篇，主编教材2部，专著2部。

她是一位勇于担当的民主党派成员。现任自治区政协委员、九三学社宁夏区委会副主委。她以参政议政为己任，利用节假日参加自治区政协、九三学社区委会、九三学社农林专委会组织的各项调研活动，完成或协助完成各类专题调研报告十余项，自治区政协主席批复1项，优秀提案1项，为自治区经济社会发展建言献策。她2013年获九三学社中央委员会授予的2012—2013年度全社参政议政先进个人；2017年获九三学社宁夏区委会2012—2017年度参政议政工作先进个人；2020年获九三学社宁夏区委会2018—2019年度反映社情民意信息工作先进个人。

## 青枝绿叶做嫁衣

1988年，23岁的张亚红从兰州大学大气科学系气象专业本科毕业，其后一直在高校从事农业气象学及设施园艺的教学、科研工作。1997年，她在中国农业大学读完园艺学院硕士研究生。2003年，年届不惑的她，获得中国农业大学农学与生物技术学院博士学位。

2007年，张亚红被学校公开选拔为农学院主管教学的副院长。上任伊始，她把提高人才培养质量作为"双一流"建设的根本使命。几年来，她组织团队在学院实行"农科创新＋应用型本科人才培养模式"的改革，获得宁夏高等学校教学成果特等奖。2017年，她担任食品与葡萄酒学院院长，在前人基础上推行"葡萄与葡萄酒产业国际化高素质行业性人才培养"，获得宁夏高等学校教学成果一等奖；同时，推行"三协同四提升"葡萄与葡萄酒全产业链人才培养模式，获得宁夏高等学校教学成果二等奖。2021年，推行的园艺学科研究生"五个一工程"提升行动，获得宁夏高等学校教学成果一等奖。这些改革与创新，极大地提高了本科生和研究生的培养质量。2011年，农学院申请的中央支持地方项目"校内温室实训基地"筹改建和管理的担子落在张亚红身上。历时半年多的筹建，她当监工，抓质量、筹资金、跑材料，天天奔波在学校和温室之间，工程终于按期完工。

张亚红承担着本科和研究生多门课程教学。她把课堂作为创业大赛的模拟讲台，推荐优秀小组参加大赛，教学效果良好。她指导毕业的本科生多人获"优秀实习生""优秀毕业论文"奖励，指导的研究生1人获"优秀毕业生"，2人获"优秀三好学生"，1人获"优秀学生干部"及"孝廉奖"。她指导学生获宁夏大学大学生创新实验一等奖、二等奖、三等奖各1项，参加第六、第七届"挑战杯"全区大学生课外学术科技作品竞赛获一等奖、特等奖各2项。2011年，她指导的"日光温室果树促早栽培方法及装置实现"获第十二届"挑战杯"全国大学生课外学术科技作品竞赛二等奖，是自治区在本届"挑战杯"获得的唯一奖项。

## 把论文写在田间地头

张亚红始终把科技创新作为自己的重要任务。她在众多的项目执行中，不仅形成了自己的多项专利和鉴定成果，而且进行了大面积成果转化，取得了较好的经济效益和社会效益。

她历时5年之久研发的具有自主知识产权的产品"群体日光温室智能卷闭帘、卷闭膜分布式控制系统"和"设施果树促早栽培环境管理预警仪"，集合了宁夏大学农学院、物电学院和数计学院的相关专业知识，已进行成果转化，在生产上应用，并开始大面积推广。

在设施栽培生产上，她研制的预警装置能准确测出安全扣棚及升温的时间，实时监测并显示气温、湿度、土壤温度和光照强度，提示撤膜、扣棚时间，计算并显示果树需冷量累计值，提示需冷量满足进入生长期温室揭帘升温的时期，提示休眠期保温被白天覆盖、夜间揭起和覆盖的时期，从而提高设施栽培管理水平。该装置已获国家专利，并成功转化推广。

2020年冬季，她主持开展的自治区重大专项课题"塑料大棚越冬蔬菜"喜获成功。恰在疫情期间，在蔬菜物资短缺情况下，她率先将科研试验喜获成功的越冬新鲜蔬菜，分13批次捐赠给抗疫战线的医护人员、居家隔离的青年教师以及加班坚守抗疫一线的工作人员，获得社会高度认可，国家《温室园艺》杂志以"正能量"为题做了报道。目前推广了桥式塑料大棚一年三茬（2茬果菜1茬越冬蔬菜）技术，转化"日光温室香椿持续8个月采收技术"，在全区推广设施园艺环境调控技术，还有2项专利签署协议进行了转化。

张亚红始终把服务社会作为自己的重要职责。她长期在生产一线，奔走在银川、永宁、贺兰等市县，为农业园区送技术、做培训，真正做到了把论文写在田间地头，让科技惠及千家万户，受到广大农民朋友的广泛好评。

## 洒向人间都是爱

张亚红从不把教书育人停留在言语上，而是以自己的模范行为去影响和感化学生。她热心公益，把奉献爱心作为一种社会风尚、社会习俗，成为自己自觉自发的生活方式。

她带领九三学社成员逢年过节去敬老院，携带自购的大米、面粉、香油、牛奶看望素不相识的老人，还给他们分发零用钱们；在任职的5年里，每到节日慰问年老或生病社员也已形成习惯，从未间断。

她认识一位孤寡老人，老人当年70岁，与她非亲非故，只是因为多年前相识，老人孤独无伴，她便经常照管，嘘寒问暖，给钱带物。看老人年事已高，她给老人准备了全套的寿衣。老人91岁时生活难以自理，她将老人送进养老院，定期探望，直到老人去世。

张亚红教授（前排左一）到实习基地看望学生

张亚红始终认为，教书育人是爱的事业。对每一个学生，她都十分关爱，悉心呵护，无私助推他们成长进步。她鼓励学生参加区外各类学术会议，学生只需花一元钱乘公交到火车站，往返车票、食宿、交通、参加会议的所有费用，全由她替学生支付。

她经常带学生下农村、进大棚，为了赶公交车，有的学生来不及吃早餐，她就在家备好早餐给学生带上。有的学生已吃过早餐，她劝说"干活重，多吃点"。学生中午赶不回来，附近又无方便饭馆，她就在家里做好饭菜送进大棚。学生说："老师真的非常用心，让我们非常感动，她做的饭菜我们吃得有滋有味。"

她关心在校外实习的学生，自费给学生买了全套炊具，还教他们做饭，并且把家里的彩电搬到学生临时住所供大家收看。

她从2009年以来，常年资助多名宁南山区贫困学生，有的学生从上本科到研究生毕业，学费、生活费均由她负担。先后有近10名学生在她的资助下顺利完成学业。

她关心爱护每一个学生，听说哪个学生有难处了，就会伸出援助之手。有的学生不好意思用老师的钱，她就说"这是借给你的"，少则几百元多则几千，她"借"给学生的钱有数万元之多。

她资助学生慷慨大方，从不计较回报，可她对自己却近乎"抠门"。学生说她一年四季就黑色、暗红色两套衣服。她很少打车，经常和学生一起挤公交车。

她为学生操心、负责不只是在学校课堂，学生毕业了，她还千方百计动用各方面的资源给学生推荐、介绍工作。看着老师手拿推荐信，站在用人单位门前，她那诚恳的央求、期待的目光、久候的背影，让学生禁不住热泪盈眶。

"选择了教师，就选择了高尚。如果下一辈子还让我选择职业，我仍然选择守护可爱的学生，选择青枝绿叶的教育事业。"张亚红说。

（编校：胡彬）

## 张维江

  1963年5月生，宁夏海原人。1985年毕业于宁夏农学院，2004年获北京林业大学博士学位，中共党员，教授（二级），博士生导师。自治区"313人才工程"人选，自治区政府特殊津贴获得者。先后担任宁夏大学"西北退化生态系统恢复与重建"省部共建教育部重点实验室副主任并兼任水资源与水环境研究室主任，土木与水利工程学院水利系副主任，水文学及水资源学科带头人。主要从事干旱地区水资源、水土保持与荒漠化防治教学与研究工作。参加和主持国家科技攻关课题2项；主持水利部公益性行业专项1项、宁夏科技攻关项目2项、宁夏科技惠民计划1项、中央引导地方科技发展专项1项、自治区重点研发计划重大（重点）项目2项、教育部博士学科点专项基金1项、自治区研究生教育创新计划项目1项。主持完成水利部、宁夏发改委、宁夏水利厅等的横向研究课题31项和各级政府以及公司委托的相关可行性研究报告和论证项目200余项。发表论文70余篇，出版教材和专著3部，申报专利和软件著作权4项。获自治区科技进步奖5项。指导国内外博士、硕士研究生50余名。

# 感"天"动"地" 服务为民

张维江

## 求学之路

1971年3月，我入读海原县李旺公社二道大队红中湾小队学校，期间由于改春季入学为秋季入学，因此小学读了五年半。红中湾小队学校教室是一孔土窑洞，一、二年级分两侧坐。三年级以后就要去大队学校读书，离家3公里左右。

1976年9月，我升入海原县李旺公社韩府学校上初中，1978年毕业。韩府学校属于韩府大队，当时增设了初中班。1978年9月，我进入海原县李旺中学上高中，期间因病休学一年。李旺中学新成立，当时作为固原地区重点中学进行建设。78级3个班，我所在的一班为尖子班。1981年7月高中毕业，我考入宁夏农学院水利系农田水利工程专业上大学。

参加工作后，我于2000年9月进入北京林业大学水土保持学院水土保持与荒漠化防治专业，参加硕士班学习并攻读博士，2004年6月毕业并获博士学位。2007年10月至2008年1月，我赴日本岛根大学做访问学者。

## 掌握自己的命运

我自诩是上过幼儿园的农村娃，起因是由于我父亲善良对待北京知青，该知青用几乎两年时间辅导我四哥学习并教我认字。记得他找了一本没有封面的语文课本，第一次用北京话教我读：车呀车呀慢慢走，让我们看看毛主席！

受到父母传统的、朴素的、善良的为人处世方式影响，尤其对"念书"的重视，我似乎比同龄人早熟、懂道理、多思考。从小学到初中，虽然教材内容简单（好像是乡土教材），但语文、算数、珠算、毛笔、化学、几何、美术、政治、体育课程我都学过，而且总是班级第一名！

小学和初中阶段，除了上课，最多的活动就是学《毛泽东选集》写心得、组织文艺演出和开展学工学农活动。这一时期，我作为毛泽东思想宣传队主要成员学唱戏并到各生产队演出。

为了就近上学，我写了"开门办学就是好"，引起公社学区重视，给红中湾小队只有一、二年级的学校调来2名教师，并盖了3间教室成为完全小学，我班7名同学成为唯一一届毕业于红中湾小队学校的毕业生。

高中三年，期间因病我休学一年，1981年参加高考。李旺中学79级3个班100多名学生参加高考，我是唯一考上本科的学生。

能够考上大学，首先感谢我善良的父母和老师。尤其是初中数学老师太宗和语文老师曹文英，虽然是民办教师，但他们勤勤恳恳、想方设法搞教学。高中校长李成绪严格管理，彻底改变了李旺中学的学风。20世纪60年代初期宁夏大学毕业的数学老师太璞和南开大学毕业的语文老师马展，对我提出了高标准严要求并给予极大的鼓励和帮助。

大学四年，我一头扎入浩瀚的专业知识海洋中，学习、学习、再学习！我担任了团支部书记并成为学校第一批学生党员，毕业时以全班第一名成绩留校（我填写的3个志愿都是回家乡海原），同时作为优秀三好学生推荐进入自治区组织的第三梯队人选。由于基础差，学习方法不科学，四年大学生活学习很辛苦，感谢我的班主任崔清洋以及李静、张景秀等老师的鼓励与支持。尤其是恩师王兆策为了解答我提出的问题，晚上常常不回家，在图书馆查资料，在他的精心指导下我的专业知识得到极大的提高。

大学毕业时参加硕士研究生考试未中，成为我一段时间的遗憾。由于母亲半身不遂近十年，直到她老人家1999年去世，2000年我才赴北京林业大学参加硕士班学习，2001年考入该校水土保持与荒漠化防治专业攻读博士学位。感谢我的导师孙保平先生以及王贤等老师的精心指导和大力帮助，我2004年顺利毕业并获博士学位！

父亲在我11岁时就去世了，他虽然不识字，但打算盘、拉二胡、唱秦腔样样拿手，他的手艺是箍窑洞。父亲耿直善良广交朋友，不论是驻队干部（包括县委书记和军区司令员）还是下乡知青，他能帮则帮、冒险保护，加上我母亲善良的待客之道和享誉周边的手擀长面手艺，我小小年纪就接触到好多大人物，从他们的言行之中受益颇多。这种见识应该是我和同龄人相比早熟、懂道理的主要原因。

## 怀揣感"天"动"地"的精神

从教30余年，我围绕人才培养、科学研究、社会服务三大任务，以科学研究为基础、社会服务为手段、人才培养为目标，紧密结合地方高等院校的特点，充分发挥学科团队的作用，从地方需求入手、从项目入手，在服务地方经济社会发展和生态保护中培养人才、培养学生。

多年来，我讲授37个本（专）科班课程，辅导本科毕业生毕业设计200余人；担任《水力学》教材副主编，《水力学》被评为自治区精品课程；培养硕士研究生44名、博士研究生13名、青年教师8名。

从参加工作第一天起，围绕水土流失防治及水土保持工程理论与技术、水资源开发及高效利用技术与理论等问题，我先后在彭阳等地开展多项研究与示范。我参加和主持国家科技攻关课题2项；主持水利部公益性行业专项1项、宁夏科技攻关项目2项、宁夏科技惠民计划1项、中央引导地方科技发展专项1项、自治区重点研发计划重大（重点）项目2项、教育部博士学科点专项基金1项、自治区研究生教育创新计划项目1项。主持完成水利部、宁夏发改委、宁夏水利厅等横向研究课题31项，各级政府以及公司委托的相关可行性研究报告和论证项目200余项；发表论文70余篇，出版教材和专著3部，申报专利和软件著作权4项，获自治区科技进步奖5项。

我先后担任《农业科学研究》编委，水利部水土保持方案评审专家，水利部水资源论证报告评审专家，国家自然基金委评审专家，自治区人社厅、发改委、科技厅、水利厅职称及项目评审专家。

我没有受到系统的教育学训练，初等教育阶段掌握的字和词偏少，我自嘲为"没有文化的教授"！受到父母的传统教育影响，尤其是通过学毛选，并接触了一些孔子学说，我一直以来在教学中坚持传统的、朴素的也可能是相对"落后"的教育方法。

我的毕业论文是《西吉县中口水库设计》，指导教师金国光指导水库规划部分内容，结构部分请来了王兆策老师指导。我完成了水库规划和三大件设计任务，二位老师将掌握的技术倾囊相授。毕业时对以后的工作前景我感到底气十足。王兆策老师讲授"水工建筑物"课程，作为自治区有建树的水工专家，他的精心指导奠定了我牢固的专业知识基础。毕业后很长时间我才知道，我之所以"被留校"，是他老人家据理力争，为此学校党委专门召开会议最终确定。遗憾的是，2020年他走了，我们师徒没有见上最后一面！

20世纪80年代，人们对于学习的向往用"如饥似渴"来形容毫不

张维江教授授课中

过分！我的英语水平不足，留校后我自学英语，不间断收听陈琳广播英语。留校第二年，我主讲一个本科班的水力学课程，这在当时是很少见的。为了讲好课，我夜以继日读完了图书馆所有水力学和流体力学方面的参考书，尤其是普朗特主编的《流体力学》和钱宁主编的《泥沙动力学》，这让我在讲课过程中得心应手。开学不久，王希蒙副院长带领教务处和各系主管教学的领导听我的课，她惊讶地说了一句话：我们的学生课讲得不错！为了解决学生做水力学试验要去西安的问题，我亲自设计和施工完成了水力学实验室建设。鉴于工作成绩突出，我提前一年被聘为讲师。

参加工作后，我的学习、讲课、科研同时展开。在彭阳县王洼蹲点开展水坠坝试验观测期间，应彭阳县水利局要求，我主持完成了槐沟水库工程的测量、地勘和设计工作。该工程为中型工程，获得了宁夏水利厅批复。此项任务的完成获得水利厅主管领导的赞赏，也为我涉足水利事业打开了通道。

1998年，我作为宁夏农学院承担世行项目有关科研任务的主要成员，在吴忠黄沙窝首次采用预制方法进行"U"型渠道砌护。

2007年，我主持申报成功水文学及水资源二级学科硕士点，随后作为水文学及水资源二级学科博士点学术带头人，带领团队展开宁夏大学水文学及水资源学科建设。在学校和学院各级领导的支持和帮助下，我带领团队成员从零开始，团结协作、不懈拼搏，使得水文学及水资源学科团队不断壮大并取得阶段性成果。

2009年，我带领课题组申报水利部公益性行业科研专项成功，完成"宁南山区坝系水资源联合调度及高效利用研究"项目，为宁夏新时期开展大规模水土流失治理和宁南山区水系连通工程提供技术支撑；承担"宁夏农业灌溉水有效利用系数测算"项目，经过连续5年的观测和计算，首次获得宁夏农业灌溉水有效利用系数的准确数据并在全区各行业采纳使用。

　　2010年，我带领水文学及水资源学科团队承担宁夏国土厅"宁夏中北部土地开发整理重大工程项目中部片区土地综合整治与高效节水专题研究"项目，其成果为自治区获批37亿土地开发整理资金起到关键的支持。

张维江

# 育才心　黄土情

## ——记张维江教授

李欣宜

张维江，一位在黄沙中摸爬滚打的科研工作者，一位在三尺讲台上循循善诱的严师。他说，我要将一生都献给脚下的这片黄土地。他的青春从宁夏大学启航，他的人生岁月见证了宁大的发展。如今，他仍然奋战在教学和科研一线，默默散发着光和热。他做到了他希望自己做的：将一生融入科研、教学和社会中！

### 剪不断的黄土情

1985年张维江从宁夏农学院水利系毕业后留校，年底就开始参与彭阳县阳洼水坠坝试验工作，围绕土壤和水资源治理的40多项项目展开实地考察和研究。带领宁夏大学团队，围绕全区节水型社会建设、农业灌溉水有效利用测算、水环境治理等内容，承担了水利部和宁夏发改委、水利厅以及近百家各类企业委托的科研和社会服务项目。他带领的宁夏大学水文学及水资源团队对宁夏水资源科学发展与科技进步起到了重要的推动作用，作出了应有的贡献。

在被问到为什么会选择水土保持专业作为自己毕生的研究方向时，张维江说："在大家眼里水土保持属于生态学范畴，实则不然。水和土就像是血与肉的关系，水土保持是水利工程中的重要内容。我选择水土保持作为研究方向，一是本科时的专业积累，二是作为一名科研工作者，要扎根于社会需求，为社会服务，兴趣和爱好是一方面，更重要的是科研工作者的社会责任心。"

20世纪80年代的宁夏，经济、科技都很不发达，科研条件艰苦，张维江却毅然决然地选择扎根宁南山区开展科研。"或许是一种情怀吧。我是土生土长的宁夏人，我离不开脚下的这片黄土地，这片黄土地承载着我童年的记忆，是我的根。"谈到这里，张维江眼中饱含深情。

## 做一名终身学习的人

张维江小时候成长条件十分艰苦，但对于知识的向往却让他抓住一切机会去学习，汲取知识。从三年级到初中，他较系统地学习了《毛泽东选集》一至四卷，其余大部分时间也都是在学习和实践中度过的。他高中毕业于公社办的学校，当时150多人参加高考，只有他考上了大学本科。谈到过去的求学经历时，他说自己遗憾的事情就是初等教育阶段识字不够，词汇也不够丰富。"但是我还是学到了很多东西，毛泽东思想和孔子的儒家文化影响了我的一生，哪怕过去了那么多年，我还是清晰地记得当时接触这些知识和思想所带给我的震动。"

毕业之后，作为一名水土保持专业的科研工作者，张维江大部分时间都在野外实地考察。大风卷起黄沙，衣服落满泥土。"看上去我像庄稼人。"张维江笑言。但就是这样一位看上去不修边幅的学者，对待学术问题却一点都不放松。从业30余年，他发表研究论文70余篇，出版专著《盐池沙地水分动态及区域荒漠化特征研究》2部；"十五"期间，参加和主持国家科技攻关课题、子课题以及省部级项目10余项，主持和参加厅局级项目30余项，获宁夏回族自治区科技进步三等奖5项。这些奖励对他来说是政府和人民给予的肯定，也是他执着科研工作的见证和辛勤付出的回报。

## 春风化雨育才心

张维江是一名严格的老师，他的"严"给学生留下了深刻的印象。在张维江的课上，很少有学生迟到，他不会因为任何原因对学生的学习降低标准，一直高标准严要求。在张维江看来，培养学生就好比栽树，需要施肥和修剪。但他也明白，学生犯错误在所难免，老师需要以一颗宽容的心去教导，去树立学生的信心，让小树在雨露的滋润下慢慢长成参天大树。

"师者，传道授业解惑也。"张维江始终坚持着这样的教学理念，即老师是学生求学道路上的引路人，老师应该时时刻刻记住自己的责任和使命，做好本职工作，不辜负学生。张维江教书已经30多年了，最高兴的就是每每收到学生发来问候的消息。"那个时候学生都怕我，"他笑着说，"但是毕业后跟我关系好的学生还挺多哩！"

张维江1985年本科毕业，1986年登上讲台，主讲水力学。刚开学不久，农学院主管教学的副院长带领全院处、系、室主任30余人来听课。副院长询问他的求学经历，当获知他一年前刚从本院毕业时很惊讶，这让张维江十分紧张，可这位副院长随后说的一句刚"你讲得很好，是我们的好学生！"这句话树立了他在教学上的信心。水力学是水利工程的重要课程，也是水利专业学生第一次接触的与专业有关的课程，但这门课程理论性强，再加上实验条件缺乏，很难进行实验操作，导致学生对这门课程兴趣减少。为了讲好这门课，张维江下了不少功夫，在缺乏实验条件的情况下，他认真备课，将扎实深厚的理论和丰富的专业实践相结合，全身心投入教学，尽最大努力让学生了解、

张维江教授（右一）在科研现场接受采访

学习这门课程。之后，张维江参与了水力学教材的编订。

## 服务社会情更浓

张维江作为水土保持专业的一线科研人员，埋首做科研中是常态。"我们这个专业，在实验室里根本出不来数据，必须得现场考察、测量。"张维江时常深入固原、吴忠等地的实验基地，忙碌在沙漠、野地里，非上课时间很难在学校看到他，以至于他办公室的沙发上常常积了厚厚一层灰。接受采访时，张维江说："平时我都是和我的硕士研究生、博士生泡在基地里，有课的时候再坐车回来给学生们上课。"

1986年至1988年，张维江参与了彭阳阳洼水坠坝试验。当时彭阳县刚设立不久，资金、技术等都不足，张维江应邀参与彭沟水库的设计。这是一座高约31米的水库，采用水坠法筑坝，这样一项工程，哪怕在现在看来都是一项艰巨的任务张维江亲自进行测量和地质勘查，主持完成了设计和工程预算，上报水利厅获得批准，在短短3个月内就完成了这项中型工程的设计。针对彭阳水库在修建过程中工艺没掌握好出现滑坡，他通过完整的记录分析出了滑坡原因并提出施工建议。相关数据整理后正式发表，这就是他1996年发表在《中国水土保持》刊物上的《槐沟水力冲填坝滑坡分析及冲填体抗剪强度指标的探讨》。

在人才培养和学科建设上，张维江坚持在实践中培养人才。他认为学生不仅要有坚实的理论基础，还要有实际的工作能力，能够直接对接社会需求。要培养高质量的人才，就必须先有高质量的教师。教师必须开展科学研究和社会服务，推动学科理论向前发展，这是高校教师的职责，也是提高理论水平的主要途径。高校教师做学问和教书育人要有机结合在一起，共同服务于社会需求，不能使知识成为悬浮在空中的亭台楼阁，而要成为推动社会发展的强有力的推手。

宁夏作为西部地区，自然环境并不优越，科技和经济比不上东部地区，这是现在乃至今后长期存在的问题，想要靠高等教育改变这种状况不能一蹴而就。张维江说："治学只能是长期积累的过程，从量变达到质变，没有捷径可走。一个学校的力量和底蕴就像树，需要一年一年地长，最后才能成为参天大树。"他认为宁夏大学的发展应该结合地方特色，突出自身优势，脚踏实地，一步一个脚印，走好属于自己的办学之路。

如今张维江仍然埋首教育和科研一线。从业30余年，他早已桃李满天下。他说自己最骄傲的事情，就是看着学生带着学到的知识，怀揣着满腔的热情，奔赴各地，投身于社会建设中去。

张维江就像黄土高原上的一捧黄土，质朴而浑厚，他不张扬，不显摆，安静地在高原上需要自己的地方奉献着自己的一份力量。过去在岁月打磨下，愈发显得流光溢彩，他的理想，他的志向，不会淹没在漫漫长河中，而将被刻入宁夏大学的校史中，也必将被铭记。

# 守本创新　砥砺前行

## ——记我的导师张维江

王德全

我的导师张维江，是二级教授，博士生导师，水利部水土保持方案评审专家，水利部水资源论证报告评审专家，国家自然基金委评审专家，宁夏人社厅、发改委、科技厅、水利厅职称及项目评审专家，宁夏"新世纪313人才工程"人选，宁夏回族自治区政府特殊津贴获得者，宁夏大学水文学及水资源学科带头人。他创建了宁夏大学水文学及水资源学科，培养了一批批水利科技人才。

## 上善若水　润物无声

张老师喜欢水、热爱水、研究水，"水善利万物而不争"，他的师风品格如水一般，善利莘莘学子。他既严肃包容，又常和颜悦色，以出色的工作业绩影响和引导着学生。水文水资源属传统学科，野外观测艰苦，内业工作量大，研究成果周期长，创新突破不易。他常说："水文水资源行业读书做学问很熬人，要有自我折磨的思想准备，要以'千淘万漉虽辛苦，吹尽狂沙始到金'的坚韧不拔精神，把文章做

张维江教授安装红梅杏观测设备

在祖国大地上。"

多年来，张老师指导毕业设计本科生200多名、硕士研究生44名、博士研究生13名（国外博士研究生1名）。无论社会事务和科研工作有多忙，他始终坚持给本科生上课。他主要讲授水力学，上课严谨、一丝不苟，把艰涩难懂的基本理论和基本概念用通俗易懂的方式呈现，学生掌握起来很轻松。他是一个充满正能量又热爱生活的人，在教学过程中，总能把满满的正能量输送给学生。

在研究生教育教学方面，他结合学生自身特点和社会急需，创造性构建了"水文水资源高端技术服务平台＋研究生培养"模式，将水资源评价、水土保持、水资源论证、水利工程设计、水资源开发利用规划等面向社会提供技术服务的工作内容，直接用于研究生培养的实践训练项目，以甲方专家评审结果作为成绩评价依据，结合毕业设计毕业论文工作协同施教，使水文学及水资源研究生实战能力大幅度提高，进入工作岗位后，均能顺利承担单位交付的项目任务，受到用人单位的高度评价。他常常和学生一起加班到天亮，以身作则，身体力行，以自己坚持不懈的工作作风，带出了高质量人才团队。

坚韧不拔　砥砺前行

宁夏大学水文学及水资源学科从无到有、从小到大，克服重重困难，一路走来，形成了一支"创新氛围浓、责任意识强、协作精神好、学术视野广"的高质量学科团队，高质量标志性成果不断涌现，社会服务能力大幅提高，开放式发展格局初现端倪。这些离不开张老师的艰苦努力和亲力亲为。从学科团队组建到高端人才培养，从特色优势的凝练到发展路径的谋划，从团队协作的养成到创新精神的引领，每一个环节，都倾注了张老师大量心血。

多年来，凭着"咬定青山不放松，立根原在破岩中"的创业情怀，在原水力学教研组的基础上，面向干旱半干旱地区水资源开发利用理论和技术需求，张老师以敏锐的学术眼光和持之以恒的不懈努力，带领团队砥砺前行、齐心协力、创新发展，学科建设发展迅速。在水利部公益性行业专项及宁南山区坝系水资源高效利用评价项目实施过程中，张老师带领研究团队，住在隆德县好水川流域偏僻的张营水库，他和学生同吃同住，共同观测、共同研究。在承担国家重点项目宁夏中北部土地整理水土资源平衡论证任务中，张老师深入田间地头，带领研究团队研发了一批成本低、效率高的观测设备。研究工作接地气的同时，他不断扩展学科建设视野，营建了与中国水科院、黄委会等国家级团队合作共研的学科发展格局，并带领团队赴日本、新西兰、澳大利亚、美国、加拿大等国家开展学术交流、高端访学、引进外籍专家等学术交流活动，提升了学科的国际影响力，培养了团队成员的国际化视野。他瞄准学科发展前沿，依托国家自然科学基金、国际合作、自治区科技研发重大项目等，高质量标志性成果不断涌现。

## 科学研究　守本创新

张老师做研究和做人一样，不为眼花缭乱的所谓"新理论、新技术、新工艺"所"迷惑"，形成了"教书育人守本职、创新模式守本土、数据分析守本源、人才培养守本心"的教书育人和科学研究风格，这些看似"保守"的做法和风格，使研究成果从实际出发，形成的创新模式在他所热爱的这片土地上，得到了广泛的应用。

构建了干旱沙区水分管理及植物生命维持系统理论。他在宁夏中部干旱带，以盐池内陆河流域为研究区，针对土地沙化问题，通过现场调查、遥感分析、定位观测等方法，悉心研究了主要植物群落类型及群落的蒸腾变化规律、土壤水分平衡、降水量、区域荒漠化动态变化规律以及主要影响因子，在获得一系列"接地气"的研究成果基础上，首次把荒漠化监测与评价指标归结为宏观和微观两类，并以多年积累的巨量数据为依据，提出了干旱沙区水分管理及植物生命维持系统理论，丰富了干旱地区水资源管理、开发利用及生态保护的基础理论体系。

研发了半干旱黄土丘陵区小流域土壤侵蚀预报方法。他从骨干工程泥沙淤积量的结构特征入手，建立了小流域坡面侵蚀量和沟道侵蚀量预报模型，首次将多年平均产流降雨次数作为重要参数用于小流域土壤侵蚀计算中，提高了宁南山区小型水库、塘坝、沟头防护等水土保持工程淤积量预报的精度。现在看来，在当时尚属"冷门"的研究领域中，张老师求真务实、慧眼独具，所提出的方法看似简单，但如果细算因此方法应用而节省的各类生态恢复工程建设投资和运行费用，那是一个天文数字。所提基本方法，对当前和今后流域治理工程设计，仍然会持续发挥作用。

建立了将生态工程做成产业的技术模式。在研究黄土丘陵400mm降雨带生态林营造和水源涵养林定向恢复技术过程中，张老师发现了这一地区独有的优势果品红梅杏的产业潜力，于是，果断将生态林品种锁定为红梅杏，并以挖掘利用该区域无效降雨量为目标，研发了红梅杏降雨集流渗灌技术体系，解决了红梅杏干旱缺水问题。因这项技术成本低、简单易行，极易为当地农民掌握，经济和生态效益显著。固原市党委和政府高度重视，将红梅杏列为巩固脱贫攻坚成果的特色优势产业，予以大面积推广应用，张老师也因此被评为固原市先进工作者。

## 不忘初心　情系水利

在和青年教师、研究生共同工作过程中，张老师以自己对水文学及水资源双一流建设不懈努力的实际行动，诠释了水文水资源团队服务黄河流域生态保护和高质量发展大局的责任担当。张老师反复强调："持久水安全、优质水资源、健康水生态、宜居水环境、先进水文化是今后本领域科学研究的热点，也是宁夏水文水资源领域急需解决的重大关键科学和技术问题。"

结合青年教师和研究生培养，张老师带领宁夏大学水文学及水资源学科团队，依托技术优势，承担了区内外各级政府及企事业单位委托的建设项目水资源论证、建设项目水土保持方案、水资源评价、水平衡测试、排污口论证等社会服务项目300余项。针对灌区类型多样、水中泥沙含量高导致的灌溉水有效利用系数难以准确测定的技术难题，他带领团队创新观测核算方法，通过样点选择、观测加密、装备更新、算法构建等系列创新举措，将定位观测和抽样调查相结合，首

张维江教授野外工作

次对宁夏地区灌溉水有效利用系数进行了科学分析，得出各方专家一致认可的宁夏农田灌溉水有效利用系数。该指标为宁夏水利规划决策、用水许可审批、水价核算、水权分配等提供了有力支撑。

喜欢水、热爱水的张老师在多年的研究实践中，养成了如水的韧劲，以水滴石穿的钻研和拼搏精神，带领团队攻克了一个又一个难关，取得了一系列创新成果。张老师常说，学科建设是一个不断积累的过程，要尊重高等教育自身发展规律，弯道超车、跨越式发展不可取，这样往往损伤可持续发展的元气，应从人才培养、科学研究、社会服务和文化传承诸环节，守本创新、砥砺前行，全面提升教育内涵。

张老师是这样说的，他更是这样做的。他不忘初心，情系水利，始终是我人生的风向标。

（编校：陆为）

**作者简介**

王德全，男，1968年10月生，宁夏平罗县人，中共党员，博士，副教授，硕士研究生导师。曾获得自治区科技进步奖三等奖5项，出版专著5部，发表论文14篇，获批专利23件。

## 张磬兰

　　女，1956年11月生，九三学社成员，毕业于宁夏大学物理系，物理学教授。历任宁夏大学物理系教研室主任、副系主任、系主任、宁夏大学物理与电子电气工程学院院长。入选宁夏回族自治区"新世纪313人才工程"。

# 永远热爱，感谢相遇

张磬兰

　　我毕业于宁夏大学物理系，工作于宁夏大学物理系及物理与电子电气工程学院，在近33年的时光里，母校给了我知识，培养我成长，给了我荣誉。在这里，有我终身尊敬的师长，有我永远怀念的同事，更有不曾忘记的点点滴滴。我热爱宁夏大学，热爱宁夏大学物理与电子电气工程学院。现在虽然离开了学校，但我一直默默地关注着学院的发展，关注着学校取得的方方面面的成绩。祝愿我们的学校日益发展壮大，创造辉煌。

　　我1982年1月毕业于宁夏大学物理系，获理学学士学位。同年留校，在物理系工作。1991年9月从中国科学院上海原子核研究所毕业获得理学硕士学位。历任宁夏大学物理系教研室主任、系副主任、系主任、宁夏大学物理电气信息学院院长。任教育部教学指导委员会物理天文部委员、中国物理学会理事、宁夏物理学会理事长、自治区重点学科（凝聚态物理）负责人、宁夏大学硕士研究生导师、自治区政协第八届和第九届委员。2000年入选自治区"新世纪313人才工程"。2009年获得自治区教学名师称号。

　　我长期从事理论物理和计算物理方面的研究和相关教学工作，发表学术论文30余篇，合作出版教材2部，主持并完成国家自然科学基金项目1项，参与自治区级科研项目5项。

1998年至2011年任宁夏大学物理与电子电气工程学院院长期间，我注重个人能力提升，关注学科发展动向，在学科建设和人才培养方面投入了大量精力，找准位置、形成特色、建成品牌是我们发展的基本思路。

合校初期的物理电气信息学院有4个本科专业。在向社会主义市场经济转轨的新形势下，作为地方综合大学的二级学院应该如何找准自己的位置，塑造自己的形象，形成自己的特色？作为物理与电子电气工程学院院长，我是这样认为的：

第一，明确办学思路，把贴近社会、更好地为两个文明建设服务作为办学的根本宗旨，把为经济建设和社会发展服务的能力作为学院整体水平的标准，将培养合格的高素质人才作为学院的根本目标，尊重教育过程的基本规律，以此来寻找学院的"定位"，从而理清办学思路，明确办学目标，形成自己的特色。

第二，建立一支优秀的师资队伍。提高办学质量的主要标准之一体现在人才培养质量上，为此我们必须建立一支高素质、高水平的师资队伍。我们的教师应该是有为人师表的形象，有较高的道德修养和思想政治水平，要精通业务，敬业奉献，甘为人梯。

第三，加强重点学科建设。要以学科建设带动本科专业领域特色的逐步形成（尤其在材料物理、电子信息与控制领域方面要发挥现有专业的优势），以学科梯队建设带动师资队伍建设，以学科基地建设带动专业教学条件建设，以科研建设促进师资队伍业务水平的提高。

第四，括宽视野，走出"院门"，走出"校门"，实行开放式办学。努力加强与学校其他兄弟院系之间的合作，实现真正意义上的资源共享；加强与国内兄弟院校的合作，共同建设重点学科和重点实验室；加强与自治区内的企业合作，在实现为社会服务的同时既展示了我们专业建设方面所取得的成果，又提高了学校的知名度，同时也锻炼了科研队伍。

最后，加强教学研究和教学改革。教学改革的核心是提高人才培养的效率和质量。其关键是调动教师和学生"教"与"学"的积极性。学院以各个系为教学研究的基本主体，加大对教学改革的支持力度，激励教师投身于重点课程、特色教材和创新型实验的创建活动之中。

在这样的思路下，我们具体做了几项工作，取得了较好的成绩。合校初期，师资队伍与人才缺乏且专业方向分散，实验室建设缺口也较大。但是学院教师的工作积极性很高，通过调研和讨论，我们重组专业方向，整合了实验室，在学校的支持下建设了专业实验室。2001年成功申请到学校第一批自治区级重点学科：凝聚态物理。成功申请到2个硕士学位点和新的本科专业。组建了2个校级实验中心：基础物理实验中心和电工电子实验中心。其中，在基础物理实验中心为学院5个本科专业建立了专业实验室，基本保证了教学科研需求。

在学生能力培养方面，大学生科技创新工作在学院有着良好的基础，我们建立了专门的管理模式：有专业教师指导、有固定场地工作、有专业实验室支持、筛选课题立项、学院拨出专项经费支持等。由此，学院大学生科技创新工作得到前所未有的发展，成绩斐然，在全国大学生"挑战杯"竞赛中多次获奖。

在学生综合素质培养方面，加强学生的德育教育，注重培养学生具有奉献精神、刻苦精神和集体主义精神。学院通过规范化和科学化的管理制度，重点培养学生的道德修养和科学素质。建立学生、班级、年级、特困生和特长生信息库，实行本科生导师制度，组建学生创新工作室，选派优秀教师指导学生开展课余科技活动，组织学生参加各类全国大学生水平竞赛，以此提高学生综合水平。

在履行社会职责方面，我在任教育部教学指导委员会物理天文部委员期间，参与了工科院校《大学物理》教学规范的讨论和定稿工作，历时4年。在任中国物理学会理事、宁夏物理学会理事长期间，组织召开宁夏物理学年会，开展物理竞赛、学术交流等工作。在任职自治区政协第八届和第九届委员期间，认真履行职责，积极参政议政，每年都有提案和建议提交。

我在宁夏大学33年，亲眼见证了学校的发展壮大。在这里我度过了人生最美好的一段时光。我永远是宁夏大学的一员，愿宁夏大学永远向前！

张磬兰

# 咏絮之才奔赴绚丽人生

吕　欣

## 渴望使成长清明有力

　　张馨兰是1977年我国恢复高考后的首届大学生，当年的她顺利考上了宁夏大学。"我是宁大附中毕业的。我的小学在西夏区第三小学上的，上宁大附中的时候我们知道学校后面有个宁夏大学。"张馨兰初上大学的那个时代，学生们都有自己的奋斗目标，有相应的老师指导学生的职业规划。简单的社会环境反而培养了最纯粹的青年大学生。珍惜机会，好好读书，这是张馨兰那个年代的大学生们，对于读书对于所处人生青春韶华时的肺腑之言。

　　上了大学之后，身边的老师成了催发张馨兰未来职业人生之征帆的推动力。老师对待学生就像对待自己的孩子一样，呵护着每一棵小苗，用自己的光热助其苗壮成长。每天晚上，老师来给学生们辅导答疑的时候，学生们都会先抢好位子，不为别的，就是为了在门口占位子，旁边给老师留着，让老师坐这儿，就可以争得第一个提问的机会。学生们都主动贴近老师，"如果今天家里有事儿，上自习晚了一会儿，或者少去了，老师讲什么东西没听着，会觉得自己吃了很大的亏。"那时候由于班上大部分学生都有过下乡工作的经历，他们对能读书的这种珍惜和老师们严谨无私的工作态度，深深地影响了张馨兰。

## 奉献助学生御风扶摇

　　毕业后张馨兰选择了留在宁夏大学，由于当时研究生招生少，能有机会考研读研的寥寥无几。于是，宁夏大学给这群年轻人安排听研究生课程，在张馨兰读学位以前，她的研究生课程已经免费上了一大半儿。在宁夏大学物理系大力支持和关怀下，加上后来整个教育部对高校师资的培养，张馨兰便选择在职读学位，1991年获得中国科学院上海原子核研究所核物理专业理学硕士学位后回到了宁夏大学。在原子核研究所的时候，有一次她手编程序，经过大量计算后，得出了一个令自己满意的系数曲线。但是，老师看过后她才得知，走势应该平缓向下的正确系数曲线和自己得出的有一个悬崖式缺口的曲线大相径庭。经过老师点拨，张馨兰为了找出失误的原因，连续3个星期每天早上坐一个多小时车到市区机房编程序，面包果腹，晚上再回到研究所。经过大量计算，她终于找到了原因。

　　"我们搞科研做这些工作，在某些关键节点上一点错都不能有，如果不认真、对自己宽容，那就会出大问题。"因为自己吃过苦，所以她更懂得自己的桃李们该开什么花，该结什么果。入选自治区"新世纪313人才工程"，张馨兰认为当代青年首先要有德，其次要有相应的专业知识。"现在年轻人最爱谈的就是体现自我人生价值，人生价值不光是把你感兴趣的事情做好，那是一种本能，更要把你该做的事情做好，把这个社会赋予你的责任尽到。"张馨兰经常给学生们讲，大学给学生的支持是从知识中掌握方法。有了方法和知识，并且能够得到意志的锻炼和提升，才是合格的大学生。在张馨兰的眼里，大学四年不容荒废，要高效地有头脑地学习，让大学获取到的知识成为自己的垫脚石。"我把最难的事情啃下来了，可以让自己得意很多年，而且有了这样的经历，我以后不管遇到什么事情，都能够把它做下来！"在一次同学聚会上，一位学生感激地讲给他的恩师张磬兰。

## 坚守让过往皆为序章

张磬兰长期从事原子核理论、计算物理等方面的研究与相关教学工作，针对原子核的巨多级态属性，研究其相对论效应，获得较好的理论描述。1993年，张磬兰担任宁夏大学物理与电子电气工程学院系主任，分管教学。1998年到2010年，12年的岁月，春华秋实，寒来暑往，张磬兰成了物电学院院长，用能力和责任撑起物电学院的一片天。"我见证了物理系到物电学院翻天覆地的变化。我刚工作的时候，整个系只有三四十个。当时的物电学院总共就一个专业两个班，四个年级一共300多人。"合校以后，张磬兰注重学院学科建设和人才培养，组建了自治区第一批重点学科——凝聚态物理，成功申请了凝聚态物理和电工电子2个硕士学位点；在学校专业调整中，申请了新的本科专业——网络工程；组建了学校大学物理实验中心和电工电子实验中心以及大学物理演示实验室；完善了学院5个本科专业的专业实验室。针对大学生入学学习和学风建设等问题，张磬兰在校内率先实行本科生导师指导制度，取得很好的效果。在张磬兰担任学院院长期间，学院大学生科技创新工作得到前所未有的重视，成绩斐然，在全国大学生"挑战杯"竞赛中多次获奖。她的努力推动着物电学院硬件设施与人才培养齐飞。

教学中的张磬兰更是用行动诠释了什么是言传身教甘为人梯。她曾获得教育部教学成果二等奖、自治区教学成果一等奖、宁夏高等学校教学名师奖等，在学生评教中名列前茅。这一切的荣誉都与她自身的教学理念和方法息息相关。"我在备课的时候绝不照搬书本，我给自己的要求是，我今天讲的这段内容让学生感觉书上似乎有似乎

张磬兰教授（左）接受档案馆采访

没有。比如说我讲的例题，一定不是书上的。"在张磬兰的手里，有七八本不同的辅助教材，就算教材是最经典的，她也要用别的方法来讲解，绝不照搬教材讲，这是属于她的个人技巧。张磬兰执教过程中，常常会想起她曾经喜欢的老师，回想和学习他们身上的闪光点。她善于揣摩学生心理，抓住学生的心，"要说最宝贵的经验是什么？我说那就是上心。如果你上心地很认真地去思考，你就有方法。方法其实很多，就看你找不找得着了。"

　　用心，就会找到用力的地方，没有最终的答案，但总会有更好的答案。在教育岗位工作30余年，张磬兰始终如一，坚持上课绝不拿旧教案，每次都是一笔一画亲手写的新教案。"特别是像我们理论物理，一节课下来全是在黑板上推导，满黑板的推导你都要现场推导，而且要脱稿推导，为什么？你要有意识地给学生灌输一种概念，就是这个事情能做成，不难！如果你一边推导，一边拿着纸照着写，学生就会觉得老师都这么难，我就更应该放松了。你在学生面前任何时候都要显示出这个东西不难，能做到！"所以张磬兰很反对电子教案，她始终认为冰冷的PPT无论多么先进，都无法替代乃至超越饱含温度的手写板书。她觉得板书的意义，不仅在于引导学生跟着老师的节奏思考，以防走神，更重要的是给学生树立一种正确的学科意识，让他们放平心态，用"我能行"的信心应对所谓的硬骨头知识点，始终保持笃定又强大的信念。日复一日地进行着重复着，张磬兰每次下课胳膊都酸得抬不起来，话也说不动。春秋之季，学生们总爱问的就是为什么老师总是戴着手套讲课，原因就是由于长期使用粉笔进行板书，她的手指经常被粉笔烧伤，口子皲裂硬生生地疼，所以必须戴着手套在讲台上给学生们不停歇地推导几黑板的物理题。但就算受着肌肤之痛，也从未让张磬兰放下手头的粉笔和心头的深情。深爱如长风，对学生，对教学，对自己，对人生。

时光的车轮驶进耳顺之年，张磬兰对专业的热爱，仿佛当年那一块块黑板上白色的字符，铿锵醒目，初心未改。心有山海，静而无边。张磬兰就像是大海，蕴藏着宁静，大气婉约。她一路走来，步步坚定，不问得失，点滴皆格局。

（编校：马海龙）

**作者简介**

吕欣，女，宁夏大学新闻传播学院2020级本科生。

# 永不凋零的五月鲜花

## ——忆张馨兰老师

高永伟

在我的大学及研究生学习阶段，有这么一位老师让我每每想起来，心里都充满了感激与敬佩。她是我前进的指路明灯，她不但教授我知识，教会我如何做科研，更教会了我怎样做人。她伟大的人格深深影响着我，激励我成为更加积极向上、更加热爱生活的人。她就是张馨兰老师。

张老师是我上大学时量子力学课程的授课教师。至今还清晰地记得第一次见到她时的情景：一头利落的短发，腰板挺得笔直，走路自信而优雅，晶亮的眼眸透露出智慧的光芒。她微笑地看着我们，开始了课程的讲解。从波粒二象性理论到薛定谔方程，她用铿锵有力且准确生动的表述带我们走进了神秘的量子世界。抽象的量子理论，经过她的讲解，变得不再晦涩难懂，我第一次真正理解了什么叫深入浅出。我大概记得她是这样说的："知识就像一个个小球，每个人都有一个接收面。当小球落下时，如果我们选择关闭接收面，那么小球便从我们身边落下；相反，如果我们选择打开，则会接到很多小球。接收面越大，知识面就越广。未来面临各种困难时，拥有小球越多的人就会拥有更多选择的权利和机会。"她的话深深鼓舞了我,我愿意做那个打开接收面接小球的人。随后的每节课,都是在紧张而愉快的节奏中度过,每节课都有大量的方程求解及理论推导,而张老师也做到了完全脱稿讲解。她对所教授专业知识的精通程度正是我校立德树人根本任务和教书育人功能的生动体现,从她的身上,我也理解了什么是真正的"学高为师,身正为范"。

经过认真备考,2002年9月,我正式成为宁夏大学凝聚态物理专业第一届硕士研究生。幸运的是,张老师又一次成为我高等量子力学课程的任课老师。通过该门课程的深入学习,我对量子物理又有了新的更高的认知。她对于课程教学的投入不仅赢得了学生的一致好评,更是得到了业界的高度认可。2002年,她申报的教学成果获得教育部教学成果二等奖。在服务教学的同时,她还不忘坚持科学研究,在理论物理和计算物理方面的相关研究中取得了丰硕的成果。她发表学术论文30余篇,主持并完成了多项国家级与省部级课题。除教学和科研

张磬兰教授(左四)与硕士毕业生合影

外，她还兼任凝聚态物理专业硕士学位点负责人、宁夏物理学会理事长和宁夏大学物理与电子电气工程学院院长职务。即使张老师平时很忙，她依然坚持在生活上关心我们，在科研训练和课业学习上帮助我们。张老师严谨求实的治学态度，为我树立了一面旗帜，指引我在教学科研道路上踏实认真、不怕困难，解决人生道路上遇到的重重难题。

研究生毕业后，我顺利地成为母校的一分子，与张老师之间又多了一份同事间的情谊，对她的工作有了更加深入的了解。如同对待教学和科研工作一样，在工作上她严于律己、兢兢业业。在她的带领下，学院教学、科研和其他各项工作都稳步向前迈进，同时也赢得了广大教职员工对她工作的一致认可和高度赞誉。还记得2010年学校举办的"五月的鲜花"歌唱比赛，学院大部分老师都参与了，张老师担任指挥。选唱的两首歌曲《祖国不会忘记》和《走进新时代》依然回响在耳畔。为了提高演出效果，两首歌曲分别按男女声、高低音进行排练。演出正式开始，张老师目光坚毅而炯炯有神，指挥起伏且铿锵有力。受她气场感染，我们每一位老师都发挥到了极致，精彩地演绎了两首曲目。最终，我们学院摘得了本次合唱比赛的桂冠。现在每每回想起那次合唱，就觉得浑身充满了劲儿，内心涌起满满的幸福回忆。

合唱比赛后，张老师很快就退休了。"五月的鲜花"为她热爱一生的教育事业画上了圆满句号。如今，她已经桃李满天下，春晖遍四方。在我心中她永远是那朵永不凋零的五月鲜花。

### 作者简介

高永伟，男，1979年7月生。宁夏大学物理与电子电气工程学院副教授，学科教学（物理）专业硕士研究生导师，该学位点负责人。

陈彦云

　　1965年1月生，中共党员，宁夏平罗县人。1986年毕业于宁夏大学农学院（原宁夏农学院），获农学学士学位，就职于宁夏大学生命科学学院，教师、研究员（二级岗），荣获国务院政府特殊津贴、宁夏塞上农业专家和宁夏大学"立德树人贡献奖"荣誉称号。先后主持完成国家及省部级科技项目20余项，获宁夏科技进步奖一等奖1项、二等奖5项、三等奖1项，农业农村部农牧渔业丰收三等奖1项、神农中华农业科技科学普及奖1项，中国技术市场协会金桥奖项目一等奖1项，授权专利17件，软件著作权1项，指导完成大学生创新创业项目13项。荣获宁夏争先创新奖状，获评宁夏脱贫攻坚先进个人、宁夏教育系统优秀共产党员荣誉称号，多次获得宁夏大学本科毕业生、创新创业大赛优秀指导教师，优秀共产党员。

# 星光下的赶路人

陈彦云

## 求真务实  躬耕田垄

1986年我从宁夏农学院毕业后，分配到宁夏平罗县农业技术推广中心工作。1988年10月调入宁夏甜菜糖业研究所从事甜菜良种培育及栽培研究。每每回想起这段往事，虽然艰辛困苦，但又快乐满满，二十出头的年纪，精力充沛、热情高涨，为了宁夏的甜菜糖业，我和同事奔波在试验基地与实验室之间，每天早晨骑着自行车到研究基地，进行试验观察记载工作。

田间试验充满着复杂性和多变性，从育种到结果，每一步都要精确设计，环环相扣，有时天气突变，不论深夜还是凌晨，我们要即刻返回试验基地，查看育苗的生长状况。1989年，我们在同心县河西乡首次进行甜菜试种试验，试种了几个甜菜品种共200亩，由于当地春季风大沙多、干旱缺水，自然条件恶劣，保苗困难，试种地平均亩产只有百十斤，当年试种失败。后来的几年我们持续探索，为了获取更为精准的第一手试验资料，开始向南部的固原县、西吉县、彭阳县、海原县推进。20世纪80年代，交通不便，科研设备严重匮乏，机器老化导致的试验数据出错、试验重头再来的事情时常发生。每到夜晚，我们借着昏黄的灯光整理资料。试验基地条件简陋，米面都要骑车到几公里外的县城去购买。试验结束后，晚饭也是我们自己解决，和同事热两个窝窝头，这一天的工作也算是画上了句号。但试验有时非常辛苦，实在太过想念"山珍海味"，就从地里挖上一两个土豆，再想法子找点油炒一炒，如此一番折腾高兴地吃了。那土豆的滋味让我至今难忘。

经过辛勤的努力，我和同事逐渐摸清了甜菜保苗、施肥等旱作栽培关键技术，积累了一些有价值的科学研究资料。1993年，由我主持申请的宁夏科技攻关课题"宁南山区半干旱区甜菜高产节水栽培技术研究"获得立项支持，1996年顺利通过验收。项目成果支撑了宁南山区原料新基地建设，并于1998年获得宁夏科技进步奖三等奖。

难忘的10年里，我和同事奔波在试验基地与实验室之间，也是这宝贵的10年提升了我的科研能力，培育了我的人生价值取向，筑牢了我的专业思想。这段经历磨炼了我的科研意志，使我对"科学技术是第一生产力"的认识更为清晰，也使我与宁夏南部山区贫困区人民结下了科技扶贫的情缘。

### 三尺讲台　问心无愧

1998年秋季一个偶然的机会，我与宁夏大学结缘，被调往生物工程研究所工作，开展果蔬贮藏保鲜、植物组织培养等方面的研究工作，参加了宁夏科技攻关课题"微型移动式多功能节水补灌机研制与示范"。1999年我主持竞标宁夏科技厅"马铃薯贮藏保鲜技术研究与示范"科技攻关课题成功，2000年参与了宁夏大学生物工程系的筹建工作，实现当年筹建当年招生的既定目标，2001年进入生物工程系开始教学科研工作，2003年我见证了院校合并成立宁夏大学生命科学学院的历史。

常言道"十年树木，百年树人"，作为一名大学教师，我深切地感受到肩上的重任，始终坚持立德树人的宗旨，以学生为中心，注重学生人格培育、专业指导和能力提升。在教学工作中，我承担了本科生的植物资源学、普通生态学、生物统计与实验设计、植物栽培以及研究生的现代生态学研究方法、植物资源学与植物分类学和生态统计与数据处理等几门课程的教学任务。在日常教学中，我将个人发展融入学科建设中，以此为依托，建立了以植物资源学为主的特色植物资源开发利用创新团队，吸收本科生、研究生加入团队。作为团队负责人，我坚持将科研课题及实验室向本科生全面开放，以科研为桥，助力学子圆梦，形成"教学带科研、科研促教学"的培养模式。由于生命科学是一门实践性较强的学科，我积极鼓励本科生大学一、二年级加入团队进入实验室，硕士生从研一开始进入研究团队开展实质性研究工作，团队成员最多时有十余名学生。为了能够与学生多交流、多沟通，在实验室我留了一个工位，在指导创新实践的过程中了解学生、熟悉学生，发现学生的兴趣爱好和特长，做到因材施教，分类指导。在专业培养上，我亲力亲为，亲自示范，讲解关键，提出问题，积极引导学生深度思考，发散思维，培养学生发现问题、解决问题的能力。先后指导学生获得宁夏第六届"互联网+"大学生创新创业大赛金奖、宁夏第十届全区大学生"挑战杯"大学生创业计划赛金奖、宁夏第九届全区大学生"挑战杯"三等奖、宁夏第十届全国大学生电子商务"创新、创意及创业"挑战赛二等奖、第三届全国大学生"农建杯"竞赛二等奖、宁夏大学第九届"挑战杯"大学生课外学术科技作品竞赛科技发明制作特等奖、宁夏大学"互联网+"创新创业大赛金奖、宁夏大学"挑战杯"赛一等奖、宁夏大学"互联网+"创新创业大赛"逐梦小康奖"。通过培养学生的创新创业能力，为党和社会培养有用人才。在建党百年之际，我获得了宁夏教育系统优秀共产党员荣誉称号、宁夏大学"立德树人贡献奖"。回顾过去，在生活上关心学生，常与

陈彦云教授（左二）带领学生开展田间教学

他们聊一些生活经验、社会现象、人生价值，长此以往我们的师生关系逐渐演变成了亦师亦友的关系。每逢佳节，我常常收到学生特别是毕业10年甚至20年未谋面学生的祝福，心中感到快乐无比。

至今，我培养的60多名硕士生和本科生，有的已是中学高级教师、大学教授、科研院所的科研骨干，行政事业单位的中坚力量，他们在各自的工作岗位上兢兢业业，服务社会，这是为人师者最自豪的事。

## 扎根乡村　科技扶贫

时代发展呼唤创新，科技创新既是高校的重要功能，也是高校育人的重要方式和提高人才培养质量的关键，还是学校自身发展的主要动力和源泉。我深知，自己既是一名老师，也是一名科研人员，在做好基础教学的同时，还应扛起科研创新的重任。

作为农业农学专业的一名科技人员，我始终不忘国家的培养，无论身处何地始终坚持学习，探求真知，用所学专业知识回报社会，奉献社会。

在科学研究方面，我一直围绕着宁夏特色优势马铃薯产业，在贮藏保鲜、种薯繁育、旱作高效节水栽培等方面，开展了一系列科学研究工作，形成了宁夏马铃薯贮藏保鲜、旱作栽培关键技术体系，促进了宁夏马铃薯种薯三级繁育体系建设，解决了产业发展中的一些关键技术问题，研究成果获得多项省部级奖励。

我长期深入农村，奋战在农业科技第一线，在深度贫困山区开展科技服务工作，进行科技宣传培训，建立示范基地，培育科技示范户，普及科学知识，把农村当作自己的家，把农民当作自己的家人，帮助农村进行产业调整，帮助农民致富。每当科研有了新的进展，我都是在田间地头对农民进行手把手的指导和示范。马铃薯利用块茎繁殖，播种时，需要对成熟的马铃薯进行切块，我在村民的院子里向他们讲解其中的奥秘所在，他们专注和信任的神情让我更感到肩上沉甸甸的责任。

常年的科技服务工作让我与南部山区的农民加深了联系，也建立了深厚的感情。2014年，我到南部山区进行考察，途中，不知什么原因汽车熄火，我围着车多次检查，但都没有找出原因。此时，临近的一个农户正巧出门，看见后随即向我招手走来，"教授，你咋了？"他用亲切的乡音问。没过一会儿他便找出了原因，又花时间帮我修好，让我非常感动。

多年来，我始终没有离开宁南山区。疫情期间，我坚守一线，坚持下乡扶贫10余次。看到自己的研究成果真正应用在这片大地上，内心油然升起自豪感。但科研的道路没有尽头，我和团队经过多年的攻关研究，在贮藏基础理论、应用技术等方面取得了多项突破，形成了一套适合宁夏及周边省区马铃薯保鲜贮藏的技术体系，2011年得到了央视7套"科技苑"栏目的报道。马铃薯保鲜贮藏技术通过成果转化和星火计划项目的示范应用，得到了薯农的广泛接受，解决了宁夏马铃薯产业发展中存在的贮藏关键技术瓶颈问题。该技术得到了宁夏农业部门的推广应用并辐射到甘肃、内蒙古、陕西和河北等省区，2012年被农业部农产品加工局列为农产品产地初加工惠民工程的主推技术之一。通过项目实施，马铃薯贮藏损失率由15%–25%降低到10%以内，产生经济效益8068万元，带动农民增收7.5亿元。在马铃薯旱作高效节水栽培方面，我们通过抗（耐）旱优新品种的引选、覆膜保墒、集雨补灌、全程机械化种植等马铃薯旱作节水关键技术研发，探索总结了黑色地膜覆盖、膜上覆土全程机械化种植、膜下滴灌水肥一体化节本增效等抗旱节水高产栽培技术，形成了宁夏马铃薯以抗旱新品种为主的生物节水技术模式；以大垄种植、平种垄植及膜上覆土为主的农艺节水技术模式；以农业机械覆膜种植、膜下滴灌、水肥一体化为主的农业工程节水技术模式，累计示范推广521.7万亩，平均亩产1535.2公斤，亩产提高了16.2%，新增利润6.5亿元。在马铃薯种薯繁育方面，我通过主持国家星火计划重大产业联盟项目"宁夏中部干旱带马铃薯产业关键技术示范与推广"和宁夏马铃薯产业科技重大项目"宁夏马铃薯脱毒种薯三级繁育体系研究与推广"的实施，在宁夏海原、同心、原州、西吉、隆德等县（区）建立了马铃薯脱毒种薯繁育为主要内容的三级繁育体系，示范面积6160亩，亩产较传统种植提高30%以上，产生直接经济效益310.4万元，农民增收14948万元。

久久为功，在学校的有力支持下，我和团队坚持不懈地将研发、示范、推广、服务一体化推进，使科研成果助力产业发展，达到了推动农民增收、企业增效、促进农村经济繁荣的目的，有力地支撑、推动了宁夏马铃薯产业的健康持续发展，同时也达到了科技扶贫、精准扶贫和产业扶贫的有机统一，支持了六盘山连片贫困地区脱贫攻坚，为宁夏南部山区2020年实现整体脱贫作出了积极贡献。我也因此获得了2020年宁夏脱贫攻坚先进个人和宁夏事业单位脱贫攻坚个人"记大功"专项奖励。在扶贫这条路上，我始终无悔初心。

回首过去，十年历练，后到宁大，我以校为家，热爱学生，忠诚党的教育事业；展望未来，我愿继续做星光下的赶路人，奉献自己，践行初心，回报社会。

# 在泥土中成长的宁夏农业专家

## ——记宁夏大学研究员陈彦云

张新民　王爱婷

### 结缘泥土磨砺青春

　　1982年，陈彦云考入宁夏农学院农学专业，自此和泥土结下了不解之缘。1986年7月他从宁夏大学农学院毕业后，回到家乡平罗工作，1988年10月调入宁夏甜菜糖业研究所，从事甜菜良种培育及栽培研究。陈彦云说："我在甜菜糖业研究所工作了10年，那是我所有的青春。"当时在甜菜基地做研究时，工作和生活条件十分艰苦。在甜菜各主要生长阶段和试验关键时期，他每天早出晚归，深入田间地头，指导农户整地、播种、施肥、浇水及病虫害防治，并对试验用地进行各项管理，确保试验数据的完整性和准确性。那段时间他每天都要工作到深夜12点以后。当时所里人少，工作量大，他经常加班加点。

　　为了保证甜菜良法平稳推进，陈彦云经常下乡实地考察，记录数据。那时他的孩子刚满月，他所在的甜菜栽培研究室要到青铜峡糖厂、平罗糖厂原料区开展试验研究并开展长期科技服务，后来试验基地从宁夏灌区延伸到南部山区，试验研究和科技服务需要住在试验基点，

陈彦云教授实验室工作照

他每月只休息一次，每次回家只有短短几天。由于工作繁忙，他很少顾家，全身心投入甜菜试验研究和科技服务，勤勤恳恳给农民手把手指导、全方位服务。他风餐露宿，任劳任怨，试验成果获得了自治区科技进步奖三等奖。

人生乐在相知心，独留青春向黄昏。采访中，笔者仔细观察陈彦云，他皮肤黝黑，穿着朴素的立领衫，运动裤，运动鞋，浑身上下无不透出研究者务实的气质。谈及在甜菜研究所的青春时光，他的眼睛里闪烁着光芒，对过去工作经历难以忘怀。谈及那时工作中的趣事，他双眼眯成一条缝，笑呵呵娓娓道来。

"根之茂者其实遂，膏之沃者其光晔。"陈彦云把自己的科研深深植根于泥土，从1988年到1998年，他用甜菜产业带动了一大批宁南山区贫困农民就业，引领宁夏特色产业发展。"锲而不舍，金石可镂。"实践磨炼了陈彦云的科研意志、铸牢了专业思想，也使他与宁夏南部山区贫困地区农户结下了科技扶贫的情缘。陈彦云和泥土结缘，始终葆有对这片黄土地独有的深情。

### 教书育人身正为范

1998年，陈彦云从甜菜研究所调往宁夏大学任教，一直没有离开农学专业的研究，培养了一届又一届学生，引导他们认识泥土，研究泥土。他扎根于泥土中，继续谱写他和泥土的故事。

2008年，陈彦云取得硕士研究生导师资格。2011年，对农学带着深厚热情的河南籍学生贾倩民，主动联系陈彦云询问专业的信息并决定要报考他的研究生。后米贾倩民因为英语比较薄弱，没有考上宁大的研究生。陈彦云亲自打电话鼓励贾倩民，让他不要灰心，不要放弃。第二年，贾倩民经过不懈努力，带着录取通知书走进了宁夏大学。陈彦云经常带着贾倩民和其他学生到田间去做试验。从早到晚，他把这些学生当作自己的孩子一样。随着陈彦云对贾倩民的慢慢熟悉，他发现这个孩子总是不敢在公众场合开口说话，之后便多次寻找机会让他锻炼还鼓励他："不要害怕，站在讲台上，你就是最棒的！"2019年，来自河北的学生夏皖豫报考宁大，成为陈彦云的学生。第一次到田间做试验，休息时，陈彦云让夏皖豫去挖宁夏特有的食物苦苦菜，结果夏皖豫不仅不会割菜，连铲子都不会使用。之后陈彦云便多次有意让夏皖豫自己动手做试验，亲自下农田耕作。三年后，夏皖豫的科研能力得到科技厅工作人员的高度认可。陈彦云注重培养学生的综合能力，在科研工作中更是严格要求，毫不放松。曾有位学生因为粗心，田间试验前没有仔细检查工具，漏带测量尺，导致试验时数据无法测量，陈彦云严厉批评后，让这位学生骑自行车去几十公里外的县城购买测量尺，以此告诫学生做科研要有严谨的态度。

陈彦云培养学生尽心尽力，年复一年细心认真，教学设计环环相扣，全方面锻炼学生的自主试验能力，培养他们的综合素质。谈到教学和科研，陈彦云说："教学促进科研，科研带动教学。"做试验之余，他还经常向学生讲授社会工作以及步入社会后的人生经验。学生们不仅学到了知识，思想也进一步得到升华。因为多年的科研经历，陈彦云深知学科交叉和复合型人才的重要性，他时常鼓励学生积极参加科研项目。他看到了这些学生对未来的殷切期盼，他也深知国家对科研人才培养不易。每逢佳节，陈彦云总会收到学生们真诚的祝福，他回复："不是你们感谢我，而是我应该感谢你们。"他朴实的人格，感染着每一位学生，也牵动着莘莘学子的心。

## 潜心科研助力脱贫

陈彦云长期深入宁夏南部山区，围绕宁夏"1+4"特色优势的马铃薯产业，在良种繁育、贮藏保鲜、旱作栽培等方面，先后主持承担了国家及宁夏科技重点研发计划项目，开展了一系列卓有成效的科学研究，形成了宁夏马铃薯贮藏保鲜、旱作栽培关键技术体系，促进了马铃薯种薯三级繁育体系建设，解决了产业发展中的一些关键技术问题，并将科研成果及时转化应用，在促进优势特色产业健康发展的同时，实现了六盘山连片贫困地区的产业扶贫，助力宁夏南部山区脱贫攻坚。

陈彦云逐光追梦，用无悔和忠贞致力于农业研究，他经常在银川、西吉、海原、隆德等地来回奔波，和南部山区人民建立起了深厚的感情。他的故事要从马铃薯说起。我国马铃薯种植面积大，但是由于贮藏技术落后，每年损失掉的马铃薯多达总产量的20%以上。凭着多年的科研经验，陈彦云深谙贮藏的关键技术，但首要问题是取得农民的认可。面对村民的质疑和询问，他不是用专业的术语回答，而是选择恰当的比喻，并做出示范，让村民信服。这也让他成为最受当地老百姓欢迎的人。

陈彦云作为一名农业科技工作者，主持完成了多项国家和省部级项目，获得多项宁夏科技进步奖。为了将科研成果及时应用于农业生产中转化为生产力，他身体力行，吃苦耐劳，服务社会，造福贫困山区。他始终不改初心，坚守科技为民的使命，无怨无悔，从不计较个人得失。为了让研究生能够全面发展，他带学生走进基层，深入农村，让他们真正了解农业和农民。他是农业专家，又是农民兄弟的好朋友，有的农户称他是帮他们摘掉贫困帽子的"财神爷""大恩人"。

陈彦云长期扎根农村，致力于科技扶贫事业，累计帮助10余万人脱贫致富。他先后主持参加国家、自治区级科技项目20余项，取得省部级科技成果8项，其中农业部农牧渔业丰收三等奖1项，自治区科技进步奖一等奖1项、二等奖5项、三等奖1项；出版著作2部，发表论文90篇，软件著作权1项；制定国家标准1项、

陈彦云教授（中）接受档案馆采访留影

地方技术标准6项。他多次获得宁夏大学服务地方贡献奖，被评为宁夏大学毕业生优秀指导教师、优秀共产党员，2020年获宁夏第二届创新争先奖。

时光是伟大的雕刻家，陈彦云用人民群众敬意的掌声丰盈自己的心灵，勤勤恳恳服务农民，守得云开见月明。他沐浴荣光耕耘泥土，泽及当代，惠及后人，让也无风雨也无晴的人生变为一道美丽的风景。

（编校：赵芳红）

作者简介

王爱婷，女，2002年1月出生，宁夏吴忠人，宁夏大学农学院2020级园林班本科生。

# 陈彦云工作生活点滴

## ——我眼中的爱人

曹君迈

我的爱人陈彦云在生活中是一个不拘小节、不修边幅、不善言谈、吃苦耐劳的人，对工作葆有饱满的热情、乐观向上的态度，是个为理想始终努力不懈的人。他把自己的精力和青春都献给了教育事业及农业科技工作。

陈彦云1986年6月毕业于宁夏农学院，自参加工作以来，无论是从事农业科学研究工作，还是教书育人，他都本着努力、认真、扎实的工作态度做好每一件事情。

陈彦云出生于一个农民家庭，从小便了解当地农村生活困境，所以在生活中养成了勤俭节约、艰苦朴素、勤劳务实的好习惯。对农村、对农民、对家乡他一直怀有一种天然的深厚感情。他大学毕业后分配到平罗县农业技术推广站工作，在平罗县崇岗乡长期蹲点，扎扎实实开展农业技术推广服务两年多时间，为农民进行种植技术指导。随后他调入宁夏甜菜糖业研究所工作，从事甜菜栽培及品种培育研究工作，长达10年之久。

让我感触特别深的是，我们的孩子刚刚满月，他所在的甜菜栽培研究室，到青铜峡糖厂和平罗糖厂原料区开展试验研究并从事长期科技服务，起先还在灌区，后来的几年随着甜菜原料新区的开发逐渐向南部山区转移。当时的试验研究和科技服务需要住在试验基点，他每月只休息一次，每次回家最多休息两三天。由于聚少离多，抚养孩子的责任就完全落在我的肩上。他克服困难，全身心投入甜菜试验研究和科技服务，一直勤奋地为农民手把手指导。后来，作为长期坚守在一线的科技人员，由于工作努力，成绩突出，他被甜菜研究所领导提拔为研究室主任，带领研究室成员争取项目，继续开展科学研究和原料新区科技服务工作。在宁夏南部山区开展的甜菜高效节水栽培技术研究成果获得宁夏科技进步奖三等奖，此技术推广服务于当地，让山区农民得到了真正的实惠。他致力于农业、农村及农民的"三农"科技服务，这样的生活一直坚持了近10年。

1998年9月，陈彦云调入宁夏大学工作，成了一名光荣的人民教师，从此走上了教学、科研和服务的多方位工作岗位。作为一名教书育人的教师，他是一位"新兵"，他充分利用晚上的时间认真学习备课，准备教学大纲，撰写教学计划、教案，精心制作PPT等教学文件。由于他严格要求自己，虚心请教，向其他老师学习，努力上好每一节课，所以尽管起步晚，但进步快，被学院多次评为优秀教师，得到了学生、学院、学校及教育系统的好评，并获得了相应的荣誉。作为教师培养学生时，他不但从学业上关心，还从生活上关心，千方百计替学生分忧，让他们安心学习。他还多次让我帮经济困难、家庭条件不好的学生买衣服，无偿送给学生。每过一段时间，他都自掏腰包给学生改善生活。这些学生工作后都成了国家的有用之才。

除了课堂教学和带学生在实验室做实验外，因农业科研的特殊性，还要进行室外田间试验，他主要从事的是马铃薯贮藏、种薯繁育及旱作栽培等方面的研究，试验基地主要在同心、海原、西吉、隆德、原州区等县区。这些年他几乎跑遍了南部山区，交通工具由原来的大巴加自行车，发展成为现在的出租车与自驾车；道路由原来的主干道柏油马路、非主干道土路或砂路，发展成为非主干道柏油马路、主要村道水泥路的条件。从前，砂石过多的路面骑行艰难，有时候要扛着自行车搞科研。随着社会的发展、时代的进步和生活条件的改善，2011年我们家买了一辆小轿车，这辆车成了他科研服务的主要交通工具，也陪他承担起上山下乡的任务。每次他自驾到试验基地，我都很担心他的安全。山区的道路崎岖颠簸，乡村小道泥泞难行，如果遇到下雨天，轿车容易搁浅，无法前行，甚至有时还会遇到暴雨或泥石流，危及安全。记得有一次，大约是8月份，我不放心他单独出行，便跟着他同去海原县关庄乡高台村调查取样。他对该村种植马铃薯的农户，挨家挨户耐心开展现场指导服务，他的认真敬业令我感动。这个村庄坐落在四面环山的狭长山沟地带，距离海原县城80多公里，西面与甘肃省会宁县新塬乡相邻，距离不足2公里，南面与西吉县新营乡接壤。当时进出村庄的道路是一条狭窄的砂石路，当天车行进在多湾的砂石路面上，突然遭遇雷雨天气，在一个转弯处，车向路的边缘滑去，由于刹车及时，车轮陷在了道路边沿，没有掉进深沟，避免了一场翻车事故。他

陈彦云教授（前排左一）在地头给乡亲传授农业技术

工作时常会遇到这样那样的危险，但是他从不惧怕。

经过连续多年的脱贫攻坚战略的实施，南部山区贫困农户的生活和生产条件发生了实质性改变，村村通公路，家家用上自来水，村民的生活得到了很大的改善。陈彦云作为海原县关庄乡高台村的科技扶贫指导员、国家"三区"科技服务人才，将自己多年的研究成果进行了转化推广，为该村及邻近乡镇引进了马铃薯新品种，推广最新研发的旱作节水新技术以及产后智能贮藏新技术，使农民得到了科学技术带来的实惠。由于科学技术的带动作用，形成了贫困山村全村老少主动学技术、积极用技术的良好氛围。也正是由于陈彦云不断推广科研成果，改变了南部山区贫困村民的观念和村庄的面貌。2020年他被授予自治区扶贫先进个人，获得宁夏事业单位扶贫专项个人"记大功"奖励和宁夏教育系统优秀共产党员荣誉称号。从参加工作到现在，他一直从事农业科学研究，始终没有离开过农业、农村和农民，是一名实实在在服务于"三农"的践行者，更是一名山区脱贫攻坚的默默参与者和无私奉献者。

陈彦云作为一名农业科技工作者，主持完成了多项国家和省部级项目，获得了多项宁夏科技进步奖。为了将科研成果及时应用于农业生产中并转化为生产力，他身体力行，吃苦耐劳，从不叫苦，从不抱怨，努力服务社会，造福贫困山区和贫穷农户。他始终不改初心，坚守科技为民的使命，无怨无悔，从不计较个人得失。他2008年取得研究生导师资格后，为了让研究生能够全面发展，他鼓励学生走进基层，深入农村，深入基层，真正了解农业，多接触农民。他经常带学生深入山区开展科研，使学生从生产实际中发现问题，找准科技需求，凝练科技问题，开展研究。他是农业专家，又是普通农民，是千千万万农民兄弟的好朋友，有的农户称他是帮他们摘掉贫困帽子的"财神爷""大恩人"。在他看来，多了一个身份，也就多了一份责任。村民对他的爱戴和信任，使得他休息的时间越来越少，工作的时间越来越长。他几乎没有节假日，每天从一早出发，走进学校，进入实验室，直到满天星斗才回到家中。数十年寒来暑往，他每天总是匆匆吃完饭后就开始工作，勤勤恳恳，不知疲倦。

他心系学生、心怀学校，努力工作，回报社会。他常说，我是一名党员教师，感恩于党的培养，要把党的教育事业牢记心中。他是这样说的，也是这样做的，我为有他这样一个公而忘私的好丈夫而感到光荣和自豪！

（编校：赵芳红）

### 作者简介

曹君迈，女，1964年生，教授（二级岗），1986年毕业于宁夏农学院农学专业，获学士学位。2003年进入北方民族大学工作。现任北方民族大学生物科学与工程学院教师，全国生物技术学会植物组培快繁脱毒技术分会理事，宁夏农垦马铃薯脱毒繁育中心特聘技术顾问，宁夏农业学校设施园艺培训专家，北方民族大学学术委员会委员。

周玉忠

　　1959年10月出生于宁夏海原，中共党员，文学博士，二级教授。1980年7月毕业于宁夏固原师专英语系，因成绩优异留校任教。1985年9月—1988年7月在西北师范大学外语系攻读硕士，在兰州大学获文学硕士学位，1999年—2000年由国家留学基金委选拔公派到美国匹兹堡大学英文系做访问学者，2008年在上海外国语大学获文学博士学位。1980年9月—1993年6月在固原师专英语系工作，先后任助教、讲师、副系主任；1993年7月调入宁夏大学工作，1995年1月任外语系副主任，1999年3月任外语系党总支书记兼副主任，1999年破格晋升为教授，2001年主持外语系行政工作，2002年6月竞聘为宁夏大学外国语学院首任院长，2016年3月卸任，2019年10月退休。

# 西窗灯下勤读书　东杏坛上乐育人

周玉忠

在宁夏大学外语系我先后承担过基础英语、高级英语、翻译""英美文学、英语学科概论等课程的教学工作，评为教授后，也一直坚持给本科生授课，直到退休。2000年评为硕导，指导硕士生50余人；2012年评为博导，指导博士生11人。在近40年的教学中，我坚持立德树人，努力做到为人师表，注重对学生基础知识的讲授和语言应用能力的培养，讲究教法，教学效果明显。主持的"英语语言文学"2009年获批国家级优势特色专业，主讲的翻译课2005年被评为自治区"精品课"，带领的翻译教学团队2010年获批自治区级教学团队，主编的教材《汉英语言文化差异对比》2006年被评为宁夏高校优秀教材，教学成果《以适应新课标、培养从教能力为旨归的高校英语师范生培养模式改革探索》2014年荣获自治区高等教育教学成果一等奖。

首先与大家分享教学中的两个小"故事"：

第一个"故事"，是自愿报名首开英语语言学课。20世纪90年代初，外语系考研学生越来越多，但由于师资缺乏的原因，系里虽然给学生开设了普通语言学，但用中文讲授，教材也是中文的，然而考研的题是英语的，学生无法用英语去答题，屡屡丢分受挫，学生为此而着急。看到这种情况，我毛遂自荐开设英语语言学，用英语讲授，帮学生扫除障碍。因为我读研时学过这门课，心里有数，系里自然支持。自1994年秋季学期起，我给高年级学生讲授英语语言学，选修了此课的学生后来考研时基本能从容应对语言学方面的各种试题，该课程帮他们清除了"拦路虎"。有一位学生还考上了上海外国语大学语言学方向的研究生，在学生中引起不小的反响。

第二个"故事"，是成功探索英汉语言文化差异对比法在翻译教学中的应用。在长期的翻译教学中，我一反传统的翻译"实例法"，探索出一个新的教学方法，即英汉语言文化差异对比法。具体方法是，以英汉语言文化对比为主纲，以词法、句法、篇章、修辞、文体为单位，以两种语言文化的差异为出发点来讲授各种翻译方法和技巧。我告诫学生翻译时要有先入之"差"，先对涉及的英汉语言文化差异分析对比，跳出译出语的桎梏，按译入语的方式去表达，"入文问禁、入语随俗"，明显消除了学生硬译、死译、胡译以及由文化差异引起的超额、欠额翻译等常见弊端，大大减少了"翻译腔"，使译文相对醒豁、地道，培养了学生的应变能力和翻译能力，教学效果显著。我

1990年，周玉忠教授为本科生授课

讲授翻译课的那些年，学生"专八"考试中的翻译单项平均成绩一直在全国及格线以上，有几次还超过全国平均成绩不少。学生取得这样的成绩，得益于我这个教学方法。我也因此获得宁大教学成果奖。

在搞好教学的同时，我积极开展科研工作，以此来深化、提升教学水平。先后主持完成国家社科基金项目2项，省部级项目8项，出版著作8部，译著4部，教材5部，在《外语研究》等刊物发表论文60余篇，英汉互译100余万字。我致力于国别语言规划与语言政策研究，于2005年成立了"宁夏大学语言规划与语言政策研究所"并担任所长，研究所起步较早，研究成果甚多，受到学界的好评。原教育部语信司司长、语言规划与政策研究专家李宇明曾如是评价："虽地处西鄙之地，但开风气之先。"

多年来，我获得了多项荣誉：自治区"313"人才（1999年），自治区优秀教师（2001年），自治区政府特贴（2001年），自治区模范教师（2004年），享受国务院政府特殊津贴（2006年），宁夏高校教学名师（2008年），宝钢基金优秀教师（2009年），宁夏大学孝廉奖（2017年），全国社科联优秀学会工作者（2017年），宁夏高层次人才（C类，2019年），它们始终是鞭策我前行的动力。我主编的《美国语言政策研究》于2013年荣获宁夏第十二届社会科学优秀成果著作类一等奖，《宁夏旅游景点、酒店中文公示语英译指南》于2014年荣获首届宁夏优秀翻译成果一等奖。

在教学科研之外，我有着多项学术兼职，担任中国英汉语比较研究会理事、中国少数民族双语教学研究会常务理事、宁夏翻译协会会长、宁夏高校外语教学研究会会长、国家社科基金项目通信评审专家、教育部评审专家库专家、中国语言智库专家。

新组建的外国语学院，除了师生人数增多、教学规模扩大之外，学科、教学、科研等方面似乎并没有什么优势，面临的任务繁重，困难非常多。经过研判分析，我确定了"以学科建设为龙头，以教学工作为中心，以师资队伍建设为根本，以科研创新为抓手"的学院总休工作思路。我亲自抓学科建设，确定了英语语言文学学科建设"三步走"战略：第一步，建成学院重点学科；第二步，建成校级重点学科；第三步，建成自治区级重点学科。由于目标明确，举措有力，经过全院教工的齐心协力，如期完成建设任务。2006年，英语语言文学被正式批准为自治区重点学科，学院仅用了4年时间就将一个基础薄弱的学科建设成了省级重点学科，此后该学科连续成为"十一五""十二五""十三五"自治区重点建设学科。它带动学院的教学、科研、师资、学位点等各方面工作同步发展，龙头作用明显，建设成效突出。全国第四轮学科评估（2012—2015），外国语言文学获得了 C⁻ 档次。

教学工作实施"1234"工程。一个中心，即全院上下都围绕教学这个中心自觉开展工作；两项改革，即外语专业教学改革、大英教学改革；三个优化，即优化师资结构、课程结构、育人环境；4个注重，即注重基础、实践教学、教研室活动、学生学习、创新能力的培养。该工程的实施，极大地提升了学院的教学质量。那些年，不少家长说，把子女送到外院放心。外院毕业生由于基础扎实、应用能力强，深受用人单位好评。2005年"基础英语""翻译"被评为自治区级精品课，2006年"大学英语"被评为自治区级精品课；2009年"英语语言文学"被教育部批准为国家级优势特色专业。除了办好英语专业、搞好大英教学外，我还带领学院教师克服困难，创造条件，积极申办其他语言专业。2002年申办日语本科专业获教育部批准，2005年申办阿拉伯语本科专业获教育部批准，2014年申办俄语本科专业获教育部批准。这3个本科专业，改变了英语独大的状况，使学院成为名副其实的外国语学院，为自治区经济社会发展培养多语种人才搭建了良好平台。

外院新成立时的科研状况与其他学院相差甚远。那时，当别的学院的教师申报国家级、省部级项目，在核心刊物上发表论文的时候，外院有些教师连课题、项目、核心都不甚了解，发表的论文，多数为

周玉忠

教学方面的经验总结。面对这种局面，我不气馁、不悲观、不懈怠，带领科研团队轻装上阵，只想迎头赶上，摘掉科研落后的帽子。学院制定了科研工作规划和奖励办法，组建了3个研究所。鉴于基础薄弱，我主抓科研，根据实际情况，分为3个层次着手抓：科研能力弱的教师先在增刊发文章，有一定科研能力的教师在一般刊物上发，科研能力强一些的教师在核心刊物上发论文。当时学院的创收还算不错，经过党政联席会议研究，从中划拨出一笔经费用于教师发表论文、出版著作及各类科研项目的资助和奖励。我联系《宁夏大学学报》《宁夏社会科学》等刊物办增刊、设专栏，给教师创造机会发表论文。此外，我还与高等教育出版社、上海外语教育出版社合作，编辑、出版了《西部外语教学研究》《西部外语》文集，编办了3期《西部外语》年刊，开辟了许多论文发表的园地，使教师的论文多数都能发表，大大激发了他们的科研积极性。自2003年以来，学院每年发表论文均在100篇以上。在《外语教学与研究》等外语类顶尖刊物上都有学院老师的论文发表，译著、教材的出版量也逐年递增，科研获奖的层次也越来越高。科研项目的申报成绩斐然，2006年学院一举拿下3项国家社科基金项目，创下佳绩。外院的科研工作实现了从弱到强、从量变到质变的跨越式发展。学校开交流会时，我用"不平坦、不平凡"6个字概括了外院科研工作发展的历程。

学院成立时，教师的数量增加了，但师资队伍的学历、职称等结构都不尽合理。我们改变的办法是：出国留学、国内进修；举办硕士学位班；院内硕士点培养。通过这些措施，极大地改变了教师队伍的学历结构，提升了他们的教学、科研能力，教学科研成果迅速产出，加快了他们职称晋升的步伐，从而使职称结构也随之发生了大的改变。在硕士学历大步提升的同时，我又积极鼓励、推荐、支持青年教师攻读博士学位，2016年3月我任期届满卸任时，所代过的已毕业和在读的博士已达30多位，这对外院来说，已经很了不起了！因为一是外语类博士点少，难考；二是外院教师教学任务重，顾不上考。这与其他学院无法相比。我自己46岁时才去读的博士，当教授都6年了，除了想实现自己的夙愿外，也是想给青年教师带个头，让他们不要因为有硕士学位而故步自封。

学科、教学、科研、师资队伍建设等方面快速有效的发展和取得的卓著成绩，给学位点的创建奠定了基础。我组建团队，不失时机地申报学位点，开辟研究生教育，提升了学院的办学层次。2002年英语语言文学二级硕士点开始招生，2011年成功申报为外国语言文学一级硕士点，为学院申报博士点打下了基础。2010年申报翻译硕士点并成功获批。这些学位点为宁夏高校、外事部门培养了不少师资和翻译。外院许多年轻老师的硕士学位都是在这些学位点上获取的。

我1980年登上讲台，2020年走下讲台，先后在宁夏师范学院、宁夏大学两校从事英文教学与研究整四十个春秋，感慨系之，吟诗一首：

### 执教四十年抒怀

二十出头登讲台，耳顺之年退下来。
基英高英皆讲遍，文学翻译尤喜欢。
汉英语言做对比，东西文化辨差异。
拾遗补缺夯基础，精讲多练锤能力。
西文为用中为本，谆教做好中国人。
立德树人园丁心，传道授业红烛情。
两园耕耘成果硕，三尺讲台桃李多。
教学科研双翼飞，交相辉映光华灼。
锲而不舍一杏坛，甘贫乐道四十年。

2021年9月10日于第37个教师节

周玉忠

# 玉汝于成　忠信乐易

张新民　封宏砚　周雪娇

"一口操中外语言，两脚踏中西文化"，这是曾经外国语学院人人熟知的一句话。周玉忠在接受我们采访时，回忆起那段久远又温馨的岁月时，眼里依旧盛满了热忱和欣喜。

## 回归，从无到有的建设

周玉忠1988年硕士毕业于西北师范大学外语系，在兰州大学获文学硕士学位。2002年他担任宁夏大学外国语学院院长时，学院各方面的基础都比较薄弱，学科建设和科研几乎是一片空白。2005年，周玉忠深造读博，给青年教师作出表率。在他持续的推动下，外语系师资力量不断壮大，到他连任三届退出领导岗位时，学院已有30多个在读或已毕业的博士成长为骨干教师。

周玉忠担任院长后带领团队，针对外国语学院实际进行了科学规划和艰苦建设。他将学科和专业建设作为抓手，提出三步走战略；将教学工作作为学院的中心工作，提出"1234工程"；在学科建设和科研工作方面，制定了"十二五""十三五""十四五"发展规划。经过长时间脚踏实地的探索和努力，外院由名不见经传的小系成长为领导口中"有所为"的大院，其中外语语言文学在第四轮全国学科评估（2012—2015）时，得到一个"C⁻"的成绩，这在当时的宁大很不容易。在专业建设上，外院由刚成立时的英语专业和日语专科，逐渐发展拥有了日语、阿拉伯语、俄语的本科专业，阿拉伯语专业后来发展成为宁夏大学阿拉伯学院。这些成就，是周玉忠和团队一步一个脚印全力打拼下来的，为助力宁大上台阶上水平发挥了不可或缺的作用。

周玉忠的突出成就不囿于教学和专业等方面的建设，科研成果也十分引人瞩目。"学院就是一驾马车，教学、科研支撑马车，两个轮子缺一不可。"周玉忠从发展角度出发，怀着积极乐观的心态勉励团队："咱们是一张白纸，但一张白纸，好写最美最好的文字，好画最新最美的图画！"就这样，从最开始办增刊、出论文集，再发正刊、核心期刊，从申报校级项目到省部级、再到国家级项目，科研的鸿沟被一步步填平，白纸上逐渐绘出精美瑰丽的图案，取得了前所未有的成就。

## 热爱，忠厚之名满桃李

周玉忠从教几十年，几乎所有与他接触过的老师和学生都称赞他、敬重他。当笔者问起他是如何做到的，他的眼里闪现出温暖平和的光，"其实很简单，就是一视同仁。"任教期间，他平等对待学生，不偏爱不歧视，不因为出身不同而区别对待，遇到成绩相对差些的学生还会格外关照。有学生请他帮忙，他会尽力帮助；学生的文稿有问题，他会认真严谨地逐字推敲；授课时，他秉持着教学相长的原则充实课堂，探讨学术问题。就是在这样点点滴滴的相处之中，周玉忠获得了学生的喜爱，甚至有学生视他为"偶像"。

因为热爱教学这片天地，周玉忠始终坚守在讲台上，穿梭在学生们活力青春的目光中间。冬日里，窗外是呼啸的寒风，窗内却是一派热情温馨的青春模样，刻苦用功的外院学子，捧着书本放声朗读。有的女生为了便于打理头发剪去长发，有的素面朝天不施粉黛，浓厚的学习氛围吸引了许多其他学院的学子慕名而来，珍贵的回忆与感动留在时光之间。就是在这样温馨美好的氛围里，周玉忠和其他老师时刻准备为学生答疑解惑……

在周玉忠的办公室里，摆放着一幅周正古朴的书法作品摆件，这是当年一名学生赠送给他的。当时那名学生阴差阳错考到了英语系，但是他的兴趣所在却是文学写作。大一结束以后，作为班主任，周玉忠了解到他希望转专业的想法，站在教师和过来人的角度，他用诚恳的言辞劝这位学生留在英语系："你喜欢中文写作，学英语对写作是有帮助的，学一门语言就打开了一扇窗户，两扇窗户总比一扇窗户要好。"这番劝说打动了这名学生，他最终选择留在英语系。事实证明，周玉忠的经验没有出错，经过英语学习，能无障碍阅读外文作品，对创作大有益处，伴随着一路磨砺和成长，这个名叫石舒清的学生，如今已成为宁夏乃至全国极具盛名的作家。

## 坚守，跨文化铸大成

周玉忠长期坚守在教育一线，热爱讲台，热爱授课，把教学作为第一职责。他同时也是颇具影响力的翻译家。1999年至2000年，他由国家留学基金委员会选拔公派到美国宾夕法尼亚州匹兹堡大学英语系留学，研究美国文学与文化。他还担任了宁夏翻译协会会长、宁夏社会科学语言学科评审专家组成员、国家社科基金项目与教育部社科基金通讯评审专家。

从跨入外语系的那一刻起，就注定了此生他要与外国文学和翻译事业结下不解之缘。"原来想上中文系，后来拿到通知书是英语系的，觉得喝错了这一瓶洋墨水，但我觉得现在应该感谢学英语。"从小喜欢文学，一心想上中文系的周玉忠进入了外语系，最终还是选择继续走下去，并且在研究生阶段选择了翻译方向。当他真正走进翻译的世界时，才发现翻译是一门很实用的学科，同时也是一座文化的桥梁，能够将两种截然不同的文化连接起来，真正为社会奉献出自己的力量。这符合他的人生方向，也为后来坚实的翻译事业打下了基础。

周玉忠从儿时便积累下来的文学功底以及良好的外语天赋，使得他的翻译之路越走越宽。他曾经发表一篇译文，是关于中国诗歌的一部外国著作，成品出来以后编辑很诧异，因为那篇译文看起来不像是"翻译过来的"，更像是作者自己的所思所想。周玉忠对两种语言的掌控能力都极强，能够在理解作者意思的基础上，用汉语流利优美地表达出来。

周玉忠能取得如今的成绩离不开多年如一日的锻炼磨砺。早年他承担了很多区上的大型翻译活动。在一次中美教育研讨会上，他与学生合力承办翻译事务，在没有文稿提前准备的情况下进行高难度的现场翻译，要根据现场发言和PPT，迅速准确地将信息传达给与会人员。尽管过程艰辛，但他们最终圆满完成了任务。因为翻译工作得力，中美教育研讨会在宁夏举办了两次。

早年周玉忠结识了一位外国友人，从他那里学到了很多新鲜地道的英语词汇，尽管已经时隔多年，谈起那段经历时，他仍然兴致勃勃地列举出了那些曾令他惊奇的词汇，一个个单词组合到一起，形成流畅自然的英文，他依然保持着对英文的敏感，对翻译事业的热爱。也正是这份热爱，这份坚持，这份敬业，使得周玉忠的教育方法别具一格且行之有效。上过他翻译课的学生，专业八级考试中翻译单项得分时常超越全国翻译平均线；在平时的翻译课上，他提倡理论与实践结合，讲解完翻译技巧后立刻进行翻译实训，并且实时提供改进意见。这样卓有成效的教学方法和优良的教学成果，离不开他的亲身实践与

周玉忠教授授课中

开拓。

如今，年逾花甲的周玉忠，仍然坚守教育阵地，一身清气，两袖乾坤，言笑晏晏，举止从容，拥有独特的儒雅气质和学者风范。他长期行走在中西文化间，却始终坚持文化自信，传承中华优秀传统文化，面对社会浮躁的通病，甘坐冷板凳，不问俗世尘。

周玉忠辛勤建设，在白纸上作画，做学问中西合璧，做老师博古通今，从教以来不忘初心，孜孜以求，躬耕不辍，不仅推动了外国语学院的建设，更为宁夏大学的发展提供了强大助力。今天，他仍秉持着师者的仁慈和博爱，参与并关注着宁大的发展建设。

（编校：胡彬）

### 作者简介

周雪娇，女，宁夏大学新闻传播学院2021级本科生。

# 大学生活及周玉忠先生

石舒清

　　我在固原师专（现宁夏师范学院）英语系读书两年，属代培生，比别的学生少读了一年，但仍是大专学历，两年学习得一大专学历，我不知道这在我是幸运还是损失，如果多读一年，大学生活不就多了一年？自然还可以多学到一些东西。但早毕业可以早拿工资啊，还可以早吃到商品粮，对我们这些祖祖辈辈土里刨食的人而言，拿到工资，吃到一份商品粮，那感觉那身份真是太不一样了，所以凡事总有着两面性，是不能太多计较和盘算的。就读师专虽只短短的两年时间，但是在我的生命历程中却有着极深刻的印象和极重要的意义，设想如果当时不是就读固原师专，而是日头从西边出来，运气太好，考了个更好的学校，那未必就会有一个今天从事着自己所喜爱的工作的我。正是在固原师专，我感受到了一种特有的文学氛围，发表了我的第一篇小说。记得我拿着发表我小说的刊物往女生宿舍楼跑去时，一个女生对我的形容至

周玉忠教授在书房

今难忘，她说我就像一只得了食狂奔着的跳兔子。当时或有不快，如今却惆怅地觉得，一个曾被如此形容的自己，再也没有了。在固原师专的院子里，我曾经这样忘情地跑过，这样的一幕把我和这所学校紧紧地联系在一起。

另外在师专两年，很值得一说的一个实实在在的好运气是，两年时间，我们有幸遇到了两个好的班主任，一个是关晓琴老师，一个是周玉忠老师。关老师比我们大不了几岁，青春洋溢，活力四射，她好像把我们班带出了一种少儿班幼儿园的感觉，就是没有拘束，各显性情，形式多样，寓教于乐。关老师忽然调去南方大学后，说实话，我们是有些失落的，对新来的替代者心存疑虑甚至是排斥的，但是真正到来后，却给我们一种自然过渡无缝对接的感觉，好像去了一种好，又来了一种好，虽然这两种好在风格趣味上是很不一样的，却无疑都是好，都是难得的好，被我们有幸碰上了。经历一种好自然比不得经历两种好，如此说来，关老师的中途调离又成了某种成全，这是始料未及的。

我们新来的班主任周老师给我们的第一印象，首先觉得这肯定是个好人，是个博雅君子，他肯定是有原则的，但他的原则性肯定不是死板的僵冷的，而是有着应有的弹性和人性化的部分，后来时间长了，就觉得周老师给我们的感受和认知并没有太超出这第一印象。和关老师在教学中给我们带来足够的活力与趣味相比，周老师带给我们的是学习的方法和深度，觉得周老师这样的老师，要给我们上一节课，他自己备课就得耗去许多时间和精力，比如每一次他用一瓢水来浇灌我们，那他自己预先是要备足一大桶水的。感觉听周老师讲课，不同资质不同态度的人同时同室来听，收获会是大不一样的，之所以会出现这样的情况，就是因为老师的讲述中，可学的点和可学的层次比较多、比较丰富的缘故。

其实回头来看，周老师当我们班主任的时候也不过30来岁，却给我们一种学养深厚八风吹不动的感觉，觉得我们中的优秀者只要肯于聆听，一心向学，周老师是完全有能力从我们这些代培的大专生里培养出博士生的。一个老师能给他的弟子们这样一种整体印象，而且多少年过去，这样的印象不变化不走样，反而好像是随着时光推移，当初的印象愈益坚固，得到了一再证明似的，达到这一点，该是多么地不容易。

周玉忠老师和我是老乡，以县城为中心来说，他所在的村子比我的村子还要偏僻一些，但和我比较，和很多人比较，周老师显得气质别样，有一种截然高出之感，腹有诗书气自华。比较而言，我也算爱读书的人，但觉得自己就是读再多的书，也读不出周老师的气质气息，君子温润如玉，说的就是周老师这样的人。在我这里，我想象不出来周老师口出恶言的样子，想象不出周老师挽袖举拳要和人争竞个高低的样子，想象不出周老师不说普通话说方言的样子，甚至想象不出那样一个玉树临风的人会变老的样子。一句话，我心目中理想学者的样子，就是周老师这样的。

我1989年毕业于固原师专英语系，在我的毕业纪念册上，周老师以率性洒脱的钢笔字这样写着："是金子，总会发光。"他不知道这几个字给我带来过怎样的暗示和激励。我们班比较特殊，24个学生里，男生只有9个，我被呼为"老九"。在又一个新的教师节来临之际，谨写此短文，纪念我的大学时光，致敬我的老师们。

周玉忠

## 作者简介

石舒清，男，原名田裕民，回族，1969年出生于宁夏海原县。中国内地作家、编剧。1989年毕业于固原师专英语系。

短篇小说《苦土》获得第五届全国少数民族文学奖骏马奖。短篇小说《清水里的刀子》获得第二届鲁迅文学奖。

郎　伟

　　回族。1962年12月生。浙江杭州人。1980年以宁夏高考文科总分第一名的成绩考入北京大学中文系文学专业学习，1984年本科毕业后分配到宁夏大学中文系任教。1988年再次考入北京大学中文系中国现当代文学专业攻读研究生，1991年获文学硕士学位。曾担任过宁夏大学人文学院院长、宁夏师范学院副校长，现任宁夏大学副校长。二级教授，博士生导师，宁夏大学"西北民族地区语言文学与文献"博士点负责人。

　　担任的社会职务和学术兼职有：宁夏回族自治区人民政府参事，中国人民政治协商会议宁夏回族自治区第八届、第九届、第十届委员会委员，宁夏回族自治区第十二届人民代表大会常务委员会委员，教育部高等学校中国语言文学类专业教学指导委员会委员，中国作家协会会员，中国文艺评论家协会会员，宁夏文联副主席，宁夏文艺评论家协会主席，宁夏文史研究馆馆员等。担任过国家文学最高奖"鲁迅文学奖"评奖委员会委员、"茅盾文学奖"评奖委员会委员、全国少数民族文学创作"骏马奖"评奖委员会委员。

从业38年来，主要从事中国现当代文学学科的教学与研究工作，是深受学生爱戴并在宁夏社会具有知名度和美誉度的高校教师和人文学者。2007年、2014年两次获得宁夏回族自治区"优秀教师"称号，2008年获得宁夏高等院校"教学名师"称号，2015年荣获宁夏首届"塞上名师"称号，2018年荣获宁夏文化名家工作室（郎伟工作室）领衔人称号。

迄今已写作出版文学评论著作7部：《人类重要文学命题》（合作）、《负重的文学》《写作是为时代作证》《欲望年代的文学守护》《孤独的写作与丰满的文学》《守护风沙中的一盏灯》《巨大的翅膀和可能的高度》，主编文学著作3部，在《文艺理论与批评》《小说评论》《小说选刊》《上海文学》《民族文学》《光明日报》《文艺报》《文学报》等各级文学刊物和报纸上发表文学评论、散文250余篇，150余万字。文学评论著作《负重的文学》曾获国家级文学奖全国第八届少数民族文学创作骏马奖，论文曾获宁夏哲学社会科学优秀成果论文一等奖3次，宁夏文学艺术作品奖文学评论一等奖4次。主持完成国家社会科学基金项目1项、宁夏回族自治区哲学社会科学规划项目（重点项目）1项、宁夏高等学校科学研究项目（重点）1项。2002年获得"宁夏优秀文艺家"称号，2008年获得宁夏优秀文化创作奖。

# 华发春催两鬓生

郎　伟

一

1984年7月10日那天下午，我拿着大学生毕业派遣证第一次来到宁夏大学。彼时，宁夏大学本部还只有怀远校区这一个校区。因为学生们已经放暑假了，骄阳下的校园显得格外宁静。学校的几条小马路上很少见到人，只有位于学校西大门处的五层办公楼里偶尔有人员出入。

根据大学所学专业，我被分配到了中文系任教。中文系于1983年新开办了新闻专业，新闻专业的基础课中含有许多中国语言文学类课程，系里开会商议后，决定让我为新闻专业的同学讲授中国现代文学课程。系主任刘世俊先生向我宣布了这一决定，我诺诺领命。此后便是观摩学习老教师主讲的课程、读书查找资料、闷头撰写教案、准备试讲。中文系现当代文学教研室的陈学兰老师毕业于北师大中文系，年轻时是班里同学们公认的"才女"，又经历过非常年代里的人生忧患，她讲课时情感投入甚深、文学现象讲解和文本分析总是和社会时代背景紧密相联，历史感和现实感都很强，"立德树人"效果极佳。我便到她的课堂上去听课，课后时不时地向她请教，同时也互相交流所了解到的当前中国文坛和宁夏文坛最新的创作动向，切磋一些现

郎伟教授参加自治区第十二届人民代表大会（2018年1月）

当代文学研究中的难点和疑点问题。听了差不多一年时间的课，1985年9月，我便开始走上讲台，为中文系新闻专业1985级同学讲授中国现代文学课程。因为是初登台，当时系里安排我担任前半学期教学任务，陈国威老师主讲下半学期课程。初次讲课，我难免有些拘谨，但总体教学效果大概不差，学生没有向系里投诉"不知所云"和"没法听"——20世纪80年代的学生在听课方面有着相当挑剔的眼光和口味。从1986年开始，系里决定让我独立为本科生主讲中国现代文学课程，这样就讲到了1988年。初登讲台的三年间，我几乎把所有的心思和时间都放在了讲课上，从重新阅读现当代文学名著、做读书笔记、在小卡片上归纳誊写现当代小说的故事梗概，到不惜精力地去寻找作家的生平事迹材料、阅读最新的现当代文学研究论文，可谓煞费苦心。三年的心血没有白费，我在学生们中间已经有了良好的授课口碑，在中文系和学校有了一定的知名度。

20世纪80年代中后期，宁夏大学迎来又一个发展的黄金期。时任宁夏大学校长的著名法学家吴家麟先生深感学校教学和科研人才的匮乏，学校但凡开大会小会，他都反复强调：宁夏大学现在人才缺口很大，发展后劲不足，只能两条腿走路。一是要尽可能多地引进外地的优秀师资，这条路走起来难度不小；第二条路就是挖掘内部潜力，鼓励学校年轻教师尽快到外地名校去读硕士和博士，获得学位后再回来服务。受吴校长反复倡导的影响，从1986年开始，我有了重回北大中文系攻读硕士研究生的念头。当时的简单想法是：作为一个高校青年教师，书还读的远远不够，要想进入思想和智慧的崭新境界，必须重归北大这一思想和学术的熔炉再锻造。经过两年艰苦的努力，1988年9月，我又回到北大中文系做学生，成为中国现当代文学专业当代文学方向的硕士研究生。入学之后我才知道，当年北大中文系的中国现当代文学专业当代文学方向只招收了3名学生，我是幸运儿之一，那一年报考此专业方向的全国各地考生大概有近百人之多。

北大三年的硕士研究生学习生活飞快流逝。1991年夏天，我再一次从绿树掩映、湖光塔影闪烁的未名湖畔回到金波湖畔。20世纪90年代中期，是宁夏大学中文专业发展得最为辉煌的时期之一。那时中文专业人才荟萃、人情真挚。老、中、青三代教师受壮怀激烈的时代气氛的感召，无论在教学还是科研领域，个个奋勇，人人争先。汉语言方向刘世俊先生领军，高葆泰、杜桂林、李树俨、张安生、张博、刘经建、冯玉涛等教学科研骨干名满宁夏；文学方向由张海滨先生领衔，郭雪六、唐骧、张廷杰、张迎胜、王茂福、朱贻渊、崔宝国、饶恒久、赵明、王岩森和我等三代同堂，各显其能。我那时30多岁，有朝气，也有不怕吃苦的精神，加之还有比别人多一点的勤奋，因此，重回中文系不几年，我所主讲的中文系骨干课程中国当代文学和选修课程80年代小说研究、90年代小说研究就成为广受学生欢迎的"名牌课"。1997年，学校进行教学改革，要求各系教师可以开设面向全校学生的选修课程。我不揣浅陋，向教务处上报了90年代中国小说一课。结果，选报此课学生人数远远超出原先预料。我的中文系同事苗福生目睹了学生在楼道里排长队选修此课的情形，大为吃惊地跑来告知我选课"盛况"。开课的那一天，当我面对教室里座无虚席（事实上，还有一些学生是坐在阶梯教室的窗台上和台阶上听课的）的景象，确实有数十秒钟的惊讶和不安。然而，没有什么能够比受学生们爱戴和喜欢更让人幸福的事情了，此时，所有的辛苦和付出都是值得的，所有的工作中的委屈和旁人的说辞都化为逐渐消失的烟云。

2002年1月，新宁夏大学组建，人文学院成立。2005年7月，我被宁夏大学党委任命为人文学院副院长。2011年10月，我成为人文学院成立之后的第二任学院院长。对我而言，从2005年接受组织任命担任学院副院长的那一时刻开始，过去那种相对单纯和超然的书斋生活已经结束，此后的工作与生活就不仅仅是个人与书本之间的事情了。在我担任人文学院副院长和院长的10年间，我带领中国语言文学专业的同仁们将这一专业打造成为自治区级和国家级优势特色专业（2008年）；中国语言文学学科于2011年成为一级学科硕士学位授权点；2015年，中国语言文学学科被遴选为自治区"十三五"重点学科，汉语言文学专业被遴选为自治区"十三五"重点专业。2012年至2014年3年间，为了给中国语言文学学科这一宁大建校时就已经建立的学科未来发展开拓更为广阔的空间，在时任学校党委书记齐岳和校长何建国的鼎力支持之下，在学校研究生院王银春院长具体的业务指导和无私帮助下，以我为学位点学术带头人、中文学科诸多教授为核心力量的二级学科博士授权点"西北民族地区语言文学与文献"学位点，终于被国务院学位办审核批准，实现招生。博士学位授权点的建立，是我担任人文学院院长之后取得的最为重大和最具历史意义的工作成果。这一博士学位点的获批，不仅留住了一批中文学科的骨干教师，也为宁夏大学中国语言文学学科的更大发展奠定了坚实基础。

申报博士学位授权点一事，距写作此文已经整整10年了。当年整

郎伟教授获得宁夏第八次文学艺术奖文学评论一等奖，时任自治区党委书记陈建国颁奖

个申报书的完成文本接近3万字，是我根据国务院学位办下发的有关文件和申报大纲，花费十多个夜晚，在灯下一字一字地于键盘上敲击出来的，之后又数易其稿。按照国务院学位办文件的规定，申报书及相关支撑材料必须通过外地高校7位博导级专家的严格审核，之后上网公示一个月，最终由国务院学位办开会研究，决定是否进入新近申报的博士学位授权点名单。2012年9月中旬，为了召开申报博士点审核论证会议，由学校研究生院王银春院长带队，我和时任人文学院副院长的宫京成一行三人前往北京，在中央民族大学召开了审核论证会议。与会的7位专家分别是来自北京大学中文系的漆永祥教授、吴晓东教授；来自北京语言大学汉语学院的张博教授以及来自中央民族大学文学院的陈允锋教授等。7位专家对我们的博士学位授权点申报书所填写的内容、措辞等进行了近5个小时的认真讨论和审核，提出了中肯的修改意见，最终形成决议：一致通过宁夏大学人文学院提出的申报"西北民族地区语言文学与文献"博士学位授权点的要求，建议国务院学位办同意新设该博士学位授权点。北京的审核论证会议结束之后，所有的申报书和相应支撑材料全部上网公示。在申报书上网公示的那一个月里，作为主其事者的我虽然有比较大的自信，但依然内心动荡。偶尔，会突然间感到坐卧不宁。2012年10月底，博士点上网材料公示完毕，没有专家和其他相关人士提出异议。2013年，"西北民族地区语言文学与文献"博士点成为国务院学位办公布的新增加的二级博士学位授权点之一。2014年，学位点各学术方向制订博士生培

养方案和做各项招生工作准备，2015年，"西北民族地区语言文学与文献"博士学位点正式招收第一批学生。

二

研究生毕业之后重回宁夏大学，我一方面将大量的精力花费在学校教学工作当中；另一方面，因为一个偶然事件，我再次进入当代宁夏文学的研究领域，并以自己不间断的努力，逐渐成为宁夏文学研究领域的领军人物。

与当代宁夏文学结缘，始于1985年。1985年5月，宁夏作协召开"戈悟觉作品研讨会"。中文系的李镜如先生和田美琳老师告知了此事，并相邀说："宁夏作协的同志，非常希望宁大中文系的年轻教师们前往参加研讨会。你是教当代文学的，不妨一去。"我那时刚刚进入高校未及一年，乳臭未干，听闻此讯，心情激动，于是，怀着新奇和忐忑去参加了"戈悟觉作品研讨会"，并且相当稚嫩地发了言。会议结束后，李镜如先生找到我，商量说："《朔方》文学月刊想登载一篇《戈悟觉作品研讨会综述》，你能写吗？"1980年代是严肃和严谨得近乎刻板的年代，年轻教师发表文章不是一件非常轻易的事情。我当然是一口答应。3个多月后，我写作的第一篇带有文学评论色彩的文章就发表在了《朔方》文学月刊上（1985年9月号）。1985年的《朔方》文学杂志，其版式设计、刊物用纸、印刷水平均与今日的《朔方》有着相当大的差异。但是，略显单薄、字号也非常小

郎伟教授获得第八届全国少数民族文学创作骏马奖奖杯（2005年12月）

（小五号字）的那本《朔方》，一直被我珍藏到今天。只是，杂志的内页已经泛黄、变脆了。

作为一个现当代文学的研究者，与宁夏文学"重逢"，是在10年之后。这10年间，忙着教书、谈恋爱、结婚、重返北大读硕士、养育孩子。课讲了一年又一年，在学校也还有些声誉，受学生们喜欢。但是，说到发表文章，就常常暗自神伤，唯恐他人提及。我那时年轻懵懂，不知道在高校科研的回报率要远远大于认真教学，故把所有时间和精力，几乎都放在了认真备课和讲课上；加上人生阅历浅薄，自恨书读得少，更难言读透，因此不敢提笔写文章，当在情理之中。就这样自怨自艾，彷徨蹉跎了许多年。1994年8月某日，时任《朔方》文学月刊编辑的青年作家陈继明托人送我一本新出的《朔方》杂志（这一期杂志上刊载有他的一个"创作小辑"），想让我为他的"创作小辑"写一则短评论，千字即可。我与宁夏文学界已经有10年的时间彼此不通音信了，心里一直有着相当复杂的情感常常起伏波动不已。恰在此时，毕业于宁夏大学中文系的青年作家陈继明出现了。为陈继明写作的这一则千字评论，将我重新引回到宁夏文学研究领域。我不知道这是不是我的宿命。之后的逻辑推进情形是：1994年到2015年，我大约平均每年要在《朔方》上发表两到三篇评论（当然我在学术影响力更大的外地刊物《文艺理论与批评》《小说评论》《小说选刊》上也发表学术文章），宁夏重要小说家的创作——诸如"宁夏三棵树"（陈继明、石舒清、金瓯）、"新三棵树"（漠月、季栋梁、张学东）等具有全国影响力的作家，我几乎都写过相应的评论文字（这方面的学术成果约有100万字）。我对新时期以来宁夏文学创作的持续关注和所取得的学术成果，引起国内文学界的好评。中国作协副主席、书记处书记李敬泽在中国作协组织的一次全国性文学创作会议上肯定了我在地方文学研究方面所做出的优异业绩，国内文学界认为我是20世纪90年代以来宁夏最为知名的学院派评论家。同行对我的评论是：郎伟在中国当代少数民族文学研究和宁夏当代文学研究领域，均用力甚勤，建树颇多。他是国内第一个提出"文学宁军"概念的评论家，他长期追踪宁夏文学创作事业，是国内在当代宁夏文学创作研究方面花费精力最多、写作研究文章数量最多、文章质量出类拔萃的优秀评论家，为宣传宁夏和把宁夏作家推向全国文坛作出了杰出贡献。

三

从不足22岁进入宁夏大学任教到如今即将进入耳顺之年，近40年的人生岁月就这样载着欢愉或者忧伤无声地流逝了。学校还是那所学校，人却已经由青涩的少年变成了霜华满鬓的老者。天气晴和的时候，我漫步在校园里，看着随风飞舞的杨花柳絮和身边青春洋溢匆匆走过的年轻人，会经常问自己：如果一切从头再来，你还愿意当一名受到学生爱戴的老师吗？好像答案也总是"会的"两个字。我从少年时代起就喜欢文学，上初一时接触到《水浒传》和《三国演义》两部中国古典文学名著，觉得小说所构筑的艺术世界实在是太有魔力了，那些英雄豪杰的所作所为是那样的感天动地、震撼灵魂。我若有一日能够成为一个拥有如椽大笔的作家，该是何等神圣和何等幸福的事情！从那时起我就一直做着当作家的梦，梦想长大成人之后能够凭借一支彩笔，描画人世百态、讴歌人间正义、鞭挞宵小丑类、挥洒报国豪情。直到北大中文系毕业，按照国家政策被分配到宁夏大学中文系担任教职时，我的作家梦依然没有完结。后来，登上了讲台，努力把个人已经掌握的书本知识生动传神地教给学生们，把自己基于历史、现实与人生的诸多感悟和深沉思索拿出来与学生们分享。我以为，上述的两项是做老师的天职。未曾料到，学生们对我的文学性讲述和基于现实、历史与人性的思索，给予相当高的评价。于是，我知道我是可以做一名能够影响学生心灵的好教师的。此后几十年，我就一直奔跑在努力当一名优秀教师的路上。这条路看似笔直、通达，却要付出几乎一生的体力和心力；这条路看似繁花满径、花香袭人，却要经历漫长的孤独寂寞考验，忍受风雪旅程中朔风吹雪寒彻骨的苦难。教师本是书生一枚，血肉之躯长成、父母之恩养成，与寻常人并无二致。然而，正是因为担当了传播真理、弘扬正义、为国家培育英才之庄严责任，当他站在讲坛上面对学生的时候，他无疑是光荣的、神圣的，具有超凡的信念和气质。教师职业的神圣感和光荣性质有时可能会使其职业的某种艰难性被人忽视。真实的生活样貌是：当教师们走下讲坛的那些非高光时刻，很多时候，他可能是脆弱的、无助的，他同样会遭逢许多生活的意外打击和内心的困扰。为了维护课堂上的那一份尊严和坚守那一份责任，教师有时不能不隐瞒身体的病痛和内心的波澜。我已经记不清楚这么多年以来，我是否因为生病和身体严重不舒服而耽误过为学生上课。即使有过这样的事情，也是极为罕见。我在宁夏师范学院任职（2015—2019）4年，给宁大研究生们所开设的面授课程，都是在没有导师工作津贴的前提下，在周六或者周天某个时段回到银川讲授的。常常这边刚刚上完课，就要起身前往330公里外的固原城去开始新一轮工作。2014年4月，我爱人因病辞世。中年丧偶，于我而言是身体和灵魂的"深伤巨痛"。我在很长一段时间内都恍惚地认为爱人是暂时躲在哪一个地方而不愿意见我。然而，这样的情感却不能轻易在学生面前流露。我独自忍受人生的锥心之痛，给自己穿戴上坚强而理性的盔甲，一如既往地奔走于银川与固原之间。我在宁夏大学任教近40年，将青春和智慧奉献给了一茬又一茬的学生，却将命运的无情打击和人生的不如意深深地埋藏于心间。然而，我依然要说：我感谢岁月和生活给予我的一切，包括曾经的苦难和灵魂的创伤；也感谢在我任教的几十年中，给予我真诚帮助和真挚爱意的前辈、同龄人和我的学生们。

2022年5月于银川长城花园

# 寂寞的守灯人

## ——我心目中的导师郎伟教授

许　峰

一

　　我的硕士研究生和博士研究生学业，都是在郎伟老师的指导下完成的。参加工作之后，我又一直与导师保持着密切的学术联系和日常交往。与其他弟子相比，我对导师的为人和为学方式知晓得更多一点，理解得也更为深入一些。

　　2007年9月，我正式成为郎伟老师的硕士研究生。那时从山东来银川的求学之路可用"辛苦"二字来形容：先从山东东营市坐4个小时长途汽车到北京，再从北京西站坐21个小时的火车到银川，拎着个大行李箱一路汗流浃背，可谓"舟车劳顿"。所以，到银川后，当踏进宁夏大学校园那一时刻，我就暗下决心，一定要刻苦学习，不辜负得之不易的学习机会，不然都对不起这一路上的奔波劳苦。第一次正式见导师时我非常紧张，导师身穿一件淡咖色条纹的休闲西服，里面着浅蓝色的衬衫，显得非常干练与潇洒，同时，言谈举止间所散发的那股知识分子的儒雅与博学气息也让我和其他同学深深折服。师生见面会上，导师主要说了三点意思：一是读书做人，品德要端方，心地要善良，凡事务必多替他人着想，君子立世不可锱铢必较；二是要诚实地学习和生活，靠勤奋苦做来修德求学问，不能靠投机取巧行世；三是既要脚踩大地，也要仰望星空。攻读研究生阶段，思索力和行动力都要锤炼，不可偏废。我那时尚属懵懂之辈，还不能完全理解老师的一番肺腑之言。如今年届不惑，才知道这三点对一个认真做事业的人是多么的重要！一晃15年过去了，如今，我与导师之间早已超越了一般的师生关系，我曾在2019年的博士论文致谢辞中这样写道："已经是一名父亲的我，在33岁的时候重新步入到熟悉的校园去享受作为一名学生的快乐，远离外界的尘嚣，收获校园内的一份平静与满足。我最应该感谢的是我的恩师郎伟教授。自硕士阶段起，我就求学于郎老师门下，硕士毕业后我选择留在了宁夏工作，12年来，郎老师不仅在学业上给予我悉心的指导与鼓励，更在生活上给予我如父般的关爱，我学业上的每一次进步都离不开恩师的教导。每当我学业上取得一点小小的成绩，恩师似乎比我还要高兴，他最愿看到的就是弟子们的成长。恩师的人格魅力像照亮我灵魂的灯，始终点亮我问学的漫漫之路。2016年，我再次投入郎老师门下攻读博士，恩师对我提出了更高的要求，鼓励我在读博期间，不仅在学问的积累上有所提升，更要在科研能力上有质的飞跃。这本接近18万字的论文，从开题、撰写到修改阶段，恩师都给予了非常认真的指导，开题报告和论文的草稿上布满了恩师密密麻麻修改的痕迹，论文撰写的每一个环节恩师都提出了许多宝贵的意见，这才让论文得以顺利进行并且完成，所以这本论文实际上也凝聚着恩师辛勤的汗水与心血。"说这些，只是想说明，我的导师是一位认真、严谨、博学且儒雅的学者与教师。我的导师能有今天的成绩与荣誉，作为见证者的我，最知道导师在这一过程中的付出与努力，平时导师教导我们的那句话"要想人前显贵，背后必须刻苦努力"，同样也是导师自己几十年来人生历程的最好注脚。

我的导师高中阶段就读于宁夏名校银川一中，1980年9月，他以宁夏高考文科状元的优异成绩考入北京大学中文系文学专业学习。听导师说，他所在的北大1980级文学二班当时几乎聚集了全国各省的文科状元。不仅如此，当时国内最著名的一些中国语言文学学科的名教授在给他们授课，严家炎、唐沅、孙玉石、钱理群、陈平原、温儒敏的现代文学，谢冕、洪子诚、张钟、曹文轩的当代文学，袁行霈、褚斌杰、陈贻焮、费振刚、倪其心、葛晓音的古代文学，乐黛云、戴锦华的比较文学，张少康、陈熙中、马振方的中国古代文学批评史和小说艺术论等。看这些教授的名字，哪一位不是这一学科的"顶尖高手"？1988年，导师在宁夏大学中文系工作4年后再次考入北京大学中文系攻读现当代文学专业，师从当代散文研究大家佘树森教授。能再次进入北大读研究生实属不易，20世纪80年代的研究生招生名额极少，能够考中者属凤毛麟角。据导师说，1988年那一届北大中国现当代文学专业硕士研究生当代文学方向只招了3人，导师是幸运者之一，是从报考的近百人中脱颖而出的。燕园7年，导师非常珍惜在北大的学习时光，有两件事值得一说。一是导师说过，那时他的北大同学自我炫耀的习惯性方式就是"晒好书"——有些同学故意拿着新买的大部头的经典名著（比如一套黑格尔的《美学》或者一套钱锺书的《管锥编》等）在楼道里和宿舍门口晃悠，以显摆自己手里的"宝书"。导师当学生时也是狂热的"买书一族"。我见过他家中的许多藏书都是他读本科或研究生时购买的，尽管当时是"穷学生"一枚，但是他每月总要拿出生活费的三分之一来买书。导师和他的同学还是爱书爱到"病态"之人：他们莫不对书的品相要求苛刻，涂画过的、印上脏手印的等品相不佳的书他们是拒绝拥有的。导师曾经说过一件事，1983年夏天，他请几位同学到自己故乡杭州市的富阳区做客，住在伯父家中。某日，刘姓同学在书店买到一册《玉台新咏》，奉为至宝。他喝茶时不小心将一点茶水溅到书上，刘姓同学瞬间作色，呵责他"漫不经心"。他诺诺连声，赔罪了事。二是导师在北大读书时养成了良好的读书习惯。他有两个笔记本，一个摘抄好书当中的妙语妙思，另外一个笔记本则把他在学校生活中偶遇的许多有趣之人和有趣之事，一一记录下来。他后来告诉我，他年轻时是和当时国内最有思想的老师和一群最聪明的同学在一起向学问道，与这些聪明的人和智慧的心灵碰撞，既是命运对自己的格外垂青，也是终身受益的财富。总之，作为五四精神发祥地的北大，给予导师最大的恩赐除了"独立之精神，自由之思想"这样的精神瑰宝以外，最直接的财富便是能当面感受北大老师们对学问的那种探索与追求的精神，这些北大的教授，无论外在环境多么恶劣、条件多么艰苦，都无法阻碍他们对学问的那种孜孜不倦的追求与渴望。也正是受北大学术氛围及北大老师的深刻影响，导师打下了以后从事学术研究的精神底色及研究信仰。

二

1984年7月从北京大学中文系本科毕业时，导师当时只有21岁，完全可以留在北京工作。如果留在首都工作，导师自然可以享有更好的发展平台和机会，而且他的父母亲都是1958年从浙江省和上海市来到宁夏参加大西北开发和建设的"支边"青年，按政策他可以选择留京工作。然而，导师却主动放弃留京工作的机会，义无反顾地回到宁夏，在祖国西北的这一片土地上，默默地从事着民族地区的高等教育事业。从1984年至2022年，导师在宁夏大学和宁夏师范学院教书育人三十八载（其中4年任教宁师），直接教过的本科生和研究生近4000名。他两次被评选为自治区"优秀教师"，2015年又成为自治区首批"塞上名师"，在宁夏教育界具有知名度和美誉度，是深受本科生和研究生尊敬和爱戴的教授。有时与导师闲聊时，我问他是否后悔没有选择留在北京工作，在20世纪80年代，北大毕业证可是一块金字招牌。导师微微一笑，很淡然地说，父母大半辈子都扎根在宁夏，我也是在宁夏长大，这里就是"第二故乡"。在北大学有所成，归来为"第二故乡"的高等教育尽一点绵薄之力，当是自然之理。然而，就是他所说的"绵薄之力"，竟是默默坚守无私奉献的三十八载。导师说，他当老师引以为傲的就是桃李满天下。在银川街头，经常能够碰见自己教过的学生，学生的每一声饱含深情的问候，都使他感觉到格外温暖。每逢教师节，他还能收到曾经教过的来自天南地北学生的问候。据我所知，他的手机备忘录里，一直记录着他带过的硕士研究生，从2004级一直到2021级，人数，名字，都记得很详细。时间久了，有些同师门的弟子我早已忘记名字了，而导师却记得清清楚楚，并时常向我询问某位弟子现在的工作和生活状况。

导师的可贵之处在于，在所从事的近40年的高等教育工作中，他能够把对祖国和人民的爱，把对中国共产党和社会主义现代化事业的热烈拥护之情转化为教书育人和学术研究的实际行动。在平凡的岗位上，他通过长期的刻苦砥砺和踏实工作，通过过硬的政治素质和卓越的文学素质广泛地教育和影响了成百上千的莘莘学子，从而在高等院校这一重要的教育领域扩大了文学"真、善、美"的影响力，并反复印证了文学塑造灵魂、净化灵魂、提升灵魂的功能和力量。应该说，在宁夏的文学教育领域，导师是具有奉献精神和埋头苦干精神的实践家。

20世纪90年代中期以后，随着中国社会市场经济体制的全面建立和生活背景与环境的剧烈变化，地处西部的年轻的教育工作者中间不可否认地出现了某些思想波动。特别是从事文学教育工作，在许多人眼里是"无能"或者"低能"的表现，是"傻子"之所为。一些高校的年轻教师无法适应西部高校较低的待遇和相对清贫的生活，或下海经商，或调往东部发达省区寻求发展。也有好心人劝过导师，说你一个堂堂的"双料"北京大学毕业生，为什么不做"孔雀东南飞"，偏要在宁夏这样一个经济落后地区从事文学教育工作？这简直是"傻"

到家了！三十六计，走为上策，趁着年轻，赶紧找能挣钱的地方和部门寻求发展吧。每一次，导师都付之一笑。他心想：我在本科毕业和研究生毕业时节曾经有过两次选择的机会，但都选择了回宁夏从事文学教育事业，为改变宁夏的文化教育落后面貌作贡献，现在临阵脱逃，实在是对自己理想的背叛。况且自己有着成为一个优秀教师的良好素质，有那么多学生喜欢听自己讲课，就是对自己价值的最好肯定。一个人应该把理想寻求看得比金钱追求更为重要才是。"我的理想就是做一个优秀的深受学生们欢迎的文学教师，在世俗追求的洪流当中，自己就坚守住一份清洁而高贵的理想吧。"据宁夏媒体记者调查，从1980年到2017年，宁夏已经产生高考文、理科"状元"76人，但这些文、理科"状元"本科和研究生毕业后，大多数人选择出国留学或留在东部发达地区就业，回到宁夏、为宁夏各项事业服务的"状元"只有寥寥数人。导师从1984年本科毕业、1991年硕士研究生毕业，两度从北京大学中文系回到宁夏大学工作，在市场经济的条件下，其追求理想的精神可敬，其奉献边疆民族地区教育事业的精神可嘉。

## 三

南京大学丁帆教授主编的《中国西部现代文学史》中称郎伟老师为"西部最为活跃的评论家"。在宁夏，从事文学评论且取得一定成绩的学者屈指可数。正是在文学评论这一长时期受人冷落的园地里，导师积30年的不倦耕耘之功，终于成为宁夏文学研究界"学院派"的代表人物。20世纪90年代后期开始，当诸多评论者渐渐地放缓评论的步伐甚至放弃这一冷寂行业的时候，导师却在一直默默做着分辨花草、识别珍品的工作——他对20世纪90年代以来的宁夏文学的发展态势一直做着长期跟踪与费力推介的工作，他对宁夏"三棵树"和"新三棵树"的走向全国付出了艰苦的努力。他在宁夏当代文学创作研究方面是国内花费时间最长、理论建树最多的评论家。如果说宁夏文学在中国文坛有一定的地位与声量，除了宁夏作家的创作实绩之外，还与导师多年来孜孜不倦的卓越工作息息相关。从2002年开始，导师陆续出版了《人类重要文学命题》《负重的文学》《写作是为时代作证》《欲望年代的文学守护》《孤独的写作与丰满的文学》《守护风沙中的一盏灯》《巨大的翅膀和可能的高度》等学术专著，发表了150多万字的评论文章，这些浸润着心血与智慧的文字凝聚着导师对中国现当代文学和宁夏文学发展现状的真知灼见。在导师的文学观念里，文学是严肃的，有重量的，不是轻佻的茶余饭后的谈资；文学是欲望年代的精神证词，是时代风云变幻的见证者；文学还是重重文化危机下的那份良知守护，是重拾文化自信的那盏明灯。正是基于这样的认知，才让导师觉得自己所从事的文学批评充满着意义和价值，才能做到在消费主义时代寂寞前行，孤苦搏斗。为什么说导师是宁夏当代文学研究"学院派"的代表人物？首先，导师对宁夏当代文学既有宏观的整体性研究，也有个案研究，最关键的是，导师有关宁夏文学的研究成果，已经为许多国内著名文学研究者所认可。其次，导师对宁夏当代文学的诸多概念做了创新性的命名与有效阐释。比如"宁军""宁夏青年作家群"等。作为西部文学的重要组成部分，导师的宁夏文学研究为当下的学术热点"西部文学"的研究提供了新的理论话语。另外，导师的文学批评也有自己的风格，与那些深奥晦涩的理论化批评不同，导师的文学评论写得很优美——他是把文学评论的文章当作"美文"来写的。作家陈继明曾说过导师的评论"不兜圈子，不掉书袋，有什么说什么，有多少说多少"。他追求一种渗透着哲思的"简洁明快"的写作风格。对待语言，导师从来都充满着发自内心的敬畏之情，他在自己的一本评论集的"后记"中说道："汉语是世界上最伟大和神奇的语言之一，终我的一生，都不能把它的美妙之处参透，但我力图在自己的评论文章里尽可能展示它的美妙与神奇。具体地说，我在写批评文章时是非常讲究文字的锤炼的，注意汉字的音乐性和节奏感，希望不要将本来应该动人心弦能给读者以审美愉悦的文学论文，写成哲学高头讲章或者淡乎寡味的'玄言诗'。"导师对弟子们的写作也时常有语言上的要求。针对弟子们文章中的语言欠优美，他开出了"药方"：一是要认真抄阅《古文观止》，那是中国古代最伟大散文的合集，不抄写不足以理解其文的美妙；二是床头案头须放几册唐宋诗词，每日里去翻阅吟咏，天长日久，汉语的简洁、晓畅、睿智、富有韵律之美的特点就会自然流露于所作的文章之中。如是"药方"，既是传授弟子们作文的"秘诀"，也是他的批评文字呈现汉语美质的奥妙所在。

四

导师是冷面严师，亦是情感深沉之人。他待家人、弟子、朋友皆心怀深情，总是善待。

许多刚入门的研究生，常常很忌惮导师的严厉，每一次去见导师也像我初次见导师一样紧张与胆怯。我也多次听闻有些想报考导师研究生的人非常担心自己的学识无法达到导师的要求而放弃报考或者另选导师。但是，与导师相处时间久了，郎门弟子们都有一个感受，那就是在导师的严格要求下，我们确实能够长本领，学到真本事。记得有一次研究生一年级的师弟师妹与导师见面，导师也让我以师兄身份说上几句研学心得。导师很风趣地表达了对弟子们的要求。一是三年研究生阶段要专心读书，心无旁骛，他不希望弟子们将时间和精力浪费于与学业无关的生活琐事上。二是门下女弟子众多，希望各位女弟子要做"淑女"，以书卷气和娴静气质示人。导师的说法是：学中文专业的女生都无法成为"淑女"，偌大中国，还到哪里去寻找优雅的女生？最近五六年间，尽管导师有大量的行政事务缠身，但他在指导学生方面丝毫不懈怠。他要求学生撰写所读小说的故事梗概，以提升学生对文学作品的总结概括能力；他每月开展当代小说的最新作品推介（《宁夏大学报》上曾为我们开过"持灯使者"专栏），以提高学生的评论写作能力；他定期召集大家开读书会，共同研读经典的理论著作和宁夏作家的最新创作。导师在毕业论文指导方面更是认真、细致，我的博士论文初稿曾被导师改得"满篇红"，第二稿交上去，他又提出了诸多修改意见。在导师的悉心指导下，我的博士论文有幸获得2020年度宁夏优秀博士论文。

在许多学生心目中，导师给人的感觉是自己的学问不含糊，对学生的学业要求更为严格。我与导师相交10余年，渐渐知道"冷面孔"只是导师的一个侧面，其内心也有脆弱的一面。近几年，导师相继失去了两位最亲近的人，师母和父亲。师母中年去世对导师的打击很大。师母生病期间，一向不愿求人的导师四处求医问药，带着师母前往西安、上海找最好的医院和医生治疗。在用心照顾师母的期间，面对着师母不断恶化的病情，导师几近崩溃。我几次与导师通电话，电话那边传来的声音都是沙哑的。师母去世后，导师的精神状态很长一段时间都无法调整恢复过来。直到现在，偶然忆及与师母生活的点点滴滴都会使导师瞬间失态，伤心不已。在朋友圈和同学圈，导师的与人为善有口皆碑。前几年，导师调到宁夏师范学院工作后，曾经与导师搭档共事过的一位学院中层领导对我说，与你导师搭档共事是我人生中最美好的时光之一。导师经常教导我：以诚以爱待人有时可能会换来对自己的些许伤害，但与不善良相比，内心仁厚所带来的美好回报总是要多得多。因此，与人为善，诚爱相处，既是"君子之风"，也应该成为你我的处世之道。

导师在我面前有好几次都表达过这样的看法，在教师与行政领导两者之间，他更看重自己作为教授的身份，他由衷地喜欢别人称呼他一声"郎老师"。他觉得，行政领导的行列，随着年岁的增长，自己终究会退出，而教师的身份却一辈子会留存在学生们的心中。

这就是我的导师，初见他时，还是一头乌发，年富力强，现在已经两鬓斑白，却仍不失向上进取之心，每天都在跑步锻炼，每天都读书，每年都发表着高质量的论文，不遗余力地为宁夏的教育与文学事业贡献着自己的力量。导师非常喜欢自己的一本著作，书名叫《守护风沙中的一盏灯》，我愿意把导师看作是在西北风沙扑面的地域上，始终守护着精神之灯的那个"守灯人"。

**作者简介**

许峰，男，1983年出生，山东东营人。现为宁夏社会科学副研究员，宁夏回族自治区青年"拔尖人才"，中国文艺评论家协会会员，中国少数民族文学学会会员，宁夏文艺评论家协会理事，宁夏作家协会会员。

# 风去风来　此心依旧

## ——郎伟教授访谈录

许　峰　许　璇

一、您是1980年宁夏高考的文科"状元"，有7年的北大学习经历；您任教宁夏大学之后，又是学生们喜欢的有思想有情怀的文学课教师。许多人对您的成长背景比较感兴趣，能否谈谈您所受的家庭影响和北大对您的影响？

先说家庭环境的影响。

我一直认为：一个人早年生活其中的原生家庭环境会影响此人的性格养成和他一生的生活和命运。西方人有一句话说："生活在过去。"我以为说的就是一个人的童年和少年时光怎样地决定了他一生的命运。而童年和少年时代，我们所有人所受的精神影响，主要来源于自己的家庭和亲人。

我从小生活于一个知识分子家庭。我家祖籍江南。父亲是杭州人，母亲是上海人。1958年宁夏回族自治区成立，我的父母那时是热血青年，响应党和国家"开发和建设大西北"的号召，从江南来到塞北。父亲曾经是杭州一中的高才生，虽然考上大学了，但还是放弃继续深造的机会，来到宁夏从事西北的开发和建设。父亲是一个热爱读书、对知识和智慧非常崇拜和痴迷的人。他的本职工作是从事筑路机械的驾驶和修理，但他的业余时间都是在读书读报中度过的。很少见父亲去参加朋友同事间的应酬活动，他不会打牌，更不会打麻将。我是在父亲的影响下，很小的时候就对书报感兴趣，见带有文字的东西就有亲近感。1980年7月，我从银川一中高中毕业，以宁夏高考文科总分第一名的成绩考上向往已久的大学和专业——北京大学中文系文学专业。这一人生的恩赐奠定了我从事文学教育工作的基础。如果没有考上北大中文系，我不知道自己现在会在什么行当从事着怎样的职业。

再来说北大对我的影响。

1980年9月我进入北大中文系文学专业学习。1984年7月，我本科毕业，按照当时的国家政策（若干个边远省区的考生，毕业后一律回到原户口所在地参加工作），被分配到宁夏大学中文系从事教学和科研工作。工作4年之后，1988年9月，我重归北大中文系攻读硕士研究生。1991年7月，研究生毕业，我又一次回到宁夏大学工作。我在北大中文系前后读过7年书，所受到的专业训练和精神熏陶对我从事文学教育和文学评论工作的影响是终身的。

在北大读书，终身受益的是能够聆听名师们的教诲，得其思想和智慧的熏陶。我在北大中文系读书7年，当面接受过王力、王瑶、季镇淮、陈贻焮、袁行霈、金开诚、褚斌杰、张少康、费振刚、倪其心、赵齐平、陈熙中、吕乃岩、马振方、程郁缀、卢永璘、严家炎、唐沅、乐黛云、孙玉石、钱理群、温儒敏、洪子诚、谢冕、佘树森、张钟、赵祖谟、曹文轩、戴锦华等先生的教诲。北大先生授课，分"才气派"和"扎实派"。"才气派"的老师，思维活跃、视野开阔、旁征博引、口吐莲花，学生们被先生的激情所点燃，被先生的才气所感染，一学期下来，如沐春风，如饮甘霖，知识和智慧不知不觉间已经进入心灵，或生根，或开花。"扎实派"的先生，读书甚多，考证严谨，言必有据，闲话少说。听学问扎实的先生讲课，是一种很好的学术训练，从此知道做一个好教师和优秀的学问家，万不可目中无人，脚底无根，信口开河，指鹿为马；也不可动辄炫耀自己又读一本名作新书——也许别的学问家早就读过此书、烂熟于心了。据我做学生时的观察，无论是"才气派"还是"扎实派"，先生们的共同特点是：敬业、守道、刻苦、自尊。

北大的先生们皆敬业。我读本科时，正是国家刚刚从"文化大革命"的年代里走出，百废待兴，高校教师的待遇着实不好。除了极个别泰斗级的老先生，如冯友兰先生、王力先生、朱光潜先生，居住条件宽敞一些，其他教师普遍只能居于"筒子楼"当中。筒子楼其实是青年教工的宿舍，进入楼门后，左右两边为狭窄的走廊，前后两面则为10平方米到15平方米的单间宿舍，公用水房和厕所各在走廊尽头。那时，给我们教书的许多先生早已经人到中年，但因为国家10多年没有盖教工宿舍，所以先生们只好屈居于筒子楼陋室之中做学问。金开诚先生当年就是掀开铺盖伏身于床板之上写作教案和学术文章的。我敢肯定，在北大，如金先生这般情形的老师绝非一人。这样的状况一直延续到20世纪90年代之后才逐渐有所改变。北大的先生亦重守道，或者说是"安贫乐道"。留在北大教书，那时的物质待遇确实不佳，但多少才气横溢的先生把一生都献给了北大，献给了我们这些如流水一般长流常新的学生。先生们贪恋北大的，是这座校园里无与伦比的学术民主空气，是聪明人与聪明人之间的惺惺相惜，是智慧者与智慧者的深度遇合与长久的心灵对话，是永远想把学问做到最好的敬业氛围。北大先生的刻苦，中外皆知。仅举二例为证：唐代文学研究家陈贻焮教授本科时为我们讲过唐诗研究一课。课讲到一半时，先生有一天在课堂上说：昨天我终于把百万字的《杜甫评传》写完了，我大哭了一场，算是为老杜送了终！不久，陈先生便盲一目。我的硕士研究生导师佘树森先生为国内现当代散文研究大家。我随其读书三年，发现佘先生吃穿不上心，休息不上心，娱乐不上心，唯读书工作上心，这位年轻时曾经用毛笔抄写过长篇小说《红楼梦》的学者，终因劳累过度而英年早逝（55岁）。北大先生的自尊，最重要的表征是：所有先生在事业上都力图做一个走在前面的人而从不愿意落在后面。他们的敬业做学问是来自内心深处的一种冲动，是灵魂的喜欢，是从年轻时代起就选择和认可的一种生存和生活的美好方式，而绝不需要旁人的督促和逼迫。北大的先生们学问做得好，文章写得多，不是因为他们比别人多长了三头六臂，而实在是因为他们自尊心强大，永远自己跟自己较劲。

二、我们认真梳理过您的工作履历和业绩，您从20世纪90年代开始就获得过一系列校级、自治区级教学奖，您在科研上也取得了非常好的业绩：文学评论著作获得过国家级文学奖第八届全国少数民族文学创作"骏马奖"，自治区级哲学社会科学优秀成果奖一等奖3次，宁夏文学艺术奖文学评论一等奖4次。但是，让我们好奇的是，您除了获得区级优秀教师和"塞上名师"之外，似乎与其他综合类的人才奖项无缘，请谈谈原因。

感谢两位弟子能够认真仔细地梳理我的工作履历和业绩。我在宁夏大学任教近40年，综合性的人才类奖项和称号几乎没有获得过，有时想起来会有心痛的感觉。原因主要是因为学校人才荟萃，业绩优异者大有人在。我的业绩与更优秀的人相比，可能还不够强大。但是，我也要直率地指出：在很长的一个历史阶段，高校在人才评价的指标体系上，违背实事求是的思想原则，强烈而片面追求"五唯"指标；并且还有一个失之偏颇的习惯性倾向——采用理工科思维和指标对人文社会科学成果进行简单评价。比如我在2005年12月以文学评论著作《负重的文学》获得国家级文学奖第八届全国少数民族文学创作"骏马奖"。这个奖是中共中央宣传部审定的四大国家级文学奖之一（其他三大奖是鲁迅文学奖、茅盾文学奖、全国优秀儿童文学奖），在当时学校发布的科研奖励文件中的奖项目录中，就没有列入应该被奖励的范围之内。也就是说，你的成果连应该进入的文件规定范围都没有进入。因为没有列入，所以就被误以为"不存在"。另外，宁夏文学艺术奖前八届的获奖证书最后的盖章单位是宁夏回族自治区党委宣传部和宁夏文联，我获得过宁夏文学艺术奖第五届、第六届、第七届、第八届四届奖的文学评论一等奖。获奖证书交上去，科研部门的判定是：这两个单位的公章表明这个奖项是部门奖，而不是省级奖。人文社会科学的研究和学术成果有其自身的特点，用一把理工科的尺子去量一切学科，这样的出发点和思想方法本身就显现不合理和不科学。第三个原因，2015年之后直到今天，我担任学院院长之后，尤其是担任副校级领导之后，有许多综合类人才奖项，我是不能申报的。所以，你们看我的业绩，除了"塞上名师"（当然这个称号我很看重）之类，其他称号几乎没有。

三、您在中文系（后来的人文学院）工作了30多年，能谈谈您曾经工作过的学院风气和所接触过的学者和教师吗？哪些人给您留下过深刻印象？

一个学术单位的风气是会与时代总的精神气候紧密相连的，一个单位人的所作所为，也总是透露和折射着时代的阳光和风雨。我的总体感觉是，我年轻时代与之打交道的一批学者，比如中文系的创建者刘世俊、郭雪六、朱东兀、阎承尧，包括后来调入宁夏大学中文系任教的张海滨、廖士杰、陈学兰、王庆同、杜桂林等，他们的身上有理想主义信念和情怀，有奉献精神，有凛然正气，他们追求理想的态度、经历苦难之后的睿智与超越情怀、认真教书的态度，都深深影响到我。

中文系的第二代教师和学者，是我的兄长和姊姊辈。他们大多出生于20世纪50年代，笼统可称之为"知青一代"。我的北大师兄王茂福以及张安生、张博、朱贻渊等，是这一代教师和学者里的佼佼者。

这些兄长辈的学者为人同样正直，眼睛里不揉沙子；他们的学术秉赋也很强大，在做学问上刻苦、勤奋，许多人在全国学术界已经拥有了相当的知名度。宁夏大学中国语言文学学科发展到20世纪90年代中期，本来在他们这一代身上是可以结出"大果子"的，很可惜，因为一些主客观方面的原因，上述诸人后来都调往外地高校了。中文学科此后在学校地位的下降，与这批学者的调出有关。

我这个年龄段的教师和学者大多出生于20世纪60年代，属于宁夏大学中文学科的第三代传承人。我们这代人比第二代学者幸运，受时代岁月的影响较轻，年轻时的向学问学之路没有被强力冲击过，中年以后的生活和工作待遇也有相当大的提高。我们的学问做得如何，对宁夏大学中国语言文学学科的贡献率到底几何，这些问题只能留待后来者评说。我有一点隐隐的担忧是，"精致的利己主义"病菌正在侵入我们这一群体和更为年轻的学者的身体。在阳光灿烂的大时代，我们需要像鲁迅先生那样，要不停地清除自己灵魂中的"鬼气"和"毒气"。

四、您在高校工作了近40年，取得了令人瞩目的成就，有哪些人生经验和我们分享吗？

在宁夏高校（主要在宁夏大学）工作已经近40年了，论及个人所做的专业业绩，还不能称作特别强大。年轻时，没有非常贴心的"高人"的指点，又不善于"眼观六路、耳听八方"，所以"行路难"，一直在昏暗当中摸索。后来，积累了一些与人与社会打交道的经验，工作和学术之路稍微走得顺畅了一些。如果说有什么人生经验值得分享，不妨说上几点。

第一，永远做一个善良的人。善良仁爱是人类最伟大和最高贵的品德之一。无论东方还是西方的先哲，从来都把人的善良和具有仁爱之心看得比任何品德都重要、都具有价值和意义。而且，善良还不仅是一个理论性问题，它本身是极具实践性和操作性的，体现于我们生活的方方面面，是人类社会生活中不可缺少的基本要素之一。我们很难想象，如果缺少爱和善良，我们每个人的生活会变成怎样黑暗的面貌。这里还有一个问题，善良会遭遇伤害的问题——因为你的善良，你遭遇了生活和别人对你的伤害。我父亲一生都很善良，从来待人以诚，但却遭受了不少的伤害。父亲没有抱怨过，直到卧床不起的时候，他仍然没有对伤害者指责过什么。所以，我的结论是：与善良所带来的美好回报相比，它所带来的伤害总是要少而又少。因此之故，善良依然是一个人应该用一生来坚守的信念和情怀。

第二，做事情要专注。这句话说起来非常简单，但做起来非常难。我在宁夏高校工作近40年，只认真做了两件事情：一是用全部的体力和心力去做一个优秀的教师；二是认真做一个有情怀的管理者。从1984年进入宁夏大学做教师到2005年担任人文学院副院长，20多年的时间里，我的主要精力几乎全部用在为学生认真讲课以及做中国现当代文学研究和宁夏文学的研究上，当然也取得了一些成就，获得了一定的社会声誉。从2005年至今，除我的教师的身份之外，又多了一个行政管理者的头衔。这20年，行政工作成为我投入时间和精力最多的工作，也还做出了一些业绩，有了一点"政声"。

如果问我的经验，那就是：干一行，爱一行，集中精力，心无旁骛。我要说一点我感知到的高校存在的现象：许多青年人总幻想着个人才能非常强大，在一个短时间内，可以身兼许多项任务，可以"鱼"和"熊掌"兼得。实际上，这样急切的心情和这样的功利做法，"鱼"和"熊掌"都抓不到。

第三，为人处世格局要大。"格局"实际上说的是胸怀问题，是一个人正确认识自己和认识别人的问题。个人的长处如何、短处在哪里？随着年龄的增长和社会阅历的增加，就要逐渐地认知清楚。这样，就会知道自己在为人处世方面缺乏什么，今后应该补充什么。"认识别人"的实质就是懂得和欣赏别人的优点和长处。孔子说：三人行，必有我师。这一点我们做人做事，必须清醒。能够真正懂得和欣赏他人的优点和长处，并能够学习之，这是大格局和大胸怀的表现。拥有了如此的格局，事业才可能取得发展和进步。否则，有一点才能和业绩就目空一切，"关起门来称大王"，做人做事都会走入死胡同。

五、对宁夏大学的将来有什么样的期待？

我在宁夏大学工作了近40年，已经把它当作自己的另一个"家"。希望这个"家"的事业越做越大；也衷心希望生活在这个大家庭里的人们，成就感和幸福感越来越强烈。

**作者简介**

许巘，女，宁夏大学人文学院西北民族地区语言文学与文献专业2020级博士生。

俞世伟

　　1957年2月生。1979—1983年于宁夏大学政教系读书，1983年毕业，任教宁夏师范专科学校，1989年合并于宁夏教育学院任教。1990—1992年于复旦大学读书。1992—2017年任教于宁夏大学。主要从事"马克思主义理论"的教学与研究，出版学术专著9部，发表学术论文数十篇。二级教授，博士生导师，多次获得学术荣誉与社会荣誉。

# 我仿佛为当教师而生

俞世伟

改革开放伊始，开启了一个对社会和国家具有非常意义的时代，彼时，我于1979—1983年在宁夏大学度过了四年大学生活。国家从封闭走向开放，从保守步入创新，我也从禁锢开始了启智的人生。

四年的大学生活，正处于社会转型初期，我们所接受的学科知识尚不能称之为新学识、新理念。尽管那么多的理论知识都是从前苏联的学科体系中翻译而来，但当时的我们觉得这些理论是新颖的，头脑被知识填充是丰沛的，自己的思想体系是超前的。当我们后来在理论上成熟起来，才意识到先前我们是孤陋寡闻的。

在宁夏大学的四年中，我不能说是幸福的，也不能说是智慧的。当时师资缺乏，学校召回了许多先前的老教师，我们不能鉴别他们所进行的理论教学是否正确，但那时都是认可教师教学的，学生也都努力学习。由是，四年的大学生活夯实了我的学科基础：政治经济学的学习使我明晰了从社会经济分析入手，继而透析政治怎样影响社会之必然联系；西方政治思想史的学习，使我清楚了霍布斯、洛克以及卢梭关于社会不平等起源的不同契约特征；经典著作的学习，使我深刻地认识了当年马克思与恩格斯理论观念的成熟发展过程；世界史与中国历史的学习，更使我懂得了历史发展与社会形态变更的重要影响因子……总之，宁夏大学本科四年，教师的孜孜不倦和同学的努力学习，成为我一生当中走向成熟的奠基石。由于从一个封闭保守的存在状态，进入一个开放启智的年代，每个人总有着用不完的心劲和内在驱动，能忍受每顿粗疏的饭菜，而乐观的笑声总是在课后、饭后欢快地响起。

1983年我从宁夏大学毕业后进入一所中学教书，没过三年便调入宁夏银川师范专科学校，当时，我不能解释是什么动因而从事教师工作，但简单的初心是：这世上最高尚的职业莫过于医生和教师了。前者救人生命，后者育人灵魂……为此，我未曾懈怠过自己教授的任何一节课。从教近40年，我没旷过一次课，且我在课堂上，总力图除教材外，给学生提供更多一些启智的相应教学内容。这可能就是今天所说的初心吧！

1989年，因宁夏师范专科学校与宁夏教育学院合并，我被组织任命为马列教研室主任。在近10年的工作中，除教学任务，我所面临的还有科研以及教研室管理工作。也正是在此期间，我于1990—1992年赴复旦大学学习，夯实了自己的学识基础，也正是在这两年多的学习中，形成了自身的学科体系和学术研究特色，并在1992年毕业时，出版了自己第一本学术专著——《生命·个性·创造》。必须承认，在两年多的复旦学习过程中，我接受了师资更强、学术信息更完备、学术流派更广泛的交流与生活，这为我后来的教学和研究奠定了更为厚重的学术基础。时至今日，复旦的生活、学习和学术交流仍给予我不竭的营养……这是我的经历，也是我不能忘却的回忆。

1992年从复旦毕业后，我返回宁夏教育学院（已与宁夏师专合并），继续从事教学科研和管理工作，师生共同认可的是，我的教学水平和科研水平有了明显的提高。这样的经历也进一步添加了我教好书、育好人的内驱动力……

1998年，宁夏教育学院、宁夏师范专科学校又与宁夏大学合并，使我的教学生涯有了更为广阔的平台，同时，也使我踏入探究育人规

俞世伟教授参加全国高校"思想政治理论"课教学能手表彰会

律、建立个人教学风格的路程。好奇心、求知欲和理解力自此就成为我生命里强大的动力！

　　不仅如此，此阶段也形成了我做一个好老师的双向维度：一是在师德上，具有挚诚的职业态度、厚重的学术底蕴和科学的教学方法；二是明晰教学的最高境界和效果，应该是真实有效的全面信息掌握、符合人性的认知和辩证逻辑以及完备实证的情感体验价值。为此，在三校合并的教学科研平台上我严于律己，业务上争取精益求精，且在教学中践行着做一个好老师的四点心得：第一，追求事实与价值统一的原则，知师生所需求，秉真理所彰显；第二，秉持角色的规范原则，乃职业角色之使然，尚行为规范的要求；第三，持决心与决定的统一，此关系到职业崇尚向教学践行之付出；第四，提升将就向讲究之层次递进，这关系到为师之术的提升和精湛。所以，三校合并后的教学科研职业生涯中，我先后发表在核心学术期刊上的论文数十篇，出版个人学术专著9部，荣获全区宣传文化系统"四个一批"人才，获评自治区哲学社会科学"十一五"规划科学评审专家、自治区思想政治理论课优秀教师称号，曾多次荣获宁夏大学优秀硕士生、博士生导师称号及宁夏大学教学优秀奖等荣誉。2011年获宁夏回族自治区教学名师称号，自2011年开始享有自治区人民政府特殊津贴。2012年获全国思想政治理论课教学能手称号。2016年被评为自治区高校马克思主义学科领军人物，一类出版社——商务印书馆出版2本学术专著。同时，在教学成果上，先后获得学校、自治区以及全国教学能手称号。快乐和幸福常常洋溢在我被师生认同的赞赏中，常常流溢于学术交流给予我的赞誉里。我也深深地感受到：幸福不等于快乐，幸福是一种有意义的快乐！这个意义深刻地表现在它润泽了学生的灵魂。

与个人成长和发展相联系的另一个方面，是担任三院校合并后为马克思主义学院院长的管理工作。2004—2014年的11年里，我的履职成绩得到师生和组织的充分肯定。其间除教学工作的担当之外，我还必须承担繁重的科研以及管理工作任务，更为重要的是组织对我的要求和党性自律的鞭策。我深深地认识到，做公正的事，先要秉持公正之心。我专注于完善马克思主义学科建设，提升教师教学水平，提高学科科研能力，管理相应教学任务。秉公办事，不求名利，我做到了，得到了教师们的充分认可。值得一提的是，马克思主义学院没有将教师课时津贴进行二次分配而直接依据教师工作量发给教师，这样为教师利益着想的做法，我作为院长一直坚持到任职退居二线，这得到教师们的赞许。

任职以来，我深知个人进步不能停止，更为重要的是带领全体教师在教学、科研和管理方面获得进步。这些年，马克思主义学院的教学在全校获得了广大师生的认可，校级教学名师、先进教学团体不断涌现，科研成果名列前茅（文科），国家、自治区级社会科学基金项目不断递增，马克思主义学院也数次被评为自治区级、校级学科先进单位，统领全区马克思主义教学课改任务。与此同时，我自己也获得了很多荣誉。

时光荏苒，岁月沧桑，我将自己生命中的美好年华付于了宁夏大学、付于了教书育人这一事业。时至今日，我没有一丝丝后悔之意，因为是宁夏大学，是教师和学生给予了我浸润灵魂的营养，也使我倍感育人事业之伟大。有人告诉过我：人生最痛苦的是一个人因从事一项工作而不断地失去自己！我常常思考，我仿佛为当教师而生，因为在从事教师工作的一生中，我不仅没有失去自我，反而在不断地完善自己，充实自己，乃至于幸福着我自己……这里饱含着宁夏大学与我40年的深情。

# 寓于哲学教学中的真谛

## ——记宁夏大学俞世伟教授

纳 茹

"动人以言者，其感不深；动人以行者，其应必速。"在近40年的教学生涯中，俞世伟一直以理论结合实践的方式教育他的学生，育人成绩斐然也正因如此，学生即使毕业了很多年也会不时向他送去问候。俞世伟退休，被学校返聘为博士生导师。

### 学术研究从说到做，是最远的距离

俞世伟长期从事哲学社会科学的研究，并多次主持国家级与省部级社会科学基金项目，在其研究领域获得了具有广泛社会影响力的学术科研成果。做任何工作都有其本身的困难，学术研究的困难更是无处不在。俞世伟表示，学术研究最大的困难莫过于跨越从说到做的距离，这是最远的距离。通过坚持不懈的努力，俞世伟在哲学、社会科学核心期刊上发表学术论文数十篇，学术论文多次荣获自治区社会科学优秀成果奖；著有《生命·个性·创造》《清香的哲思》《生命实践理性》《规范·德性·德行——动态伦理道德体系的实践性研究》等数本学术专著；主编的"大学论"系列人文丛书，一共5本，于2011年9月由宁夏人民出版社出版发行。"学术研究遇到的第二个困难，就是作为一个学者，你一定要秉持真理，坚守事实为基础这样一个理念。当一个学者不能说真话或者不愿意说真话的时候，我觉得他的学术研究就没有什么价值了。"俞世伟在研究哲学的同时，时刻谨记无论学术研究还是教学工作，都要坚持真理。

## 坚守初心彰显态度和践行能力

谈到来宁夏大学教学的初心，俞世伟说："我个人认为初心表现为两个维度，即不仅表现为一种态度，而且表现为一种践行能力。"在宁夏大学近40年的教学生涯中，俞世伟教学的初心以及后来践行初心的全部过程，都是不断发展的。大学本科毕业的时候，两个问题诱发他决心要从事教学。第一个问题是，在大学是不是仅仅学到书本上的知识？第二个问题是，教师是不是每学期乃至于每学年只重复演绎教材中的原理？这两个问题促成了他当时初心的形成。1989—1992年俞世伟在复旦学习，毕业之后，他对这两个问题给予了否定的回答。"我觉得这里边包含了一个学与问、知与行的问题。学问，一方面要学，一方面要问，其实最好的学习不是你记忆了多少、重复论述了多少，而是你提出了多少颠覆性的问题，这样才有思想的开拓、创造性思维的培养，这是我们现在面临的最严重的问题。至于课本上的原理，应该在生活中去践行。我觉得社会给予我们的要比大学书本上给予我们的多得多。"

俞世伟在自己的教学中一直秉持的一个原则，就是尽可能地培养学生的记忆、鉴别、判断和批判能力。他认为这是当代大学生启智过程中应该学到的东西。1992年以来，他秉承这种态度和践行能力，反复实践，研究出了一套教学模式，即"事实—价值—规律"。俞世伟用三原则、五步骤诠释这套教学模式：三原则，即真实有效的全面信息、符合规律的认知思辨逻辑、实践的生活情感体验价值；五步骤，即旁征博引，教师给学生提供尽可能多的真实信息；这些信息都应该表现为事实，而不是构思和臆断；将事实分类，让学生在教化之中增长知识；尽可能使这些知识转化成智慧；将这些转化为智慧的知识上升为哲学的高度。直到现在，俞世伟仍然秉持这一教学模式。

## 授人以渔胜似授人以鱼

"未来的中国在教育，教育的未来在青年，青年的未来绝不在于知识的重复程度有多高，而在于通过一定知识的学习，判断力、甄别力、批判能力的高低以及是否具有创新思维能力。"俞世伟给予学生的东西远远超过知识的堆砌，更多的是给予他们一种判断能力。俞世伟常收到学生的来信，有些学生会把俞世伟在讲生命哲学的时候所讲的东西翻出来，表示有些专业课知识可能忘记，但唯独忘不了的，是俞世伟所培养的鉴别力、判断力、批判能力。教育的真谛在于培根、铸魂、润心。俞世伟通过这三个方面去培养当代大学生，这与他所倡导的给予学生以鉴别力、判断力、批判能力相契合。他的这种教学理念与教学方法，有力地佐证了"授人以鱼不如授人以渔"的道理。

## 教师是一条拥有足够水量的河

学术研究如果是空中楼阁，那么这样的学术研究就是无用的。在俞世伟服务社会的近10年中，他给不同部门开讲的学术性讲座不低于100场。"我特别欣赏中央提出的一个词，叫守正创新，守正是方向，创新是效能绩效。"在服务于社会的科学研究方向之中，俞世伟注意到了三个原则：第一，学术研究的问题导向，他在每次进行学术讲座及辅导前，都会了解这个单位存在的问题以及解决这些问题的路径和方法；第二，社会研究和学术研究的社会现实导向，当社会思潮形成一定的力量时是不可低估的，正向的社会思潮对社会具有推进作用，而当有了负向的社会思潮时，这就是他所要给予关注和引导的；第三，学术研究服务社会的同时，要注意职业角色的导向，对司法人员可能牵扯到法安天下德润人心的问题，对医护和教育人员可能是德艺双馨的问题，对行政事业工作人员可能遇到的是职业规范问题。

"我们不要说假话、说大话空话，向社会主义现代化迈进、爱国不要来那些空的，在数量上，全国每一个职业人把自己的工作做规范了，你把他们都加起来，这个国家不强大才怪。"俞世伟在引导教育好自己弟子的同时，还发挥余热，帮助其他高校解决其在思想政治理论研究以及课程思政研究方面的短板。2016年，经过自治区教育工委和区内各高校的专家评审，俞世伟获得了2016年自治区高等学校马克思主义理论领军人物称号。俞世伟提出思政教师除了每年的专业素养考核，更重要的是要多看书。他也会通过相关考核来督促他的博士生多看书。55岁以前，俞世伟一天最少看3个小时书，55岁以后，由于身体原因，他每天坚持看一个小时的书。日积月累，知识储备愈加丰富，内在的智慧能量也愈加丰富，这也是他每次讲座时课堂座无虚席的原因。

俞世伟在教学中特别注意用自己的思想行动去引领改变别人的思想行为。"我多么希望一个教师在说教的时候能有一分德行，能有一分情感，能有一分智慧，这是区分一个教师好与不好的标准。"俞世伟教学中强调德行，强调智慧，这也是他研究哲学的最终目标。

宁夏大学成为"211"高校，对于宁夏大学的每一个人来说，都是一份殊荣。在俞世伟看来，"211"称号不仅仅赋予了荣誉，它还赋予了一种要求、一个标准，以及为这些荣誉、要求、标准所应付出的更多的努力。这就要求作为高校的教师，应该明确为谁培养人？培养

俞世伟教授（中）接受档案馆采访留影

什么样的人？怎样培养人？俞世伟认为教师，应该是一条流动的大河，学生是一条小溪流，教师所拥有的"水量"必须比学生多，以大河之水随时填充溪流，使之源源不断，汩汩流淌。俞世伟对各位教师的深切期望是这样。

日复一日，年复一年，俞世伟不知为了学生流了多少汗水又不知添了多少皱纹，直到两鬓飞雪亦无怨无悔。


（编校：胡彬）

**作者简介**

纳茹，女，1999年11月生，中共预备党员，宁夏银川永宁人，宁夏大学新闻传播学院2019级卓越新闻传播人才班学生。

# 教书更育人

赵小强

写过很多论文和材料，但今天让我以这种方式写一写我和恩师俞世伟先生之间的事情，确是极其忐忑的。我对先生的感恩和敬仰更多地埋藏于内心，而俞世伟先生的为人处世、教书育人又几近完美，恐怕不能在这短短数言中表达完善；但又是激动和荣幸的，毕竟能以此方式为恩师做些什么，内心是幸福和满足的。

认识俞世伟先生已经是20年前了。2001年9月，作为历史系旅游管理专业的新生，我来到了宁夏大学，入校的第一节课是开学典礼上的入学教育，为我们做入学教育的正是俞世伟先生。听之前，我总觉的入学教育嘛，无非就是老生常谈，按部就班地强调一些在大学学习期间的注意事项，但是当我听完以后，才真正地意识到，原来入学教育还可以这样做。我至今还清楚地记得，俞世伟先生以"学之道—学之术—学之谋"为框架结构，向每一位入学新生讲述清楚了在校这四年期间应该学些什么，怎么学，看似是一堂入学教育课程，却更是他和每一位新生在一对一地进行交流，娓娓道来、深入人心。自那次入学教育之后，毫不夸张地讲，我便对"大家"这个词有了切身体会，也算是认识了先生，但略显遗憾的是，虽然那时"两课部"（现为马克思主义学院）承担着全校思想政治理论课的教学任务，但因为课程安排的原因，我所在的院系在此科期间并没有安排过先生的课程，而先生每学期面向本科生开设的选修课也因为种种原因没能选上，因此四年本科期间，对先生的了解多是先生又获得了某项荣誉、又发表了什么文章、又出版了一部专著之后，在各类新闻媒体上获得的。

也许是为了弥补这种遗憾，抑或是那次入学教育给我留下的印象过于深刻，当我在大四那年决定考研，面临专业选择时，脑海里立即浮现出先生的形象，既然本科期间没能与俞世伟先生结下师生之缘，何不考取他的研究生呢？因此在填报考研志愿时，我没有丝毫犹豫，就选择了先生的研究方向。在备考期间有一个小插曲，更加坚定了我选择先生的研究方向的决心：因为我本科所学专业是旅游管理，与将要报考的研究专业没有什么交集，而且对所报考专业几乎没有涉猎，因此心里十分没底，我就有了去找先生了解一下备考注意事项的想法，但那时候先生已经是"两课部"的主任，除了承担教学任务之外，还有大量的行政工作需要完成，而我只是众多考生之一，如果俞世伟先生压根不搭理我，将会对我的备考产生额外的压力。在我不知所措的时候，一位已经在"两课部"读研究生的师哥告诉我，大可不必有这种忧虑，俞世伟先生对每一个学生的关爱和包容是超乎想象的。于是我硬着头皮找到了先生，先生虽然不认识我，但在得知我的来意之后，真如那位师哥所言，他用了将近一个小时的时间向我介绍了"两课部"研究的相关内容、考取他研究生的注意事项。在那一个小时的谈话之后，我的内心豁然开朗了，一切的压力和阻碍都化作了一定要考上的动力。当我沾沾自喜地沉浸在我能有机会与导师提前进行"沟通"的时候，一同备考的同学告诉我，他也去找了先生，而且先生对他也进行了细致耐心的辅导。那一刻，我明白了，终究是我的格局小了，先生对待每一个学生都是公平公正的，他是有格局有底线的人。经历了这一插曲之后，我从内心更加佩服先生，我坚信，师从这样一位心存大爱的学者不会错的。有了先生的教导，最终我通过了2005年的研究生招生考试的笔试和面试，成为宁夏大学马克思主义理论与思想政治教育专业2005级的一名研究生，导师就是俞世伟先生。

师者，所以传道授业解惑也。我对这句话的理解是，一个优秀的老师，应该是专业知识的传授和为人处世的言传身教都要做到，即兼顾客观事实的规律性和价值选择的科学性。只有这样，才能让受众，也就是他的学生从内心信服其所传授的内容，并愿意将正确的理论知识践行于行为之中，形成正确的价值判断和德行。从与先生学习和相处的这些年看来，先生在这两方面无疑都做得非常出色。

俞世伟先生主攻教育学、心理学和伦理学的研究，却又不仅局限于这些研究方向，可以说在"做学问"方面是我们真正的榜样。先生做学问是讲科学的，秉持着坚持不懈、反复实践的信念，研究出了"事实—价值—规律"教学模式，重点强调在理论讲授过程中科学创设情感体认环境，让学员在获得情感体认的确定后形成价值认同。早期，先生到中南大学、中央财经大学、清华大学进行思政课的学术交流时，也向各高校普及过这一教学模式，并且在后来的践行中，这一教学模式也收到颇好的效果。先生做学问是严谨的。他为了一个专业名词的准确表述，可以在图书馆查阅一天资料，也会为论文中的一个用词，整夜思考。先生做学问是多元化的。多年来，俞世伟先生在保证主要研究方向深入的同时，力求在多个领域获得突破，因此也出版了多部著作，从《清香的哲思》《知了》中，你能读到先生对人生价值的感悟和思考；从《生命实践理性》中，你能感受到人文伦理的社会观察；从《规范·德性·德行——动态伦理道德体系的实践性研究》中，你能品味到社会主体"规范—德性—德行"动态伦理的全过程。先生做学问是具有个性化特征的。先生研究并创立教学模式，但不拘泥于某种教学模式，面对不同的受众群体，他会采用不同的教学方式，做到因课而异、因人而异，这充分保证了授课的实效性，每个学生听完先生的课，都会有自己独立的思考。

先生做学问是谦虚的。你很难想象，一个在研究领域取得巨大成就的学者，每次在给学生上课的时候，都是用对等的方式和学生进行交流和探讨，对待其他专家，他更是如此……

俞世伟教授授课中

正如此文的题目，俞世伟先生真的是教人更育人的典范，做学问之外，先生的为人处世更是我穷尽一生追随的榜样。先生正直，任何事情都讲求规矩和原则，多年相处下来，先生把他的弟子视如己出，尽可能地满足弟子的所有需求，但是涉及原则问题时，诸如治学，却没有丝毫"讲情面"。先生豁达，对人对事从不斤斤计较，也正是在他的影响下，我对"看透和看开""我能够和我应该"的关系有了初步了解，为我在以后的工作生活中省去了不少烦恼。先生善于站在别人的角度考虑问题，"共情"在他的身上体现得淋漓尽致，正因为此，弟子们有了什么烦恼都愿意和他聊一聊，因为他能明白弟子的"痛点"，从而帮助解决问题。先生善良，同专业的同学有从外地来的，不论是山西的还是浙江的，从入学第一天起，先生都给了他们家的温暖，他常说，这些孩子大老远来不容易……

如果说本科时期没能在课堂上聆听先生的教诲，是有一些遗憾，这种遗憾在读研期间得以弥补，那么与此对应，内心一直有一个更大的遗憾，那就是俞世伟先生自2012年开始带博士生，但因为种种原因我没能考取先生的博士生。单位里有一位博士毕业的同事，导师恰好是俞世伟先生。他来单位时间不长，就已经获得全区本系统内的精品课，现在也已经是副教授了，羡慕的同时也问她一些关于读博的事情，从她的话语中，我能感受到，即便是博士生导师，俞世伟先生依然是那个严谨儒雅的学者，而我在这位优秀的同事身上也能够看到导师的影响力。

如今先生虽已退休，但对学问的执着依然，我也希望在未来，能够创造条件、寻觅机会成为俞世伟先生的博士生，和先生完成更深层次的"传承"。

**作者简介**

赵小强，男，汉族，1983年2月生，中共党员，研究生学历，法学硕士。中学一级教师。2012年9月至今，在中共宁夏区委党校（宁夏行政学院）工作。

## 贺答汉

1954年12月生，陕西蓝田县人。曾任宁夏大学农学院副院长，博士生导师，宁夏回族自治区学位委员会委员。自治区世纪英才人物，国务院政府特殊津贴获得者，自治区科技先进工作者，全国模范教师。

# 情系"三农"的教书匠

贺答汉

　　我在宁夏大学工作了一辈子，熟悉这里的一草一木，她一点一滴的变化我都看在了眼里，记在了心里，说实话，这些变化真的让我十分感动。

　　我1981年1月毕业于西北农学院植物保护系，后留校任教，积累了一些教学的经验。1985年9月，我调入原宁夏农学院农学系任教。在教学工作期间，我发觉自己的专业知识不够系统化，便想着提升，于是进行了访问学者学习并在职申请了理学硕士，后考入陕西师范大学动物所攻读博士学位。在我看来，提升学历丰富的不仅仅是自己的知识，也是对学生负责的一种表现。我在宁夏大学几十年间，主要还是担负教学的任务，也兼任过一段时间的行政职务，曾先后任原宁夏农学院农学系副主任、主任，宁夏大学农学院副院长等职务。2014年11月我正式退休，离开了工作了几十年的宁夏大学农学院，但是"老骥伏枥，志在千里"，我退而不休，时刻挂心宁夏大学的发展，时刻准备着，在需要的时候贡献出自己的力量。

　　自参加工作以来，我长期从事西北地区农、林、草业生产与产业发展中的有害生物控制及生物多样性保护的教学、科学研究和实用技术推广工作，三十年如一日，站在教学第一线，培养的多名学生现已成为国家级和省部级学科带头人。执教以来，我先后为3个本科专业和3个研究生专业主讲普通昆虫学、植物检疫学、昆虫数学生态学、IPM原理与展望、现代生态学进展等10余门课程，兢兢业业，一丝不苟地完成了教学任务，深受学生的爱戴和尊敬，即使毕业多年，在微信群里还能看到他们提到我的信息。我的教学和实践联系是十分紧密的，长期带领学生在西北荒漠区、沙漠区进行教学实习，足迹遍及宁夏山川，采集植物昆虫标本，创建了学校昆虫标本室，在西北荒漠区昆虫标本的积累上作出了重要贡献。

在担任行政职务的时候，我艰苦创业，创办了学校"植物保护"和"农业资源与环境"本科专业，筹建植保、农学等专业的校外教学实习基地。同时注重教学改革研究，积极进行教学新模式探索。为了克服北方生产季节短、学生不能参加作物生产全过程、实习效果较差等教学矛盾，我大胆改革原有生产实习模式，提出北方农科专业分段实习的教学模式，深入第一线，边实践边改革，为该教学模式的完善与提高做了大量工作。同时也为"农业昆虫与害虫防治"硕士点和"草业科学"博士点的创建、"草业科学与生态工程"国家重点学科的创

贺答汉教授在野外试验观测

建与建设付出了很多时间和精力。我先后主编、参编全国高等农业院校研究生和本科生重要教材3部。

从20世纪80年代起，我先后承担国家自然科学基金课题6项，教育部和宁夏回族自治区科技项目10余项，参与国家基金重点项目和国家科技支撑项目子课题各1项，专题著作出版基金2项。获省部级科技进步二、三等奖7项（第一排名5项）；出版著作4部；发表论文150余篇，其中SCI收录和获论文成果奖10余篇。针对宁夏荒漠草原和干旱区农牧生态系统，将有害生物防治、生物多样性保护与地区农业开发、生产管理有机结合，在荒漠草原退化与恢复过程中昆虫生态演替规律、草地开垦与重建中有害生物预警与防控技术、麦蚜生态控制的景观生态学机理等方面有重要的理论建树，提出实用技术，为荒漠草原有害生物生态控制学科发展作出了应有贡献。

在学科理论与技术应用方面，针对西北荒漠草原退化与恢复的生态演替过程，以及防沙治沙、退耕还林还草等生态重建工程，我先后参加和主持完成了"草原害虫——沙蒿金叶甲研究""白茨粗角萤叶甲研究""宁夏草原蝗虫群落特征及优势种防治研究""沙生植物昆虫群落演替和种群发生研究"等省部级课题研究；摸清了沙蒿金叶甲、白茨粗角萤叶甲等荒漠草原害虫发生规律，设计拖拉式喷雾法进行草原害虫的防治试验与应用推广，在宁夏盐池、内蒙古阿拉善左旗等地累计推广防治800万亩，获省部科技进步奖三等奖2项；系统采集荒漠区蝗虫90余种2万余号，合作发表2新属7新种；提出了"混合度指数""群落主导分布型""复合防治指标"等学术概念，提出并推广荒漠草原蝗虫防治技术体系，其防治方案被农业部列为"八五"期间草原蝗虫防治推荐措施，获省部科技进步奖二等奖。除此以外，我对草地（自然保护区）生态建设工程有害生物多样性保护机理也有着较系统的研究。在这些研究期间，我参加完成国家自然科学基金重点项目"河西走廊荒漠绿洲交错区草地培育优化生态模式研究"，参与草地水盐季节动态模拟、草地生态系统耦合等理论的数学模型的创建，编制草地生态系统耦合动态监测计算机软件，其模型在国际会议作报告并展览，其成果获得甘肃省科技进步奖三等奖。主持完成国家自然基金项目"草原沙化与恢复中植物与昆虫多样性变化及其相互关系研究"（编号39560018），提出了草原沙化和人工固沙林草地建设与恢复中植物和昆虫群落的演替规律模式，建立了植物群落演替、优势种生存力消长和昆虫群落动态等数学模型，揭示了其相互关系的生态反应机理，创建宁夏中卫沙坡头自然保护区动植物信息管理系统，其成果获得自治区科技成果三等奖。主持完成国家基金项目"宁夏新垦区昆虫生态演替及优势种预警系统研究"（编号39760046）课题，针对宁夏百万亩新垦区，提出了51种监测对象的预警等级和预警系统，其成果获自治区科技成果三等奖（第一名）。主持完成国家自然科学基金项目"宁夏及毗邻荒漠地区蚂蚁行为生态及与荒漠化关系研究"（编号30060014）和教育部计划项目"荒漠地区蚂蚁行为生态学研究"，系统地开展沙漠地区蚂蚁行为生态学研究，发表蚂蚁新种10种，探明了西北地区蚂蚁地理区系，揭示了优势种蚂蚁的发生与土地沙漠化的关系，在荒漠地区蚂蚁觅食对土壤种子库动态的影响研究上有重要理论建树。主持完成国家自然基金项目"风沙区破碎化生境对昆虫多样性和种间关系的影响研究"（编号30760045），运用景观生态学和3S技术原理，开展了退耕还林还草、围栏封育等生态恢复与重建过程的生态效应及生物多样性的响应机理研究，建立了草地地理、植被斑块格局与草地生物多样性发生与分布、天敌功能团作用及演变特征、柠条籽种害虫生态控制等景观生态学模型，开草地有害生物生态控制的景观生态学机制研究的先河。诸多的实践经历丰富了我的知识，拓宽了思路，在这期间我完成了学术专著《荒漠草原蝗虫群落特征研究》和《流沙治理与害虫防治》。

　　作为一名农学人，我这一辈子都是离不开土地的，我甚至觉得自己就是一株植物，深深扎根在宁夏的土地里。我明白植物保护对农业生产的重要性，在几十载的教学研究中，我十分关注农业害虫多尺度空间控制理论。在这一想法的支撑下，我主持完成国家自然基金项目"农业景观变化对麦蚜与天敌种群动态影响及模型"（编号30860164）和《农牧交错区农田害虫生态控制的"马赛克生境循环"与景观模型》（编号31260429），总结鉴定登记科技成果《宁夏麦蚜生态控制的景观生态学机制与模型》，其中提出了宁夏地区麦蚜寄生蜂、地表步甲、蜘蛛等天敌种类及优势种田间时空动态，建立了ArcGIS数据库，创建了农田景观格局演变与麦田蚜虫及天敌发生的动态关系模式、麦蚜及其寄生性天敌发生的最小生存面积及其关键景观因子、麦蚜生态控制的最优景观尺度等多项景观生态学技术参数；建立了麦蚜IBM种群模型及动态预测模型，并进行了远期预测检验；提出了不同农田界面，地表步甲和蜘蛛物种多样性和多维度的边际效应模拟模型；绘制了"苜蓿—小麦"界面的地表步甲和蜘蛛优势种的空间迁移动态模式；提出了县级水平上的农业景观组织和空间尺度对"害虫—天敌"群落影响的定量分析模型及大区域尺度景观因子演变的生态作用和调控对象。绘制了北方农牧交错区农田有害生物生态控制的作物布局格局模式图，成果获得自治区科技进步奖三等奖（第一名）。这些成果对于我国北方干旱区农田生物多样性的维护和麦田蚜虫生态控制的农田景观格局设计，提供了重要理论参数和技术支撑，在北方麦田有害生物生态控制研究方面，走在国内学科的前沿。

我深深爱着这片土地，爱着这片土地的一草一木，在我看来，我就是一个守护者，当出现重大有害生物的时候，我总是冲在一线。我先后承担"玉米主要病虫发生规律及防治技术研究""沙生药材基地昆虫演替及种群控制机制研究""沙生药材害虫生态控制机理研究""宁夏防灾减灾预警系统与控制技术研究"等多项省部级科研推广项目，参加国家科技支撑计划项目，在宁夏重要农业病虫害防治技术推广会上做出了突出工作。1999—2001年主持完成自治区科技攻关项目"玉米主要病虫害发生规律及防治技术研究"，在全区推广玉米"三病一虫"的防治试验与示范推广，3年累计推广防治面积2.5万公顷，净收益1130.86万元。针对二斑叶螨等害虫的爆发，提出了玉米病虫综合防治技术体系，并大面积推广，其成果获宁夏科技进步奖三等奖（第一名）。2003—2008年，针对宁夏药材产业发展和生产的问题，提出并推广甘草、麻黄等重要药材害虫区系与优势种防治技术，建立其防治及测报体系。2007—2010年参加国家科技支撑计划项目课题"设施园艺害虫预警系统及环保型防护技术研究"，针对宁夏设施园艺病虫害发生，建立基础数据库和预警预报系统，参与设施园艺基地技术指导和专家咨询服务，成果获宁夏科技成果进步奖三等奖。

我先后以学科专家身份，多次参加国家和自治区农林重大有害生物灾害预防的决策调研，参编《宁夏自然灾害防灾减灾重大问题研究——农牧生物灾害》专著，先后在宁夏甘草胭蚧、巨膜盲蝽、苹果蠹蛾、臭椿沟眶象等重大害虫爆发控制方案的决策上作出了应有贡献。同时，我就是一个教书匠，教好学生就是我最大的快乐和幸福。

# 粉笔无言写春秋　贺兰山下诉深情

于晨曦

一场初秋的雨洗净银川的天空，放眼望去，油绿的、杏黄的、枫红的争相映入眼帘，正是初秋好时节。不时的，一两片树叶飘落在贺答汉的肩头，他感叹："你看这环境好了，我们大家的心情也都是好的。"提到贺答汉，宁大人都是熟知的，他是宁夏大学农学院教授，长期从事西北地区农、林、草业生产与发展中有害生物控制及生物多样性保护工作，全力守护着美丽的塞上江南。

## 一颗丹心　全心守护脚下大地

"我们做植物保护的，都有一种责任，那就是要守护好这片土地。"贺答汉说到了也做到了。20世纪七八十年代的时候，由于宁夏的树种单一，只有杨树和柳树等树种，这样的种植方式给了天牛可乘之机，因而天牛泛滥成灾，不仅仅是银川市，整个宁夏都处在不同程度的虫害之中。面对这场虫灾，贺答汉以植物保护专家的身份积极参与虫害的治理工作和后续的预防工作，奔走在一线。他埋首研究室里，认真地研究引发此次虫灾的天牛种类、这种种类是否存在着变异？在这样的情况下该怎么防治？那段时间他恨不得将一分钟掰成两分钟来用，困了就趴在桌子上休息一会儿，醒了接着做试验。他用自己所有的时间和精力全力守护住了我们脚下的这片土地。设施大棚在全国推广后，美洲斑潜蝇在国内流行。宁夏也不例外，全区设施蔬菜遭受到严重威胁。美洲斑潜蝇属侵入性害虫，国内以前没有记载，无法确认潜蝇种类。贺答汉采集标本，自己掏钱寄给权威部门帮助鉴定，确定为美洲斑潜蝇，给宁夏创办潜蝇初始培训班提供了直接资料和标本，在贺答汉看来，他的工作只有两项：一项是教书育人，一项就是守护我们脚下的这片土地，让它变得更好。2008年前后，宁夏推广压砂瓜种植，中卫、海原、同心等地均有种植，经济效益显著，因而自治区决定推进硒砂瓜的种植规模。推广的过程中出现了虫害，自治区对此非常重视，调集贺答汉等人以专家的身份参与虫害防治工作。经过认真地分析比对，此次虫害确定为巨膜盲蝽虫害。但在进一步研究时，这些巨膜盲蝽却慢慢消失不见，在瓜田里面，再也无法找到巨膜盲蝽的影子，无法进行深一步的研究。贺答汉心里一直放不下这件事情，晚上睡觉的时候都会想，这些巨膜盲蝽去了哪里？根据它们的习性，在哪个地方能找到？在日常的调研观察之中贺答汉总是将此事放在心里，在野外调研的时候也总是忍不住辨别一下这个地方有没有巨膜盲蝽留下的痕迹，生怕其反扑，对宁夏的环境和经济造成不可估量的损失。功夫不负有心人，当他带领学生在白芨滩做调查的时候，在地表的土层之下发现了大量巨膜盲蝽，这为巨膜盲蝽虫害的控制提供了先决条件。随着套种玉米的推广，玉米叶螨发展严重，以前宁夏农业昆虫志记载为半砂叶螨。贺答汉通过大量标本鉴定，公布玉米叶螨的主要种类为二斑叶螨，为我区玉米叶螨防治提供了第一手资料。除此之外，他还多次以学科专家身份，参加国家和自治区农林重大有害生物灾害预防的决策调研，参编《宁夏自然灾害防灾减灾重大问题研究——农牧生物灾害》专著，先后在宁夏甘草胭蚧、臭椿沟眶象等重大害虫爆发控制方案的决策上作出了贡献。

## 微言彻耳　践行播种知行二道

　　贺答汉总是说，一定要重视实践的作用，只有实践才能带给我们不一样的体验。他自己也一直践行着知行二道。为了解宁夏蝗虫的发生，他租用一辆农用汽车，从永宁县出发，途经吴忠、同心、固原，直抵彭阳，返回途经中卫、中宁、盐池、陶乐等地，历时10天踏勘。沿途的小路崎岖难行，他毫不在意，饿了就吃几口随身携带的馒头，天晚了就在老乡家中借宿。这一路的风餐露宿，就是为了了解宁夏的动植物种类和基本的分布情况。在他看来，只要能够发现新的东西，那点苦算不了什么，反而是十分快乐的事情。当时的宁夏农学院教学条件艰苦，只有基础的教学标本，由于课题需要，贺答汉带着学生去沙坡头防沙治沙农场实习，当负责人打开农场的标本室时，大家眼前一亮，里面的植物标本不仅稀有，而且标本放置在它们生前的环境中，将动植物的真实和灵动表现得栩栩如生，大家都十分羡慕。目睹这一切，贺答汉暗暗发誓：宁夏大学一定要有属于自己的标本室。因此，在结合农科专业特点的基础上，他长期带领学生在西北荒漠区、沙漠区进行教学实习，注重采集植物动物标本，不仅创建了学校昆虫标本室，而且在西北荒漠区昆虫标本的积累上作出了重要贡献。

　　贺答汉一直强调，要注重实践在教学中的作用，要走出实验室，走出课本，走进大自然，这样才能发现很多原先没有见过的东西，才能将书本中学到的知识和实际生活中的事物对应起来，发现很多以前没有见过的有意思的现象。在20世纪90年代的时候，贺答汉主持自然科学基金课题期间，在宁夏各市县奔波，开展实践调研。一次野外调研中他发现，有一只蚱蜢在跳跃的过程中"啪"的一声被蜘蛛丝粘住了，但是他看过去的时候只能看到蚱蜢悬挂在半空中，却没有看到平时所见的蜘蛛网，但是这只蚱蜢又确确实实被一条蛛丝挂在了半空中。他不禁想到了在课堂上讲过的一种蜘蛛，现在被证实了，这种蜘蛛蛛丝的硬度和韧性极好，拿棍子去搅，怎么也无法破坏。在实践中，书本上的知识一一变"活"了。还有，书本上讲过胡蜂会抓害虫，但是怎么抓的，书上没有讲过，现在亲自经历了，亲眼看到了，那些课本上的知识，一下变得立体了。这些立体的知识是具有带入性的，因而他经常将这些有趣的现象和事例带到课堂之中，激发学生们的学习兴趣，让大家明白：学到理论知识是一回事，当自己亲眼看到的时候，则是另一回事，那种现实和书本相结合的立体知识，会让人沉迷其中，无法自拔。

## 治学严谨　认真钻研学术知识

贺答汉长期从事西北地区农、林、草业生产与发展中的有害生物控制及生物多样性保护的教学、科学研究工作。三十年如一日，他在教学一线兢兢业业、一丝不苟地完成教学任务。他认为，作为一名老师，要做的就是答疑解惑，面对学生提出的问题，他都会认真解答。在毕业学生的微信群里，时常能够看到学生点赞贺答汉的信息。每当学生咨询："贺老师，这是个什么虫？""贺老师，这个虫用什么药防治？"他都会第一时间认真回复。回复的第一句往往是："稍等，我给你查查，再确认一下。"其实，他对专业知识了解透彻，昆虫纲有多少亚纲、多少目、多少亚目、多少科、多少属，每一种又有哪些特点和不同，都能一一列举出来，但是面对学生的询问，他还是选择重新查资料，再次确认，以做到万无一失。因为在他看来，科学容不得一丝一毫的马虎，做学问就是要严谨。这种精神深深地影响着他的每一位学生。"作为一名一线教师，我最骄傲的事情就是帮学生解答疑惑，为社会作出自己的贡献。"他潜心治学，先后承担国家自然科学基金6项，教育部和自治区科技项目10余项，参加国家基金重点项目和国家科技支撑项目子课题各一项，专题著作出版基金2项。获省部级科技进步二、三等奖7项（第1排名5项）；获专题著作出版基金2项，出版著作4部；发表论文150余篇。

## 退而不休　奉献自己的光热

贺答汉退休了，却没有放下他对这片土地的热爱，依旧将有害生物防治、生物多样性保护与地区农业开发、生产管理放在心中。

他的学生承担了西藏沙生槐的引进与推广项目研究，请他作为技术指导，他经常深入沙地试验区检查指导。固原地区开展马铃薯病虫害的检测，他帮助学生每年认真总结，并经常检查指导。当学生面对胡麻茎秆苗期就为虫所害，却无法判断虫子的种类和如何防治的时候，他从银川赶到固原进行观察试验。夜晚的固原天气寒凉，但是他丝毫不放在心上，积极主动地下田采标本、田间罩网试验，不知疲倦。经过反复的试验和多方验证，最终认定害虫是胡麻茎蜂。为解决胡麻茎蜂造成的虫害，他带着学生深入田间地头，用田间网捕法调查胡麻茎蜂成虫种群动态，取株剥茎调查胡麻茎蜂幼虫种群动态，于每年4—10月在田间定点调查，并采用室内饲养和观察生活等方法，来观察胡麻茎蜂的种群特点。天道酬勤，在他和团队的努力下，最终做到了虫害防治。

一生所愿三尺讲台，一生所爱万顷田野。贺答汉将人生最美好的时光都奉献给了教学与科研，为宁夏大学的发展作出了贡献。

# 农教四秩满园春　无愧良师寸草心
## ——贺答汉老师印象

董凤林　刘军和　马世瑜　辛明　刘学琴

董凤林（固原市农业技术推广服务中心）：

我是原宁夏农学院农学系植保1986级学生。贺答汉老师是我的班主任老师。当时他讲授的课程是昆虫学，是他引导我和同学们进入昆虫的世界。

1989年7月，我毕业分配到西吉县农业技术推广中心工作，从事农作物病虫害预测预报和防治工作。一接触到黑光灯诱到的许多害虫，我傻眼了，找昆虫图谱，翻教科书，盼望着贺老师的到来。

贺老师来西吉了，看着我做好的标本，一一认真地鉴别，详细讲解每种害虫的特征、特性和防治方法，严肃认真、毫不含糊。

2004年，我被调到固原市农业技术推广服务中心工作。贺老师除了兢兢业业教书育人，还时刻关注着宁南山区马铃薯的安全生产。为了全面推进宁南山区马铃薯产业的健康发展，提高马铃薯种薯质量和产量，为大田防治和预测预报提供科学依据，在贺老师的关注与支持下，固原市农业技术推广服务中心在认真研究和充分论证的基础上，申报了"固原市马铃薯蚜虫时空动态规律研究"项目，并于2009年被

贺答汉教授（左）与同事合影

自治区科技厅正式列为自然基金项目获批立项。

在贺老师的关心支持下，"马铃薯蚜虫时空动态规律研究"填补了一项区内空白，我们团队完成的《马铃薯蚜虫识别与防治》技术手册在宁南山区马铃薯种薯和大田生产中得到应用，极大限度地减轻了马铃薯病毒病的发生，提高了马铃薯种薯质量和产量，延缓了种薯退化，效益显著，对增加农民收入、促进马铃薯产业可持续发展产生了积极的作用。

刘军和（河南省黄淮学院生物与食品工程学院）：

我叫刘军和，河南省黄淮学院生物与食品工程学院教授，院长。贺答汉老师是我本科、硕士、博士期间的导师。已经离开母校12年之久，但我仍旧怀念恩师贺答汉对我的学业教授、科研指导和人生规划。

为人谦逊，爱生如子的好导师

我1998年考入宁夏农学院本科。贺老师承担着本科生许多课程的教学任务，经常带我们到学校周围的乡村田间进行野外调查。炎热的暑期，他一丝不苟，连续工作，给我们留下深刻印象。

贺老师为人谦逊，性格温和，爱生如子。本科毕业后，我留在学校打工、复习，准备研究生考试。贺老师除了给我文化课的指导和帮助外，还以自身的艰苦生活经历鼓励我，鞭策我努力，并在自己力所能及的范围内，给我解决了许多实际困难。

我先后历时近8年的硕士及博士学习阶段，在贺老师的指导下进行论文试验与科学研究。贺老师孜孜不倦、踏实肯干、认真负责的科研精神一直鼓舞着我。

## 为人宽宏，助人为乐的朋友

我离开老师已10年有余。我到河南黄淮学院工作，先后任教学秘书、教研室主任、学院副院长、院长，时刻不忘把老师作为自己学习的榜样和工作的顾问。有问题我常常向老师请教，贺老师每次都给我很好的建议，让我深受感动。在遇到复杂问题时，我也会想起老师为人处世的品格与艺术，是我处理好问题的模板。

毕业以来，我一直保持与老师的联系，请老师帮助修改论文、讨论开题报告，听取老师的科研建议。在老师的指导下，我先后参加和主持国家基金项目和河南省科技攻关项目6项，获得了宁夏科技进步奖1项、河南科技进步奖2项。这些成绩的取得都渗透着老师辛勤指导的汗水。

马世瑜（盐池县农业技术服务中心）：

2008年，我受盐池县组织部委派，带着"农业有害生物监测预警"项目课题，在宁夏大学开展了为期一年的科研和业务学习。贺答汉老师负责我们这批自治区首批"基层之光研修活动"学员的学习指导工作。

我记得那是2月开春期，天气还很冷。报到后贺老师忙前忙后安排实验室，查找资料，针对基层工作的实际情况和学员的研修方向，认真地制定了《基层之光研修学习指导方案》。贺老师围绕学员的专业理论知识的学习与加强，及对农业有害生物监测和预警的理论层次的进一步提升，教会我们全面掌握农业昆虫实验室的使用和管理，对昆虫的标本制作、昆虫饲养和有害生物的鉴定方法的熟练操作，在基层工作中具有实际可应用性。配合课程学习，贺老师带领我们系统参加野外植物和昆虫标本的采集，全方位掌握项目及课题的研究方法。我们还开展了资料整理和论文的撰写。在研修学习的最后两个月，他要求学员充分利用这次学习的机会，对工作和学习过程中积累的资料和数据进行整理分析，高质量地完成项目阶段性的工作总结，同时完成组织部门和派送单位的研修学习总结。在贺老师的精心指导下，我们在理论水平、业务技能和工作作风上均有明显的进步和提升。

一年的学习，我从贺老师身上懂得了科学研究离不开严谨与执着精神，也深深地为老师的钻研精神所感动。在盐池县农业技术推广服务中心工作中，我长期担任盐池县"农业有害生物监测预警"任务。苹果蠹蛾2008年在宁夏首次发现，盐池县农业技术服务中心自2011年开展监测工作。贺老师作为自治区苹果蠹蛾监测与防控技术专家，参与指导我县苹果蠹蛾的监测预警工作。我们在全县监测布点，2017年诱捕到苹果蠹蛾的疑似成虫，当年8月、9月陆续发现苹果蠹蛾的疑似成虫和幼虫危害症状；2018年诱到6只成虫，确认为苹果蠹蛾，为自治区苹果蠹蛾的防控提供了数据，为盐池县的防控提供了直接资料支撑。正是贺老师给我们的指导与帮助，使大家能够准确掌握苹果蠹蛾的监测方法，同时准确识别苹果蠹蛾成虫和幼虫，为我区植物保护工作贡献了力量。

辛明（宁夏大学农学院农学系）：

我2002年原宁夏农学院草业科学研究生毕业，留农学系任教。贺老师是我读研究生时的指导老师。我留校农学系植物保护教研室，承担了普通昆虫学的教学试验任务，贺老师又是教学工作的指导老师。普通昆虫学是植物保护专业的基础课，我初次承担昆虫种类分类鉴定实验时，面对各种各样的昆虫标本，很难分出纲、目、科、属、种。贺老师耐心地帮助我认识标本，标明其主要特征，指导我实验准备。昆虫生理解剖又脏又琐碎，需要解剖观察昆虫内部器官及组织结构，甚至细微的神经末梢感觉器官。贺老师手把手教我，一丝不苟，这种认真教学的精神深深地感染着我，他严谨治学的态度为我以后的工作树立了良好的榜样。

工作后，我先后参加了多项科研活动，跟随贺老师翻山越岭进行野外调查。贺老师长期投身科研工作，实践经验十分丰富。他生活朴素，待人和善，善于和基层同志广交朋友，使我学到了不少工作经验和方法。贺老师治学严谨，在科研上要求十分严格，对论文严格把关，反复审查，不仅查内容和格式，连错别字也一一指出纠正。他要求我们对实验的任何细小环节都不能马虎对待，也会及时把新的科研成果介绍给学生，开拓学生眼界。经过多年学习，我亦能独立承担科研项目，面对生产实际，解决生产问题。从与贺老师的工作中，我学到了不少知识和经验，他是我成长过程中的良师益友。

刘学琴（宁夏大学草业科学博士生）：

我是贺老师现指导的最后一名博士生，老师对科学研究的态度、治学的精神就像标杆指引着我前进。在我遇到问题时，老师的指导与教导常在耳畔响起，让我在课题研究中能够不断前进。老师渊博的专业知识、严谨的治学态度、精益求精的工作作风、诲人不倦的高尚师德、朴实无华和平易近人的人格魅力，都对我产生了深远影响。老师为人正直、谦逊、踏实，工作拼命、努力、奋进，对待科研严谨认真，是我一贯的学习榜样。他就像一盏引路明灯，总是在我迷茫无助的时候给我指明前进的方向。在我的第一篇文章投稿过程中遇到问题的时候，是老师的鼓励让我重拾信心。每当向他请教遇到的问题，他立即翻阅书架上的文献，当找出解决问题的方法时，我的内心除了欣喜之外，更多的是敬佩老师的态度与学识。有一件事，让我印象十分深刻。为了能给我指引，贺老师先对一篇英文文章的内容进行了翻译标注，告诉我文章作者写作的思路，让我在文章中吸取精华，拓展思路，让我站在前人的肩膀上前进，少走弯路，同时也让我时刻保持谦虚、专注和努力。

## 作者简介

董凤林，女，1965年12月生，籍贯山西省万荣县。1989年7月毕业于宁夏农学院植保专业，现在固原市农业技术推广服务中心工作，农业技术推广研究员。

刘军和，男，1979年9月生，籍贯宁夏隆德县，中共党员。毕业于宁夏大学农学院。现任河南省黄淮学院园林专业教授，生物与食品工程学院院长。

马世瑜，男，1964年11月生，籍贯河北省邢台市，中共党员。1987年毕业于宁夏农学院农学系植物保护专业，高级农艺师，曾任宁夏盐池县农业技术推广服务中心副主任。

辛明，男，1978年1月生，籍贯辽宁省本溪县，中共党员。毕业于宁夏大学，现任宁夏大学农学院植物保护专业副教授。

刘学琴，女，1980年4月生，籍贯宁夏，中共党员。现就读于宁夏大学农学院，草学专业博士研究生，讲师。

徐桂珍

女，1934年11月生于江苏吴江，中共党员，教授。1960年毕业于江苏农学院，同年于宁夏大学农学院畜牧系任教。主要从事微生物教学与研究工作。1987年，获评农学院"先进工作者"；同年，获评农学院首届"科技先进工作者"。1989年，荣获农学院首届"优秀教学成果二等奖"。1990年，《关于宁夏羔羊腹泻病的研究》获自治区第四届"科技进步奖三等奖"。

# 我的塞外岁月

徐桂珍

从江南水乡到西北荒滩，60多年的峥嵘岁月，历历在目。1960年9月，正值振兴西北时期，我们一行4人从江苏农学院毕业后，便响应号召，服从分配，来到了宁夏。虽然当时听说西北荒凉，但我还觉得祖国处处是风光，在哪儿都是一样的。就这样，我们动身来到了宁夏。当时来时是8月底，从苏州到兰州再到银川。火车驶进宁夏境内，眼前一片接着一片的高低起伏的戈壁荒滩，荒滩上反穿羊皮拿着皮鞭的牧羊人，让我们不由得感叹这里着实荒凉。干燥的空气里扬起了冲天的尘土，让我们即使强迫平稳心态却依旧讶异不止。到达后，把行李寄存在车站，我们便先去了民政厅的招待所。说巧不巧，就在我们到达的第一天晚上，唐徕渠就发了大水。当时我们并不知道这里会发大水，只知道这里靠黄河。我们住的土坯房已经浸水，岌岌可危，无法住人了，喇叭上也紧急地喊着："待分配的大学生们，唐徕渠口冲开了，快去守唐徕渠！"于是我们便女的留守，男的出去修渠口。为了方便生活，我和我的丈夫（我的丈夫陆学义，也是原宁大农学院老师，从事畜牧解剖学的教学工作，因长期接触甲醛等有害物，导致晚年患帕金森病，于2015年元月去世）在来宁夏的前一天结婚，其实也就是简单地领了证。由于当时并不知道唐徕渠决口不是黄河决口，我一度以为我们这就要生离死别了。不过庆幸的是在大家的努力下，大水止住了，我悬着的心也得以落下。过了几天，负责分配的同志询问了我们对分配单位的意见。我们一同前来的四人，两个高级专业的分到了区科委，我和我的丈夫，由于对教育与教学工作的热爱，毫不犹豫地选择来到了当时的宁夏农学院（现宁夏大学农学院）从事教学工作，我负责兽医微生物学的教学，他负责的是解剖学。

　　宁夏大学农学院的前身为宁夏农学院，1962年，宁夏师范学院、宁夏农学院、宁夏医学院合并成立了宁夏大学。1971年，宁夏大学农学院与宁夏农校合并组建宁夏农学院，只有农学系、畜牧系和林学系3个系。当时经济落后，教学和居住条件都十分艰难。而且正值困难时期，每人每天的口粮也只有半斤。我们初到学校时住在小红楼一楼。第一天晚上突遇沙尘暴，第二天起来，窗户上都是厚厚的一层沙土。如果见过上世纪60年代的宁大你就会知道：四周望去只有一片接着一片的荒漠沙滩和盐碱滩，荒芜得连棵树都无法扎根生存。起风时风卷起的沙砾和走石，使得裸露的每一寸肌肤、身上穿的每一件衣服，都不能幸免地被刮上沙土。但大家从来都没有丝毫退缩的念头，都兢兢业业地在自己的教学岗位上，一心为提高教学质量与自我教学能力努力着。大家没有埋怨，充满着干劲与对宁夏大学未来的无限期待，团结一致，坚持不懈，年复一年地为宁大的校园建设和人才培养不遗余力。

　　我1960年参加工作，1994年退休，之后被返聘回校又教了3年书。37年多的时光，我始终坚持在教育一线从事学生教学工作，始终坚持毛主席的教育方针：教学、科研与生产实际相结合。我先后教过了36个班，3门课。我教的是兽医微生物，兽医微生物是一门非常重要的专业基础课，因为牵扯到传染病，所以格外重要也需要格外严谨。但是它也是很枯燥的。为了让学生对这门课感兴趣，懂得学好这门课的重要性，我总是会在第一节讲绪论时就引导学生的注意力并奠定他们的兴趣基础。除此之外，我总是提前备好课，讲课时尽量不看书，尤其是讲到疾病、病源、发病机理、病理变化等时，我的脑子像放电影一样，讲得很生动，

徐桂珍

163

这样一来，学生们就不会抗拒这门课了。那时教学条件差，教具、仪器、设备都很简陋也很稀缺。一间教室，一张桌子，便是实验室了。因而我们就不得不用着最基本的仪器，想方设法地给学生把课讲透彻讲明白。其次，因为那时的免疫学教材很少，为了方便学生学习，我自己编写了约18万字的《兽医免疫学》教材，供当时牧医系学生使用。此外，为了将课讲活，让学生能有效地学习到知识并真正理解，我们便去学校附近的牛场、猪场、羊场等实地实践。

当时的宁夏畜牧业发展滞后，因为各种疾病而导致牲畜大量死亡的现象屡见不鲜，所以后来我就把着眼点转向了宁夏牲畜的病源研究及疫苗研制，场外重点指导在平吉堡做实验。有一次下着大雨，灵武农场死了好多猪。因为他们的猪当时是打了疫苗的，打疫苗后的大面积发病并不常见，所以当时的情况是很紧急的，他们甚至还在派出所报了案。我和同事在得知消息后，冒着大雨第一时间一同前往查找病因。通过检验我们发现，大面积死亡原因是巴氏杆菌病，是由于他们的疫苗未按要求保存导致疫苗失效，而不是疫苗后的副作用。当时除了灵武疫苗失效事件以外，还有平吉堡奶牛的副伤寒病、新生犊牛腹泻病以及奶牛乳房炎事件、猪的喘气病、鲤鱼出血性败血症等，虽然当时实验设备有限，但我还是通过努力，根据我们所具有的基本实验装备如培育箱之类的，做出了疫苗，遏制了病情的蔓延，有效地降低了经济损失。尤其是关于羔羊腹泻病的研究，解决了宁夏几十年来没有解决的病源问题，先后获得科研成果二等奖、三等奖、四等奖。除此之外，我们还在平吉堡建立了检验实验室，现在该实验室的疫苗和病毒的检测甚至自家疫苗的制备都可以完成，并且培养了一支留得住、工作拿得起的化验专业人才队伍。

1978届畜牧系的学生潘太安，在中宁办了一个枸杞制品厂，枸杞原浆在送往广东一带时，罐箱爆炸了。为了查出原因，他们需要把样品从事发地深圳拿到上海化检，路途遥远不说，费用也是很大的。后来他

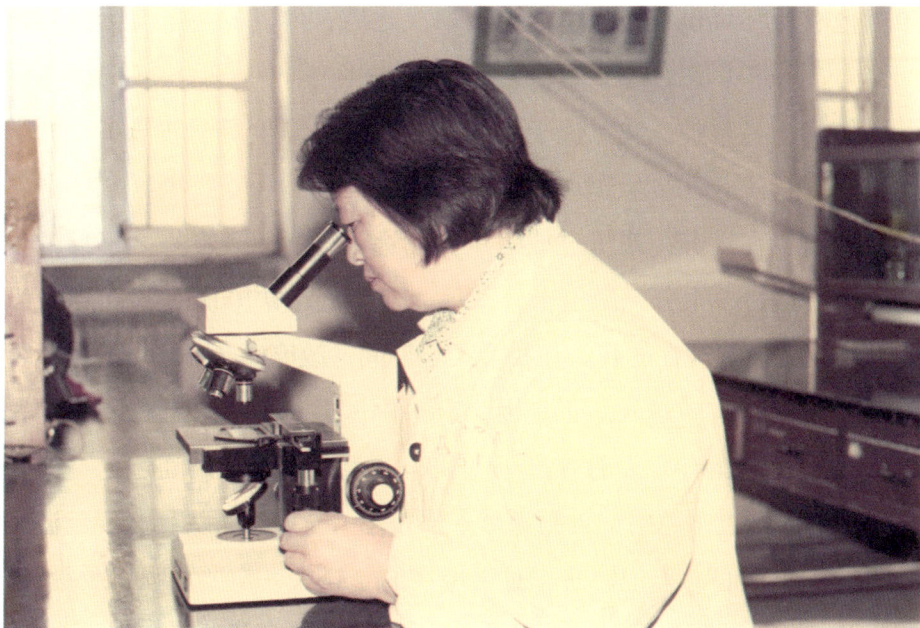

就想到了我，让我去化验。因为当时在暑假，而且正好是枸杞采摘时期，为了能尽快地找出问题，我立即动身，花费了一个通宵查找原因，最后发现是因为杀菌机器实际杀菌温度低于外部温度，杀菌不合格导致的。

20世纪的宁大，除了教学条件困难以外，师资力量也一直是紧缺的，尤其是在农学院将一部分人分去永宁后。当时有一个同事想考南京农业大学硕士研究生，但学校教师资源有限，他左右为难。不忍他放弃梦想，也不想耽误学生上课，我就主动提出帮他上课，让他去读研究生。最后他成了博士后，在美国工作。宁夏大学的王玉炯老师也是。他们现在都学有所成，工作顺利，我也是极其欣慰的。那时候想的是年轻嘛，忙一点没事，大家都幸福了，才是真的幸福。

不仅是和同事们，我也喜欢和学生们打交道，会在课余互相开玩笑，也会激烈地探讨有关学习的内容。给学生们上课，看见他们，我的眼里永远是有光的。1979届一个学生，因为不喜欢畜牧专业，所以学习兴趣不高。有一次我告诉他："你很聪明，研究生一定可以考得上。"

虽然他有所怀疑也很自卑，但自从那次之后，他真的有了实际的付出与努力，后来考取了北农大研究生并到德国留学。

作为一名教师，我无愧于我的职业，我将毕生所学教给了我的学生，让他们真正地成为做实事的农学人。

我出生在江苏，亲历过战争年代的逃难，所以现在来之不易的生活我十分珍惜、十分感激也十分满足。今年是建党100周年，可以说没有共产党就没有现在的我。在我上大学期间，政府每个月10块的助学金对我来说就是雪中送炭。正是因为有了中国共产党的领导，有了国家的支持，我才能有今天的好日子。我很知足、很感激。临近七一建党节，我们的习近平总书记带领党员干部重温入党誓词，为什么要重温？就是要不忘初心、牢记使命。对于现在的年轻人一定要加强思政教育，要思政挂帅，要热爱党，热爱社会。

来到宁夏的60多年时光，是艰难的也是幸福的。多年来，我一直在自己热爱的教育事业上孜孜不倦，同时尽心尽力培养好儿女，平淡且知足地生活着。我们这一代人，在这个美好的时代能发挥多少余力就发挥多少余力。希望我们都能常怀感恩，自信自立地活着。

# 一生只做好一件事

## ——记宁夏大学农学院徐桂珍教授

张新民　封宏砚　虎　娟

一直以来，人们对"兽医"这个职业的印象好像只有苦、累、脏，徐桂珍教授却在这条路上一走就是一辈子。

时间追溯到60多年前。从江苏农学院毕业后，徐老师服从安排，在绚烂如花的年华来到宁夏。回忆起当时的情景，那段异常艰难的日子仿佛已经和时间和解，沉淀的只有美好的青春。思绪将她带回了那段难忘岁月，"我没有后悔！祖国处处是风光，到哪儿都是一样的！"到达宁夏时，一片接一片连绵的荒滩，天和远方相连处漫卷袭来的黄风，让她更坚定了扎根这里的决心。

从南方到北方，恰逢困难时期，徐老师很快就投入到了教学之中，每天只有半斤的口粮。除了吃，还有住的问题。初到学校时徐老师住在小红楼一楼，到校第一天晚上便突遇沙尘暴，第二天起来，窗户上都是厚厚的一层沙土。四周望去只有一片接着一片的荒漠和盐碱滩，起风时风卷起的沙砾和走石让人胆寒，但徐老师从来没有抱怨过，她觉得人是可以适应一切困苦的。就这样，她数十年如一日地教书、育人，扎根宁大，就像沙枣树般把自己牢牢地扎根在这里。

## 甘于平凡诲人不倦

徐老师1960年任教，此后经历了1962年宁夏师范学院、宁夏农学院、宁夏医学院合并成立宁夏大学；1971年，宁夏农学院与宁夏农校合并组建宁夏大学农学院，有农学系、畜牧系和林学系3个系。凭借着对教育事业的热爱与执着，她在教书育人这条路上征战半生。30多年，徐老师始终活跃在三尺讲台，陪着宁夏大学从无到有一起成长；宁夏大学也见证了她几十年如一日的付出与勤劳。

"初到这里，学生们的知识很薄弱。作为老师，我们焦急的不仅是微生物方面的书籍短缺、资源匮乏，更多的是担心因为外在因素而致使学生们不能很好地接受、理解并吸收知识。为了能够尽快解决困难且不影响学生上课，我和其他老师决定自己动手编教材。"徐老师回忆道。几十万字的教材，在日复一日西北狂风呼啸的夜晚和饱含沙尘与煤油灯气味的空气里写就，造福了多届学子。淡淡书香里，凝聚着老师们不灭的深情和对教育事业的执着。

每当说到自己的教育事业时，徐老师满眼兴奋。从教多年，徐老师始终坚持教学与科研和生产相结合的教育方针。她不仅会在课堂上教授给学生理论知识，还会将学生带出去，到农场、到合作社实实在在解决问题，让学生增长实践才能的同时，为农场以及农业制品公司带去实实在在的效益，促进宁夏农业的发展。

微生物学作为兽医学的基本课程，其重要性与学科基础性是不言而喻的。实验对于微生物教学来说无疑是不可缺少的。然而当时的宁夏大学实验室，只有一间空教室和一张陈旧的积满灰尘的木课桌以及少量的基础实验器材。但徐老师的却凭借这些简陋的条件，治好了鲤鱼出血性败血症，研制出了疫苗，培养出了许多优秀的微生物研究方面的学子。仿佛在徐老师眼里，"困难"两个字，在她前进的道路上从来都不值一提。

徐老师说，她最喜欢的就是站在讲台上。每次讲课，书本上的内容像 PPT 一般，在她的脑子里一张接一张地"放映"。说到这里时，徐老师满眼透射着向往。徐老师只是每个学生人生中遇到的无数老师中的"一个"，而她却勤恳忠诚地用自己的一生诠释了"老师"二字。

无论是风吹雨淋，还是酷暑严寒，徐老师始终践行着"寓教于行"。她的教学灵活不枯燥，生动不单调，严谨却不呆板。学校设备有限，她干脆带着学生们去校外农场实践，学生们不仅有效巩固了课堂所学的知识，还能学到新的实践知识。再苦、再脏、再忙，徐老师从不计较，仿佛这一切的辛苦，在学生们一个个恍然大悟的神情中，都得到了释怀。

## 一生忘我甘当人梯

在大半生的教师生涯中，徐老师培育了无数的"桃李"。他们或奋斗在教育一线，或为国家为地区微生物研究贡献力量，或在实验室为地区农业的健康发展添砖加瓦，成为真正用得上留得住的人才。

20世纪60年代，学校部分老师被分配到永宁农校，在校的农学院的老师就一直紧缺着。张英是一名普通的年轻教师，出于对知识的渴慕，张英向徐桂珍老师吐露了他想读研深造这件事。由于当时学院师资严重不足，老师们都难以向学校请假，更不可能提及读研深造的事了。徐桂珍老师看着张英上进却又为难的样子，很不忍心，于是便决定代其上课并向江苏农学院推荐考研。

1984年7月，张英如愿拿到了江苏农学院的研究生录取通知书。后来张英又通过自己的努力，攻读了博士学位，目前从事微生物疫苗研制方面的工作，常年往返中美两国，为微生物发展贡献自己的力量。

徐桂珍老师几十年如一日坚守宁大，迎接着一位又一位怀揣梦想的青年学子从四面八方而来，又带着知识与梦想到四面八方去。她在课余时间为学生们解答难题；她和学生们相互逗趣愉悦时光，耐心鼓励后进学子："你很聪明，考研一定考得上！"她带唇腭裂女孩去医院寻求治疗机会；她精心细致地指导学生做实验，为学生完成毕业论文助力。在学生眼里，徐老师不仅是老师，还是情绪疏导者。

曾经那个扎着马尾辫的朝气蓬勃的江南女生，如今已变成了倚窗忆当年的老人，时光从来不温柔却又将最美好的都沉淀在岁月里。每逢节日或特殊日子，徐老师总会收到许多学子祝福的信息以及问候。她把学生放在心里，当作孩子般呵护备至，用行动彰显了师者大爱。

## 脚踏实地德育传承

徐老师的丈夫陆学义，1960年与徐老师一同来宁，在宁夏大学长期从事畜牧解剖学的教学工作。夫妻二人工作都很繁忙。徐老师在次子出生仅两个月时，就将孩子送去了托儿所，又全身心地投入工作。

当时学校每周仅有一天休假日，她便上午打扫家里的卫生，下午用来备课，属于自己和家人的时间很少。尽管徐老师是妻子，是母亲，是子女，可是在"教师"二字面前，学生是大于一切的。徐老师是独生女，母亲在她年幼时便去世了，仅有父亲一人与其相依为命。自从徐老师毕业到宁夏后，由于种种原因，她很少再回到父亲身边陪伴照顾。随着生活境遇的变好，为方便照顾，徐老师将父亲从江苏迁到了宁夏。然而只有短短半个月时间，父亲病重与世长辞。说起这些，徐老师眼中浸满了遗憾的泪水。

老旧小区里，徐老师家门口水泥台上的草坪垫依旧绿意盎然，墙皮脱落的小楼也别有一番岁月静好的滋味。一间面积不大的房子里，木质的墙边框使整个屋子显得雅致沉静。墙上挂着的、桌面上压着的一张张笑容洋溢的照片，诉说着温馨与美好。从徐老师和丈夫陆老师的结婚照，到一家人的团圆照，再到徐老师孙子的结婚照，这是一种幸福的传承。徐老师优秀的子女，继承了徐老师言传身教的勤奋与踏实。

徐老师的丈夫在6年前去世，这些年徐老师都是一个人居住。"能站着就别坐着，能坐着就别躺着"，徐老师的乐观、积极远远高出了岁月给予她的羁绊。一只腿脚稍有不平的掉漆木凳，一把边角稀零的蒲扇，一个小且陈旧的手拧风机，像穿越岁月而来的老友，陪伴徐老师的日常。

"爱国爱党"，徐老师脱口而出的话语，诉说着她与国家、与党不同寻常的故事。

"没有国家，没有党，就没有我的现在……"哽咽的话语，让人不禁红了眼眶。因为自己淋了雨，所以她总想把温暖留与他人。从乌黑秀发到满头银丝，从高大挺拔到腰身佝偻，三尺讲台写尽了徐老师的辛勤付出，那是平凡一生中闪光的一道道年轮，此生不悔做教师。捧着一颗心来，不带半根草去，一生只做好一件事，这就是徐桂珍老师坚定一生的信条。

（编校：王翔）

**作者简介**

虎娟，女，宁夏大学新闻传播学院2021级学生。

# 我心目中的恩师

张　英

　　着笔此文，我不由得回想起在家乡读大学的四年学习生活。

　　经历三年极其艰辛的高考，我于1980年考入宁夏农学院。那时，心里喷发出来的十分强烈的呐喊是，我成为千万人中特别有幸的一位，终于考上大学了！我的心里充满了感恩与喜悦。让我永生难忘的是，我在大学得到了徐桂珍恩师数年的传授、教诲、关爱和引领。当时徐老师教我们1980级兽医班的动物微生物学，第一堂讲授本课程概述，她极其精彩的讲解深深地吸引了我。之后，我最期盼的就是上她的课。随着本课程的进深和与之配合的实验课的实践学习，我愈发渴慕学习微生物学。徐老师不仅课堂授课，而且亲自指导学生做微生物学实验，她让学生通过理论与实践的结合，全面地学习掌握本门学科。我自己也常常寻找机会向徐老师请教，向她问了一个又一个问题，她每一次都孜孜不倦地给予解答，非常耐心地深入浅出地引导我。在她细致的引领指导下，我几乎读遍了学院图书馆每一本微生物学参考书。老师日积月累的栽培，大大拓展了我学习微生物学的视野。

　　我在1984年毕业前一年，带着极大的憧憬和渴望，向徐老师倾吐了报考研究生的梦想。她听后格外的兴奋，向我首推她自己的母校，即原江苏农学院，现并入扬州大学。她那时的支持与勉励，使我信心

满满，激情满怀。当年，我决心报考该校著名专家方定一先生微生物学与免疫学硕士研究生。徐老师时常为我考前的准备出谋划策，并给予我很多的关爱，使我各门课程的复习格外顺利。1984年7月毕业前夕，我如愿收到江苏农学院研究生录取通知书。那时，我们师生沉浸在莫大的喜乐之中，徐老师更是喜出望外，奔走相告，一瞬间，整个校园都好似沸腾了。

十年育树，百年育人。我心目中的老师们自始至终就是心中本着这样的坚定信念，数十年如一日，为家乡建设培养栋梁之才。我现在每每回想起来，内心至深的感激与感叹是，我们有幸遇到了像徐老师这样的恩师。她大学毕业，就远离了养育自己二十几年的美丽的鱼米之乡——江苏，来到当时还非常落后的大西北，不畏艰难，勇敢向前，一辈子扎根宁夏，建设宁夏，为落后的宁夏培养了一批又一批有用之才。她以教书育人为己任，孜孜不倦，辛勤耕耘，严谨治学，务实科研，无私奉献。没有这代人这样的辛勤付出，这样巨大的献身精神，何来我们这一代的立业、发展与接棒传承？

徐桂珍老师堪称贺兰山下真正的种树人，她站在学科的前沿，融教学与研究为一体，几十年来始终如一，辛勤耕耘，无怨无悔，是当之无愧的教书育人楷模。我们后辈们当学习这种甘于奉献与牺牲的崇高精神。

徐老师，学生在遥远的他国感激您的栽培与浇灌，祝愿更多的小树在你们精神的鼓舞下成长起来。我辈当会努力向前，奋力奔跑。

（编校：王翔）

### 作者简介

张英，男，1963年5月出生于宁夏西吉县。1984年本科毕业于宁夏农学院。1987年在原江苏农学院完成硕士学位，1994年获得南京农业大学博士。1996年在中国病毒基因工程国家重点实验室完成博士后工作。现定居美国。

## 高桂英

　　女，1962年9月生。研究员（教授），硕士生导师。研究方向为生态经济理论与绿色治理。荷兰莱顿大学访问学者，宁夏回族自治区政府特殊津贴获得者，宁夏内陆开放型经济试验区专家咨询委员会委员。主持完成国家社科基金2项、参与完成多项，主持完成省级课题多项、国际合作项目多项；发表论文50余篇，出版学术专著1部、合著12部。科研成果曾获中宣部"五个一工程"奖，省部级一、二、三等奖多项。

# 我与宁夏大学

高桂英

## 一场改变命运的考试

小学，初中，高中，我一直是班里的尖子生，不仅学习成绩好，体育也好。乒乓球场有我的身影，广播站有我的声音，还是同学们信服的好班长，在同龄人中算得上是佼佼者。可是一路"骄傲"的我却在第一次高考中迎来了当头一棒！因2分之差落榜，与曾经的"雄心壮志"惜别，陷入无尽的痛苦与彷徨中。梦想有多高，失败就有多痛，多少个不眠夜泪流满面，多少个白天沉思不语。

工作还是复读？时间不等人，银川二毛厂开始招工了，抱着试试的态度，我参加了招工考试，在几千人的考试中名列前茅。可是命运又跟我开了一个玩笑，在最后体检环节，因为视力不合格，成为女工的梦想又破灭了。

无奈在临近高考的前两个月再次备战，没承想在最擅长的化学考试中又因迟到，紧张过度，发挥失常。8月的天烈日灼心，有一天我初中的班主任安老师踩着拖鞋，蹬着自行车兴高采烈地来到我家告诉我："这次榜上有名！"

几经坎坷，1980年我考入宁夏农学院（2002年并入宁夏大学）农业经济管理系，报考这个专业还是安老师给的建议，他说国家正处在经济改革的大潮中，这个专业适合你！尽管考上了大学，可没有实现我的理想和愿望，这个"好消息"并没有让我振奋起来，但终究向前迈了一步，这也算是我与宁夏大学结缘的开始。

入校后，我依然情绪低落，无心学习……秋季运动会上，因百米取得第3名，被选入校田径队，来年的春季运动会又在百米栏中夺冠！运动中获得的小小成就带给我快乐，让我慢慢地从高考的阴影中走出，开始喜欢这个环境，这个学校。丰富多彩的大学生活，让我重新振作了起来，多次被评为"三好学生""优秀团支书""优秀学生干部"。

谁都会遭遇失败，谁都会被职业挑选，但唯有知识会向所有追求者敞开大门，大好年华，要坚持，要奋斗，要为梦想而拼搏。

## 一群执着的学者

高桂英

2005年3月，我调入宁夏大学西部发展研究中心（中日国际联合研究所）工作，任主任（所长）。这是我第二次与宁夏大学结缘。作为中日国际联合研究所（以下简称中日所）的第一任所长，我见证了这个所的成立和发展，也见证了宁夏大学由弱到强的蜕变。

说到中日所，就不得不说说日本岛根大学的学者们，与他们的学术交往始于1987年，宁夏学者第一次与之合作我就参与其中。陈育宁老校长曾是我在宁夏社会科学院工作时的院长，在他的带领下，中日双方学者学术交往从未间断，我作为团队骨干从未缺席。1997年，宁夏大学与岛根大学正式签订了两校合作交流协议。2002年秋天，陈校长带领宁夏大学课题组成员，赴日本中山间地域考察，我作为成员之一，见证了两校续签协议的重要时刻。同年10月下旬，中日双方学者再次赴固原调研，晚饭后畅聊学术合作，提议共建一个研究所。

2004年3月，"中国宁夏大学·日本岛根大学国际联合研究所"在宁夏大学正式挂牌成立，我应邀出席。同年10月，经保母武彦副校长联络，陈校长利用赴日本岛根县参加学术会议之机，与在场聆听并给予学术报告高度评价的日本协力银行国际部主任桥本先生会面。经过协商，在协力银行贷款项目中，增加了建设中日所办公楼的经费。借助中日所，学校在2005—2007年间，派出23位教师，赴日高校访学交流研修或一年或半年，这是学校第一次有组织地开展国际交流。

2005年9月29日，中日所办公楼正式落成。同年12月，为了深入磋商中日所未来工作，时任副校长李星教授带队，一行9人赴日本岛根大学参加"探索东亚社会发展与环境的理想之路"国际学术研讨会，隆重纪念"中日所"的成立和办公楼的落成。借此，两校商定了"中日国际联合研究所"的框架协议。那次学术研讨，我大会报告的题目是《中国西部大开发中的退耕还林还草》。中日所一年一次的学术研讨会，曾吸引众多国内外学者参与。

一群学者长期执着的学术交往，还推进了宁夏与岛根友好区、县及友好城市之间的文化科技交流。

## 一所倍感亲切的学院

2011年学雷锋日那天（3月5日），我和王海文老师一同来到经管学院，他任书记，我任院长。我工作的内容和场景再次发生大的变化，从面对10余人到2000余名师生，压力可想而知。

我们到任面临的最大困难是学院各级各类行政管理岗位缺乏工作人员，特别是 MBA 办公室；最大考验是全体教职员工对我们的"期待"，其表现方式"五味杂陈"。

尽管学校还任命我为宁夏大学 MBA 教育中心的主任，但面试学生的那天，"回避"二字让我片刻成为"局外人"，同事们都看着我。关键时刻绝不能因为个人面子扰乱上百号人的面试工作，为了大局我带着微笑离开了现场。之后的考验接踵而至，以前申报的硕点没批是我们的责任；学院发展长期积累的矛盾是我们的责任；尽管我们奔波忙碌，没有假日，勤恳工作，仍被质疑，如此等等，委屈无处诉说，只能自行消化。

高桂英教授工作剪影

此后我们痛下决心，一定要用实际行动消除个别老师不良的"情绪"和"沟通"方式。从立好规矩，照章办事，树立良好院风入手，重大事项须通过"党政联席会议"决定；所有"评优评先"须以业绩为重；所有大型活动执行预算管理，事后逐项公布；各种遴选严格执行相关政策，力求做到"公平公正公开"。

我和海文书记、陈宏志主任搭乘夕发朝至的列车外出取经，第一站内蒙古大学管理学院，经过一整天座谈交流，内大管院郭小川院长的一句话对我触动很大，"MBA教育，你管得越严，报考人数越多！"回来严肃了MBA的上课、考试、论文答辩、招生等各个环节，果断清理了办学中的遗留问题。第二站去了厦门大学管理学院，回来在学院的资料室、4个系办公室等重要场所布设了WIFI，现在看不足为奇，但当时有网络，却是件令人羡慕的事！

从MBA教职委又争取到75万元培训费，5个学期15名教师先后赴中国人民大学、上海交通大学、厦门大学、南开大学、中山大学访学研修，打开了经管院与国内高校的合作交流。争取并设计不同项目，择优选派优秀教师和学生赴台湾铭传大学、迪拜大学、韩国又松大学访学，率先在学校开展国际合作交流。教师在提升业务能力的同时发现了自身的弱项和短板，开始将注意力集中在努力工作上，学院的"噪音"和"杂音"越来越少。

经管学院是一所让我倍感亲切的学院，是我1984年参加工作以来，投入情感和遇到问题最多的地方，清晰地记得18岁的我在宁夏农学院农经系学习的模样，机缘巧合让我又回归到培养我的院系。如今的经管院就是原宁夏农学院农经系、宁夏大学经济系、原宁夏工学院管理系三系合并而成，能在这个学院工作、奉献，对我而言是一个完美的巧合。

### 一个来之不易的考核指标

2016年5月，我又被轮岗到对外合作交流处任处长。

外事无小事。为了规范运行，我处牵头多部门协同，组织推进出台了外事工作系列管理办法，学校国际交流合作工作有了规矩。以专题会议纪要方式，批准实施了一批校、院两级不同类型的外事项目，推进扩大了师生访学研修交流、攻读博士学位、参加国际学术会议的规模。疫情前，国际交流合作经费从来没被收回过。2017年10月，为在规定期限内完成经费执行任务，不分昼夜加班加点，我的旧病美尼尔氏综合症复发，眩晕、呕吐、血压骤升，不得已住进医院。当我能坐起时，病房又成了办公的地方。

外事出访，有严格规定，"一国5天，二国8天"，必须严格遵守，如若违反，须给区外办报告说明。每次外出，当别人深夜熟睡的时候，我们在机场奔波，大多都在凌晨1点左右登机。

2017年7月，由我带队到美国密苏里州立大学评估派出的师生项目，飞到华盛顿机场，一场雷暴雨打乱了我们的第二段行程，航班一再延误后被迫取消，深更半夜机场人多只能站候。与工作人员反复协商3个小时后，改乘另一航班在凌晨4点左右飞到与密苏里州相邻的堪萨斯州一个机场，学校派车在天亮时将我们接到密苏里州立大学。简单休整后各自就进入工作状态，农学院的曹兵院长随同外方老师到远郊实习基地看望农学院学生；葡萄酒学院的党小龙书记深入学生宿舍开始问卷调查；我和冯汝源开展面上评估工作……还有一次去尼日利亚执行公务须打黄热病疫苗，我因过敏不能接种，只好持一张防疫部门开具的证明出境。到达后，合作院校出于安全考虑，派武装安保人员荷枪实弹护送至目的地。出访交流路途的艰难与危险，只有我们自己清楚。

2020年，外事工作全面铺开的关键时刻，突如其来的国内新冠肺炎疫情彻底打乱了部署，出访交流全面停止。疫情就是命令，防疫就是责任，时间就是生命。春节期间在校外籍教师怎么样？留学生安全吗？各种信息报送，报学校、社区，报自治区专班、教育厅、教育部，各种防疫方案的制定。没过几月境外疫情暴发，宁夏出现全国第一例境外输入病例，隔离工作又被提上日程。特殊时段，学校有255名师生分布在国（境）外15个国家和地区，他们的生命安全牵动着学校、牵动着每一个家庭，家长们心急如焚！我牵头制定步骤明确的"441联防联控工作机制"，我处连续奋战6个多月，致信海外师生、致函我驻外使领馆（美国、埃及、俄罗斯、马来西亚等），筹措防护用品，多次分批将学校的关心和关爱送达海外每位师生。在学校统筹安排下，包机把在美国的70多名师生、在埃及的30多名学生接回了家。233名访学师生回国有惊无险"零感染"，22名在外师生"零感染"，出色完成了"回家"的任务。

2020年，在执笔撰写学校《"十四五"国际交流合作规划》专项时，一组数据让我欣慰："十三五"累计资助师生2048人次，赴国（境）外15个国家和地区、30多所高校（研究所）进行访学研修、攻读博士学位、参加高水平国际学术会议等，其中教师719人次，本硕博学生

1329人次；引进10个国家外籍教师101人次……这是对外合作交流处2016—2019年6名工作人员4年勤恳工作的业绩。2021年在教育部"双一流"评估中，学校只有2项指标获得"比较显著"评价，"国际交流合作"就是其中之一。2022年组织申报的"宁夏大学与马来西亚彭亨大学合作举办机械工程专业本科教育项目"已被教育部予以资格认定，实现了宁夏及宁夏大学中外合作办学零的突破！

转眼间，我到宁夏大学工作17年了，教学、科研、管理取得了一些成绩，获得过一些荣誉："自治区政府特贴""自治区级优秀硕士论文指导教师""服务地方贡献奖""优秀科技工作者"……但我最看重的是2016年我离开经管学院时获得的校级"教学质量奖"，因为那是本科生对我教学的认可；让我最兴奋的是2021年在建党100周年之际获得的校级"优秀共产党员"的光荣称号，因为我把它看作是退休之前党组织对我的肯定。

一路走来，我遇到了培养我的好老师，指引我成长的好领导，相互配合的好搭档，还有一些无话不说的好朋友，在此表示衷心的感谢！

# 待工作以刚刃　待学生以真诚

## ——记宁夏大学对外合作交流处处长高桂英

纳　茹

作为一名党员干部和长期从事科技教育工作的高级知识分子，她始终对党怀有炽热的忠诚，对工作抱有高度的热忱，对学生更是无私地给予关爱，她就是现任宁夏大学对外交流合作处处长高桂英。

作为民族地区的科技教育工作者，高桂英情系西北，植根宁夏，扎实开展因地制宜、因时制宜的科研工作。无论是关系国计民生的重大课题，如："三西"扶贫开发、南部山区生态重建与生态移民、宁夏沿黄城市带建设、宁东能源化工基地发展、西部贫困地区新农村建设等，还是相对较小的研究课题，如：银川蔬菜流通体系建设、彭阳县产业扶贫合作社运行机制与体制建设研究等，她主持开展的每项课题都顺民意、接地气、结硕果、赢赞誉。一些研究成果达到了国内先进水平，促进了欠发达地区社会经济的发展。

"十三五"期间，在高桂英和同事的努力下，宁夏大学对外合作交流处制定了一整套行之有效的外事工作管理办法，外事合作交流实现了归口管理和规范化运行；她从统计工作和档案工作入手，确保宁夏大学对外合作交流处各级各类项目在执行过程中经费的使用、资助的标准等方面都有章可循；设计校院两级国际化开放办学的项目，在学校的大力支持下，保证了各类项目的顺利开展。工作之余，她坚持学习英语，不断提升业务能力，积极组织、参与国际学术交流，代表宁夏大学到国外多所高校访问，与这些高校建立了友好合作关系。

无论在哪一个岗位，高桂英总是能克服诸多困难，早出晚归，夙兴夜寐，勇于探索，甘于奉献。1984年，高桂英从宁夏大学农学院农业经济管理系毕业，先是在宁夏社会科学院工作，后来选择回到母校宁夏大学工作。在宁夏大学工作的过程中，高桂英先后在西部发展研究中心、经济管理学院、对外合作交流处担任主要领导职务并开展科研工作。西部发展研究中心还有一个平台是中日国际联合研究所，这是宁夏大学对外合作交流的第一个窗口，也可以说是对外合作的第一个平台，由此高桂英接触到了宁夏大学的对外交流诸多事务。

经济管理学院是高桂英对宁夏大学的情结生根发芽的地方。她本科毕业于原宁夏大学农学院农业经济管理系，后来农经系与其他系合并成为宁夏大学经济管理学院。从学生、学者到院长职位，高桂英见证了学院的发展壮大，并竭力将所学所能全部奉献给曾经培养她的学院。担任院长期间，她不断提升自己的管理能力、教学能力，在学院顶层设计、学科建设、科学研究、人才培养、社会服务等方面，她都亲力亲为，无私奉献，默默耕耘，几乎没有节假日。扎实的工作作风、尊重每一位师生的素养和与人为善的领导魅力，让她赢得了学院师生的高度认可和支持。

高桂英长期从事经济管理学院本科生教学工作，担任硕士研究生导师、MBA 研究生导师。她主讲硕士研究生课程农村社会学，农业经济学理论与政策，生态经济学，人口、资源与环境经济学等，主讲本科生核心课程农业经济学等。在教学中，她注重对学生自我学习能力、科研能力、人际交往能力等全方位的培养，严格要求学生，引导学生开拓研究思路，培养创新思维。她将人才培养和科学研究紧密结合，在传授专业理论知识的同时，鼓励学生积极参与到自己的科研项目中，带领学生开展了大量的文献研究和田野调查。自2006年担任导师以来，她培养学术型研究生23人，毕业研究生16人，获得硕士学位研究生16人；指导MBA毕业论文34篇。她参与编著的《走出贫困》一书，获中宣部"五个一工程"奖，受到社会的广泛赞誉。

每一年的新生开学典礼上，高桂英都会把自己的联系方式公布给学生，她的亲和力也在无形之中让学生增添了对学院的认同感和亲近感。每年9月也是她最忙的时候，晚上她经常会接到许多学生的电话，这时候，她总是耐心解答学生各种各样的问题，给予学生关怀和温暖。她始终将教书育人工作视为自己神圣的职责和使命，倾注了极大的精力和爱心。"女孩子要像淑女一样温文尔雅，因为女性走向社会就要给周围的人带去温暖；男孩子要像男子汉一样顶天立地，要有使命担当……"她用自己的言传身教，帮助学生产生良好的自我认知，助推他们的成长进步。

一些学生入校后，对专业满意度不高，有的还有心理障碍。在注意到学生的这些思想倾向时，高桂英常常主动走近学生，与学生积极沟通，疏解学生内心的不愉快。对于想要转专业的学生，高桂英总是告诉他们，先在本专业好好学习一两个月，觉得适应的话就继续留下来学习，如果还是觉得不理想，她和学院会帮助学生转进喜欢的专业。在她的疏导下，很多学生的心结解开了，踏实投入到学习中并逐渐产生了强烈的专业认同感。面对一些有心理障碍的学生，她从不刻意地去问学生有什么烦恼，而是找机会走近他们，倾听他们的心声。她总是站在母亲的角度设身处地地为学生着想，和他们沟通，帮助他们解决各种"疑难杂症"。很多学生经过她的疏解，心理压力减轻了许多，这个过程也让她收获了一种满足感。

进入经管学院不久后，高桂英发现学院每年招收的新疆学生中有些生活非常困难，便组织教师党员建立一对一关爱小组，帮助这些学

高桂英教授（左二）接受档案馆采访留影

生解决学习和生活上的问题。"曾经，我的女儿对我说过这样一句话：'我上大学的时候，如果能踏到我们院长的办公室里，那是要鼓起很大勇气的。我有问题咨询院长的时候，如果他稀里糊涂地把我打发了，那我可能要埋怨他一辈子。'这句话让我始终难以忘怀，也让我更加意识到肩上沉甸甸的责任。"她把女儿的话深深刻在了心里，时刻提醒自己要认真对待每一个学生。"一个人一生上大学的机会只有一次，对学生我不能马虎，因为没有补偿的机会。"有学生到她办公室咨询问题的时候，不管工作多么繁忙，她都会热情诚恳地接待他们。有位来自新疆的女生，家庭极为贫困，高桂英对她给予了很多关怀和鼓励，学生感动地说："高院长，您就像我的妈妈一样，更是我学习的榜样！我由衷地感激您，我一定会努力学好专业知识。"这句话深深触动着高桂英。每一次，那个学生从新疆回到学校都要给高桂英带一串马奶子葡萄，"我拿上葡萄，心里很不是滋味，心想那个孩子家里那么贫困，全程都是坐硬座赶来，一路奔波，还不忘记给我带葡萄，我真的打心底里感动，总想着也为学生奉献点什么……"说这话时，高桂英红了眼眶，笔者分明看到，从那美丽的眼睛里溢出的，满满的都是对学生的关爱。

"在院长这个岗位上，就更要为孩子们着想。"有一年，经管学院的推免研究生名额确定之后，有两位学生的推免资格出现问题，很长时间内都没有得到解决。高桂英了解到两个学生都是从南部山区困难家庭里出来的，大学四年学习成绩十分优异，"研究生推免资格可能会改变他们的命运，我一定要帮助他们。"那段时间里，高桂英在繁忙的工作之余不断奔波于经管学院和研究生院之间沟通协调。经过她的积极争取，学生的推免资格恢复了，他们十分感激高老师。这样的故事并不是个例，许多学生在面临升学、择业等选择时，都会第一时间想到向高老师求助。而每次接到学生的电话，高桂英都会积极与学生沟通，悉心指导，提供建议。

在经济管理学院工作的六年间，有许多令高桂英记忆深刻的事情，但最难忘的还是在一次迎新晚会上，和行政组的同事一起表演迎新年的舞蹈。由于平时事务繁忙，她只能抽出时间排练，在表演当天，为了演出顺利，她匆匆吃了几口饭后，在办公室里跟着舞蹈视频整整练了3个小时。表演现场，她与同事们积极配合，她优美娴熟的舞姿赢得了学生们的一片掌声……

逢年过节，高桂英都会收到来自学生们的问候，令她难以忘记的是一罐学生手工折成的千纸鹤，每个千纸鹤上都写着学生们的心里话，"老师，我非常欣赏您的服饰穿搭。""您今天开会时说的话，激励着我为自己的美好未来好好奋斗。""院长姐姐，谢谢您！"……一句句真诚的话语背后，是学生们对她发自肺腑的感激与敬重，在她看来是最大的幸福。

捧着一颗心来，不带半根草去，这便是高桂英诲人不倦、无私奉献的品格。这种无私伟大的爱给了每一位学生温暖和力量，促使学生为实现自己的人生追求不断努力，满载着沉甸甸的收获，扬帆远航，驶向理想的彼岸。

（编校：张惠）

# 一朝沐杏雨　终身念师恩

## ——我的导师高桂英

侯修升

第一次见到高桂英老师是2011年3月，宁夏大学经济管理学院迎来了一位女院长，作为大一新生的我看着高老师，感觉是那么大方优雅。当时的我怎么也想不到以后会成为她的研究生，更没想到能够一直在老师的教导中求学、就业、工作、成长。一朝沐杏雨，终身念师恩，当年懵懂的少年学子在高老师春蚕蜡炬般的关爱下，已成长为大人模样，我真心感谢我的导师。

## 入学导师

和高桂英老师的第一次近距离接触，是我最焦虑无助的时候。2014年初，我全力以赴准备研究生考试，虽然过了国家线，但是却没有通过学校的自主划线。因为一直备战考研也没有考虑就业，学习、就业均遥不可及，孤立无望是我当时最大的感受。我想能不能调剂回到宁夏大学经济管理学院，于是在研究生院即将公布调剂方案的那天，我战战兢兢敲响了高老师办公室的门。打开门的那一刻，我看到的是身体虚弱、声音低沉的高老师，不知所措的我还是把自己的个人简历、实际情况和调剂愿望告诉了高老师。可能是因为不想看到任何一名学生失去继续求学的机会，也可能是因为不忍心看到一名学生的万般无助，高老师立即和研究生院沟通协调，最后研究生院按程序接受了我的调剂申请。

得到调剂机会的我，认真准备研究生复试，最终被农业经济管理专业录取。研究生入学报到后，我选择了高桂英老师作为我的指导老师。当我提起调剂时学生的窘迫和老师的帮助时，高老师才想起我。后来我才知道，高老师那天美尼尔氏综合症发作，因为长期劳累而产生眩晕和耳鸣，是在身体极度不适的情况下帮助了我，然后当天下午她就住进了医院。随着我与高老师接触增多，才知道高老师不求回报地帮助过很多学生，尤其在当时外校保研环境并不宽松的时期，想方设法帮助家庭困难的学生保送原籍学校，在名额分配不均的时候极力推荐符合条件的学生，而我只是其中的一员。高老师对学生的这份爱心让我极为感动。

## 学业导师

如果说本科时期高桂英老师给我印象最多的是作为院长的管理者身份，那么研究生时期，高老师让我真正看到了她作为一名学者的治学严谨、博学慎思。高老师作为专业技术二级岗研究员，先后在宁夏社会科学院、宁夏大学西部发展研究中心、中日国际联合研究所和经济管理学院从事科研教学工作，长期致力于农业经济、区域发展和人口资源环境经济研究，发表论文50余篇，主持完成国家社科基金2项、省部级课题多项，主编参编出版学术著作13部，参与研究的《走出贫困》一书获中宣部"五个一工程"奖，2015年荣获宁夏政府特殊津贴。这些科研成就来自她孜孜不倦的学术追求，更来自自我加压和知识沉淀。高老师多次同时主持两三项课题，忙碌时甚至可以左右开弓，不同桌子放上不同的项目，思路断了的时候就换到另外一张桌子，通过切换研究来发散思维、激活灵感。

高老师学术涉猎广泛、博学多识，给我们上课往往能从一个知识点发散讲述一整节课，难以想象在20世纪八九十年代互联网还未普及的时候高老师查找资料需要翻阅多少如山的文献。高老师治学严谨、细致严格，让我记忆犹新的是我们在形容产业重要性时往往会表述为"支柱产业"，而高老师曾纠正能被称为"支柱产业"的标准需达到地区 GDP 总额的5%以上，一斑窥豹，类似指导不胜枚举。高老师注重田野、鼓励调研，鼓励未经世事的学生走出校门开展田野调查，教会我们如何在调研中听到真实的声音。高老师早年曾在原固原县官亭乡以"乒乓外交"的方式和村干部村民们打成一片，获得了宝贵的一手资料，让人忍俊不禁的同时感叹她的聪敏机智。在高老师的影响和指导下，我在研究生期间发表论文5篇，包括英文论文刊1篇，主持完成了1项研究生创新课题，获得了国家奖学金。

## 工作导师

除了学业上的指导，高桂英老师早在上学期间就开始培养我们的社会实践能力。研二的时候，我和另外一位高老师的研究生开始在经济管理学院硕士点办公室实习。硕士点办公室紧挨着院长办公室，让我们能够更直观地观察高老师的办事方式和行政能力。高老师作为经济管理学院的院长，办事从不拖泥带水，对工作负责有担当，讲究原则的同时对学院教师关怀备至，带领经济管理学院获得了自治区"三八红旗集体"荣誉称号。跟着高老师我接触了公文写作、材料整理、稿件校对、课题账务管理、承办学术会议的工作，为我参加工作打下了良好的基础。2017年我在参加宁夏回族自治区选调生的考试中，获

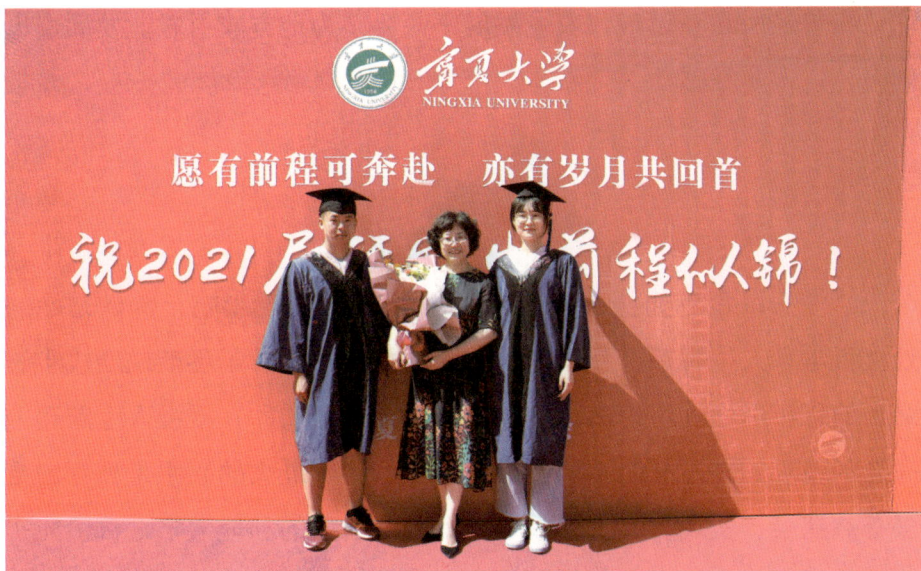

高桂英教授（中）与硕士毕业生合影

得了笔试成绩全区第一、综合成绩全考场第一的好成绩，这个成绩离不开高老师的言传身教。

然而，我的工作选择其实有悖于高老师的愿望，也让我一度愧疚不安。研三下学期的时候我准备了雅思考试，在高老师的推荐下我也顺利通过了日本岛根大学博士生导师的面试。但是在面对选调生考试取得好成绩的时候，由于个人因素我最终放弃了出国读博的机会，让高老师感觉很遗憾。高老师曾告诉过我选调生需要沉到最基层，工作非常辛苦。但是看到我的坚持后，高老师转而又开始关心起我的工作成长。

"经师易遇，人师难遭。"工作以后，每当遇到困惑和迷茫的时候我总会想找高老师寻求帮助，在高老师那里也总能找到答案。工作4年多我先后在不同的村、乡镇和机关任职，摸爬滚打的过程中，高老师教会了我如何和干部群众打交道，教会了我如何应对棘手复杂的工作，教会了我为人处世的原则和灵活变通的方法，让我在繁多芜杂的社会大课堂中保持着独立人格和创造精神。高老师更是无偿受邀参加了我曾经所在乡镇现代农业发展座谈会，为地方农村农业发展出谋划策，让人非常感动。

## 人生导师

"授人以鱼不如授人以渔"，高桂英老师对我影响至深的是她的处世哲学和人生智慧，帮助我从踽踽独行的求学游子逐渐蜕变成步履踏实的青年后生。坦坦荡荡是高老师的高贵品质，在漫漫人生路途上高老师追求的并不是荣誉加身或仕途高歌，她最大的心愿是教育出更多有益社会、实现自我价值的学生，是奉献型的利他人格。自信充实是难能可贵的人格修养，高老师的自信端庄来自道德追求过程中的行动自觉，她总有用不完的精力，从不抱怨也从不懈怠，毫不放松自我学习和自我充电，到现在高老师还保持着每天学习英语的习惯。行稳致远是高老师的行事准则也是对我的殷切教导，能够在生活事业中处变不惊、笃定前行需要超然的人生体悟，我也曾一度因为工作而情绪波动，是高老师一句行稳致远的鼓励，以及她自身的经历事迹，时刻提醒我戒骄戒躁、慎始敬终。

高老师的美好品质无时无刻不在影响着我，也影响着我的家人。2021年初在我爱人就读博士研究生第四年的时候，博士毕业论文撰写尚未动笔，论文发表、就业、收入、生育等问题需要考虑但是又力所不能及，非常焦虑。我带上爱人一起拜访高老师，高老师给我爱人上了一堂坚定信心、排除杂念的思想课，教她如何制定写作任务时间表。和高老师谈心后我能明显感觉到爱人的焦虑感在逐渐减少，过春节期间都在埋头写作，最终顺利通过答辩，获得了博士帽的拨穗。高老师带给人的一直都不是压力或压力后的烦躁，而是对焦急无助情绪的抚慰和鼓励，这是润物细无声的教育方式，更是高老师人格魅力带来潜移默化的影响，我一直都在受益。

在中国共产党成立100周年的特殊年份里，高桂英老师获得了宁夏大学优秀共产党员的荣誉，而我也获得了银川市优秀党务工作者的荣誉，并在银川市"两优一先"表彰大会上作为代表发言。师生间遥相呼应，而只有我自己明白这种师生呼应联系的背后，凝结着高老师作为人师对于弟子人生的无私指引。

（编校：周佩）

作者简介

侯修升，山东枣庄人，2014届宁夏大学经济管理学院工商管理专业学生，2017届宁夏大学经济管理学院农业经济管理专业研究生。

## 梁向明

宁夏彭阳人，1962年9月生。先后毕业于北京师范大学、中央民族大学。历史学博士，二级教授，博士生导师。曾任宁夏大学人文学院党委书记、副院长，宁夏大学图书馆馆长、宁夏大学教育学院院长等职，现任宁夏大学回族研究院院长，"民族社会学"博士学位点负责人、"民族社会学"硕士学位点负责人。兼任国家社科基金项目通讯评审专家、教育部人文社科研究项目通讯评审专家、宁夏社科规划项目评审专家、宁夏高校研究项目评审专家等。中央民族大学、宁夏社会主义学院、宁夏师范学院兼职教授，宁夏社会科学院兼职研究员。系中国民族史学会常务理事、中国民族伦理学会常务理事、宁夏伦理学会副会长、宁夏旅游学会副会长、宁夏图书馆学会副理事长、宁夏回族学会副会长。主要从事专业为"民族社会学"，研究方向为"民族文化与社会发展研究"。出版4部个人学术专著，主编5部，合著12部，发表学术论文108篇，其中近20篇为人大报刊复印资料《民族研究》《宗教》《中国哲学史》《中国经济史》《中国古代史》及《全国高等学校文科学报文摘》等权威学术期刊全文转载。主持完成各类科研项目24项，其中，主持完成国家社会科学基金项目4项，国家社会科学基金重大项目子课题2项，教育部研究课题2项，宁夏社会科学规划项目4项，宁夏高校研究项目5项，横向委托课题5项。20余项研究成果获省部级一、二等奖奖励。

# 我的大学情结

梁向明

我1962年9月出生于宁夏固原县一个地道的农民家庭，读小学和初中时正值20世纪六七十年代，正常的教学活动受到很大冲击。1978年，固原一中面向全县招收农村班，我有幸考入。固原一中始建于清朝光绪年间，时称"五原书院"，1958年更名为"固原中学"，1963年被确定为自治区重点中学。学校办学历史悠久，基础设施齐全，师资力量雄厚，特别是这里汇集了一批20世纪五六十年代国内名校毕业的优秀教师，加之我们是新中国成立后该校招收的第一届农村学生，家庭条件普遍较差，"跳出农门"的愿望强烈，整体学风较好。经过两年勤学苦读，1980年9月，我以优异成绩考入北京师范大学历史系。1984年7月大学毕业后，我返回家乡宁夏，被分配到固原师范专科学校（现宁夏师范学院）任教，正式成为一名大学教师。

刚到固原师专工作时，由于没有对口专业，学校先安排我在教务处师资科工作，后调入马列教研室给中文系一年级学生和少数民族预科生讲授中国近代史课。1988年政史系获批招生后，我开始讲授中国古代史、历史文选等专业课，并担任首届班主任。1991年6月，校党委任命我为政史系副主任，负责教学科研和学生管理工作。1993年11月，自治区党委组织部任命我为政史系党总支书记兼副主任。

从1984年到1994年，我在固原师范专科学校整整工作了10年。在此期间，我除了承担繁重的教学任务和处理行政事务外，还利用业余时间从事自己喜爱的科研工作，先后发表了10余篇学术论文，其中6篇被《先秦·秦汉史》《中国古代史》《经济史》《中国哲学史》《全国高等学校文科学报文摘》等权威学术期刊转载，多项研究成果获学校和自治区一、二等奖。

1994年11月，因工作需要，我调入宁夏教育学院（银川师范专科学校）政史系任教，不久即被校党委任命为系党总支副书记、副主任，主持党政全面工作。在宁夏教育学院（银川师专）工作期间，我主要承担政史系、中文系成人本科脱产班中国通史及政史系全日制专科生中国古代史这几门课程的教学工作。因教育学院是成人高校，相当一部分学员是非全日制学生，平时在各自所在学校上班，只有寒暑假才到学校集中授课，所以，我几乎每个假期都要给成人函授生主讲1—2门专业课。

1997年12月，原宁夏大学、宁夏工学院、宁夏教育学院等高校合并组建新的宁夏大学，原宁夏教育学院政史系与原宁夏大学政法系合

梁向明教授（第四排右五）大学本科毕业照

并组建成新的宁夏大学政法系，我仍担任党总支副书记、副主任。考虑到我的学科专业背景，1999年3月，校党委任命我为宁夏大学历史系副主任，分管教学和科研工作。2000年，我申请获批了第一个国家社科基金项目——"宁夏旅游业发展战略研究"。这是我主持的第一个国家层面研究课题，也是当年宁夏大学获批的唯一一项国家社科基金项目。时任自治区政协副主席，宁夏大学党委书记、校长的陈育宁教授特意以该课题为例，为全校教学科研骨干做了国家社科基金辅导报告。2001年8月，我破格晋升为教授。同年10月，我被遴选为"民族学"专业首批硕士研究生导师，开始培养研究生。

2002年1月，学校进行学院制改革，原宁夏大学中文系、历史系和回族研究中心合并组建人文学院，我被任命为副院长，直至2006年11月调离。在此期间，我先后分管过科学研究、学科建设、研究生教育、图书资料建设和社会服务等工作。

2006年11月，校党委任命我为宁夏大学图书馆馆长。在此之前，图书馆馆长都是从长期在图书馆工作的处级干部中产生，我是宁夏大学图书馆历史上由非图情专业背景教授担任馆长的第一人。

2011年9月，我再度回到人文学院，担任党委书记。与我搭班子的是文学评论家郎伟教授（现宁夏大学副校长）。我在人文学院工作时间较短，前后不到两年时间。在此期间，我和郎伟院长精诚团结，密切配合，积极谋划学院的建设和发展。一是整合院内学术资源，成立中国语言文学研究中心、旅游文化研究中心等内设研究机构，推动学科良性发展。二是与贺兰山岩画管理处、沙湖旅游景区等企事业单位签订合作协议，建立教学科研实践基地，主动开展社会服务。三是创办"倡导人文情怀、展现人文气质、服务人文师生"的综合性杂志——《年轮》，为师生发表学术成果和文学作品搭建平台；创办"博学杯"研究生学术论文大赛品牌，培养研究生的科研意识和研究能力。

2012年1月，我被遴选为"民族学"专业博士研究生导师，开始指导和培养博士研究生。2014年，因学校学位点建设的需要，我开始招收"民族社会学"专业博士研究生和"民族社会学"专业硕士研究生，并担任两个学位点负责人。2013年1月，我被自治区党委组织部、自治区人社厅聘为首批二级教授。2012年9月，我当选为宁夏大学党委委员，直至2019年9月任期届满。

2015年12月，校党委任命我为教育学院院长。我和院班子成员抓住西部一流大学和一流学科建设的难得历史机遇，积极争取各类建设项目，特别是"教师教育"专业被列为学校"10+1"西部一流学科建设行列，每年给予200万元—400万元不等的建设经费，为学院办学条件改善、师资队伍水平提高和学科整体实力增强创造了条件，学院发展开始步入快车道。2019年10月，因工作需要，我再度奉调到回族研究院，受聘担任院长。

在我求学和治学生涯中，有三位学者对我影响至大：一位是我学术研究的启蒙老师、著名历史学家白寿彝先生，一位是我读博期间的恩师李桂芝先生，还有一位是我读博时的授课老师金宜久先生。

白寿彝先生是享誉中外的著名历史学家。我20世纪80年代初在北京师范大学历史系就读时，有幸聆听过先生的教诲。白先生当时担任历史系主任，有多种学术头衔和社会兼职，日常事务非常繁忙，但他仍坚持给本科生授课。他当时以专题讲座形式开了一门中国史学史选修课，由他和助手瞿林东先生共同讲授。他在讲座中以王国维在《人间词话》中提出的治学"三境界"教诲我们："昨夜西风凋碧树，独上高楼，望尽天涯路"，就是说开始做学问阶段，唯有不畏孤独寂寞，才能学有所成；"衣带渐宽终不悔，为伊消得人憔悴"，即努力钻研、耗尽心血的阶段，即便瘦了也不觉后悔；"众里寻他千百度，蓦然回首，那人却在灯火阑珊处"，如此即可达到豁然开朗的境界。他还以司马迁在《史记·报任安书》中的名言"究天人之际，通古今之变，成一家之言"教导我们，唯有广泛涉猎，打好通史基础，探究"天人"

即自然与社会之间的关系，方能在学术上有所成就。白先生的上述教诲，犹如一盏指路"明灯"，照亮了我日后教学科研之路，使我终身受用。

李桂芝先生是我在中央民族大学历史文化学院攻读博士学位时的恩师，既是我的学术导师，更是我的人生导师。李先生是研究北方民族史的著名专家，尤擅治辽史。恩师为人谦和，平易近人，不但教会我如何治学，而且教会我如何做人。先生扎实的学术功底，严谨的治学态度，高洁的道德品行，使我获益良多。与师接触，如沐春风，使我终身难忘。

读博期间，我有幸结识了我国著名伊斯兰教研究专家金宜久先生。金先生早年毕业于北京大学哲学系，1964年奉调到中国社会科学院世界宗教研究所从事伊斯兰教研究，曾在埃及开罗大学进修阿拉伯语。他当时是中央民族大学兼职教授、博士生导师，给我讲授中国伊斯兰教研究选修课。我与"宗教学"专业3位学弟学妹每周乘公交到位于北京市西城区西直门南大街官园的先生寓所，聆听先生耳提面命。先生授课中的哲学思维对我治学启发颇大。从某种程度上可以说，我日后完成的多部学术著作和研究成果都或多或少受到过先生学术思想和治学方法的影响。

# 俯首甘为孺子牛　不失初来赤子心

## ——记宁夏大学梁向明教授

刘　娇

1980年9月，梁向明以宁夏固原地区（现宁夏固原市）高考文科第一名、宁夏高考文科第二名的优异成绩考入北京师范大学历史系。大学生活中，遨游书海、埋头苦读是他的常态。1984年7月，他学成归来，回到了生他养他的宁夏固原。问及重返家乡的原因时，他坦率地说："我来自宁夏，打算毕业后为家乡做点事情，希望回宁夏当一名大学老师。"当时，建校不久的宁夏固原师范专科学校（现宁夏师范学院）亟需师资，时任校长亲自找自治区教育厅领导"求援"，希望把从固原走出去的梁向明分配到该校任教。就这样，梁向明于1984年大学毕业后，返回宁夏固原师专任教。自此，开始了他近40年的教书育人生涯。

### 独上高楼，望尽天涯路

在求学的路上，梁向明一直以谦卑的姿态不断向知识表达着自己的渴求。"活到老，学到老"的朴素信念在他心中深深扎根。1984年大学毕业后，他就有考研深造的想法，但苦于教学科研任务繁重，一直未能如愿。2001年，他被遴选为"民族学"专业首批研究生导师，开始指导研究生。此时，他深感自己所学已无法满足和适应研究生培养的需要，亟需提升。加之周围不少同事已考取或正在积极备考博士研究生，特别是长他4岁的一位同事考取博士对他触动很大，更坚定了他考博的信念。2003年，已过不惑之年且已是教授身份的他，决定以同等学力身份报考博士研究生。对他来说，专业不是问题，最大的拦路虎是英语。毕竟他读中学的20世纪70年代末，正值改革开放初期，国门刚刚打开，外语师资极度匮乏，社会上尚未形成学习外语的风气，民众的外语水平普遍较低。当时高中是两年学制，他只是在固原一中读高一时勉强学过一年英语，高二文理分科后就再未开设过英语课。他的英语基础主要是20世纪80年代初在北师大读书时打下的。报考"985"高校博士研究生时，要与比他年少10多岁的考生同场竞技，困难可想而知。为了攻克英语考试这道难关，他牺牲周末和节假日，花费了比常人多得多的时间和精力，背单词，练听力，做习题……整整做了3大本英语习题集。最终事实充分证明，努力比天赋更重要。考研成绩公布后，他的英语分数比很多小他10多岁的年轻人都高！自此，他登上了学问的又一层高楼。站于高层览观美景，教书育人再进一步。

## 衣带渐宽终不悔，为伊消得人憔悴

2006年11月，校党委任命梁向明为宁夏大学图书馆馆长。当时正值宁夏大学建设新校区的关键时期，学校经费极度紧张，图书馆工作举步维艰，纸本图书和电子文献资源的购置在很长一段时间几乎处于停滞状态。为了给师生提供更多的学习资源，他多次与教育部高教司教学条件处、全国高校图工委领导沟通，终于在2007年7月将宁夏大学图书馆送入教育部高校图工委成员馆大门，进入了全国高校图书馆的"国家队"，为宁夏大学广大师生享用更多免费文献信息资源提供

梁向明教授（左三）2010年9月在北京大学图书馆接受教育部"中国高等教育文献保障系统（CALIS）宁夏文献信息服务中心"授牌

了平台和渠道。

　　经过梁向明的多方争取和反复沟通，宁夏大学图书馆于2010年5月被教育部"中国高等教育文献保障系统"（简称CALIS）批准为"CALIS宁夏文献信息服务中心"，使宁夏大学图书馆真正成为宁夏高校图书馆的"龙头老大"。

　　梁向明担任宁夏大学图书馆馆长期间，还以宁夏高校图工委主任的身份，多次主持召开全区高校图工委会议，与全区10多所本科高校和高职院校共商联合购买中国知网（CNKI）网络数据库、文献资源共享、馆际互借、文献传递等重大问题，既满足了宁夏大学广大师生对文献信息资源的需求，服务了学校的教学科研和学科建设，又在一定程度上解决了宁夏其他高校图书馆纸本文献资源短缺、电子文献资源数量不足等问题。

　　因工作需要，2015年12月，校党委任命梁向明为教育学院院长。他到任后，与班子成员通力合作，在学科建设、人才培养、学位点建设及师生国际化等方面做了大量卓有成效的工作。经过他的积极争取，

"教师教育"专业被列为"10+1"西部一流学科建设行列，每年给予200万元—400万元不等的学科建设经费。经过5年持续建设，学院的基础设施和办学条件得到极大改善，师资队伍水平和学科整体实力有明显增强，国际化水平有了长足进步。

为了提高学院师生的国际化水平，梁向明多次与自治区教育厅和学校相关领导沟通，组织申报教育厅及学校师生访学项目，多方争取访学经费，并先后与美国密苏里州立大学、马萨诸塞州立大学波士顿分校、英国哈德斯菲尔德大学等高校建立合作关系。经过近5年的不懈努力，学院具有海外经历的教师和学生实现了"零"的突破，出国访学10个月以上教师占到专任教师总数的12.5%，学生的国际化比例达到12%。

梁向明担任教育学院院长期间，始终把师资队伍建设，特别是高层次人才引进和培养作为学院工作的重中之重。针对学院博士比例偏低、师资短缺的实际，他采取两条腿走路的策略：一方面立足自身培养，积极鼓励和支持年轻教师在职攻读博士学位；另一方面，主动出击，通过多种方式和渠道，与北京师范大学、东北师范大学、西南大学等国内著名师范院校联系，请他们帮助推荐优秀博士毕业生。5年间，学院择优引进优秀博士10名，具有博士学位教师占专任教师的比例从"十二五"末的32%增至"十三五"末的49%，教师的学历层次、学缘结构、职称结构和年龄结构渐趋合理。此外，学院还柔性引进特聘教授1人，海归教育博士1人。

为提升学院的科研层次和研究水平，梁向明带领院班子一班人，举全院之力，于2018年6月成功申请获批宁夏新型高校智库——"宁夏教育发展研究中心"，结束了学院没有省级科研平台的历史，为学院学科建设、科学研究和社会服务创造条件。

## 蓦然回首，那人却在灯火阑珊处

迄今为止，梁向明已在教书育人这条道路上前行了近40年。面对学术研究这座巍峨"高山"，他一直朝着峰顶不断攀爬，向着"会当凌绝顶，一览众山小"的境地迈进。

1984年大学毕业后，梁向明即长期在宁夏高校从事教学研究工作。2001年8月，39岁的他被破格晋升为教授，并被选聘为"民族学"专业首批研究生导师；2012年1月，他被选聘为博士研究生导师；2013年1月，他被自治区党委组织部、自治区人社厅选聘为首批二级教授。他身上有多种学术兼职：国家社科基金项目通讯评审专家、教育部人文社科研究项目通讯评审专家、宁夏社科规划项目评审专家、宁夏旅游学会副会长、宁夏伦理学会副会长、宁夏回族学会副会长、宁夏图书馆学会副理事长等。

38年来，他的学术研究主要聚焦在两大领域：一是中国古代史；

梁向明教授（右五）与毕业生合影

二是民族历史文化与社会发展，特别是宁夏文化旅游。

在北师大历史系求学期间，他曾聆听过唐赞功先生开设的秦汉史专题研究选修课，对秦汉史产生了浓厚兴趣。大学毕业后的一段时间，他一直专注于秦汉史研究，先后发表了近20篇学术论文。1997年调入宁夏教育学院（银川师专）任教后，他受邀参加了一项自治区民族文化研究的科研项目。自此之后，他的学术研究方向开始从中国古代史转向民族历史文化与社会发展研究。他出版的多部学术专著、发表的百余篇学术论文、主持完成的20余项科研课题，大多是围绕这两大领域展开的。

自1985年在《固原师专学报》（现《宁夏师范学院学报》）发表第一篇学术论文迄今，梁向明已在各类学术期刊上公开发表学术论文108篇，出版个人学术专著4部，主编学术著作5部，与人合著12部，另有2部个人学术著作已完成书稿，待正式结题后即可付梓出版。

梁向明先后主持完成各级各类科研课题24项。其中，2项课题的研究成果得到匿名评审专家的较高评价，被国家社科基金规划办评为"优秀"等次。2021年，他又成功申请获批国家社科基金项目——"黄河甘宁青段文旅深度融合与高质量发展路径研究"。该课题计划于2026年完成。

在近40年的教学生涯中，梁向明先后给本科生、硕士研究生和博士研究生主讲过多门专业基础课和任意选修课。他在北师大学的是师范教育专业，掌握了系统的学科理论和教学方法，在授课中得心应手，游刃有余，颇受学生欢迎。在他看来，教师要有高度的责任心和高尚的情怀，时刻关爱学生，尊重学生，做到教学相长。他坚守自己在北师大读书时接受的"学为人师，行为世范"的信条，在从事教学和指导研究生过程中，以身作则，言传身教。他培养的60多名博士研究生和硕士研究生，大多活跃在高校、科研院所和党政机关，许多人已学有所成，成为所在单位的业务骨干和中坚力量。

"作为一名长期在这里工作、学习和生活的宁大人，我衷心祝愿学校能够抢抓'双一流'建设和'部区合建'的重大历史机遇，坚持特色发展、创新发展和高质量发展，立足新起点，实现新跨越，早日把学校建设成区域特色鲜明、服务地方能力突出的西部一流大学。"谈起自己的愿望，这个温文尔雅的知识分子，脱口而出的是自己对学校的满满祝福与殷切期望。

（编校：刘晔）

# 我的偶像爸爸

梁晓雪

每个人对爸爸都有不同的定义。于我而言，爸爸是我最崇拜的人。别人追星，而我则是爸爸的"小迷妹"。每次朋友或同事问起我的爸爸，我都会自豪地说："博士，教授，博导！"言语中充满着对爸爸的崇拜和敬仰之情。在家庭生活中，他关爱家人，任劳任怨，是一个称职的丈夫和慈祥的父亲；在学术研究中，他一丝不苟，孜孜不倦，是一位学有所成的学者；在同事眼中，他为人谦和，受人尊敬，是一个很好的合作者；在学生心目中，他治学严谨，循循善诱，是一位学识渊博的师长。

全家在欧洲旅行时合影（中间为梁向明教授，左边是他的爱人黄淑萍，右边是他的女儿梁晓雪）

爸爸性格沉稳内敛，很少给我讲小时候的事情。我对他早年经历的认知主要来自于妈妈。爸爸出身于宁南山区农民家庭，幼时家境贫

寒，生活艰难。但爸爸并未自我沉沦，反而从小志存高远，勤学苦读，是同学眼中的"书呆子"和"学霸"。他虽然天赋平平，却最终凭借寒窗苦读和脚踏实地，以优异成绩考入北京师范大学！听妈妈说，爸爸当年考取北师大，曾在他就读的中学和家乡引起过不小的轰动！

都说女儿像爸爸，我自然也不例外。隐藏在骨子里的性格密码，早已深深镌刻在我的基因当中。跟同龄人比起来，我可能并不是最聪明的那个，但我永远是最勤奋的那个。我在学习上的劲头绝对是遗传了爸爸的基因，且一路追随他的脚步：考上名校，硕士提前毕业，留校工作，继而又攻读博士，获得博士学位。而我这一路之所以如此坚定，最大的动力大概就是源于爸爸的"表率"作用。

爸爸前进的脚步从来没有停止过。即便在高校工作20年后，稳定的工作，安逸的生活，也并未磨灭他的求知欲和进取心。尽管已过不惑之年，且已评上教授，当了研究生导师，在同事眼里已属成功人士，但爸爸依然抱着"活到老，学到老"的信念，毅然决然决定攻读博士学位，进一步提升自己。2004年如愿考上博士后，他再度前往北京求学，开启了他人生的又一重要历程。当时我即将高考，看着已经如此"高龄"的爸爸都没有停下前进的脚步，我怎能掉链子！尽管爸爸没能一直陪伴在我和妈妈身边，但言传身教、以身作则好过毫无意义的陪伴。正是在爸爸的熏陶和影响下，我最终以优异的成绩，毫无悬念地考上了自己心仪的大学。

学历史的人有一个特质，就是严谨。因为历史研究讲究史料出处和史实考证，重视文献记录和档案整理。爸爸在北师大读的是历史专业。该专业的特点在他身上体现得淋漓尽致！我家有个厚厚的黑色笔记本，是爸爸早年零零星星记载的"家史"。我小时候经常喜欢翻出来偷看。在电脑尚未普及的年代，爸爸以编写史书的态度，用一手帅气工整的楷书记录"家史"，我自然是其中的"主角"。此处随便截取一段：

1989年12月28日，星期六

半年过去了，女儿在各方面都变化极大。她现在一岁零一个多月，上了固原师专托儿所。在托儿所，她跟阿姨学了不少东西：不但会唱歌（已能完整地唱出"我在马路边，捡到一分钱……""我们的祖国是花园……""你从哪里来……"等歌词），会背诵几首古诗词（如"锄禾日当午……""两个黄鹂鸣翠柳……"等，这全是她妈妈的功劳），还能哼唱几句儿歌（如"小手绢四方方，天天带在我身上……"）。女儿的记性很好，别人读一遍，她就能记得很牢。看过感兴趣的电视节目，她都会记住（如《恐龙特急克塞号》中的各种恐龙等）。有时你以为她是个小大人：拿上一本书，踩上小凳子，坐在沙发上，嘴里念念有词；有时则拿上一支笔，趴在茶几上独自"写字""绘画"。女儿识物的能力很强，现在已能说出许多熟悉的物体名称，分辨出见过的各种家畜和动物，就连托儿所七个小朋友的名字也能一一叫出来。女儿曾因感冒咳嗽患上气管炎，需要打青霉素。小孩毕竟是小孩，对痛还是很惧怕的，每次打针都声嘶力竭地大哭，还边哭边骂打针的医生。妻子不忍心看爱女痛哭时的情景，总让我带着去打针……

学历史的人对细节极为讲究，做事谨慎，考虑周全。这一特点在爸爸身上得到了充分印证。从小到大，但凡出门，全家人所有的打包事宜都由爸爸负责。他会在每次出发前列好物品清单，预想一切有可能出现的突发状况，并予以万全准备。我从小就习惯了有爸爸兜底的生活，直到自己婚后遇上一个"粗心"的老公，才意识到爸爸在这方面的细致用心实在无人能及！当然，每种性格都有其正反两面。我和妈妈经常诉病爸爸"啰唆",因为他每次在陈述一件事时,总如写史一般,将事情的来龙去脉回溯和铺垫一遍。在他看来,这是在追求精准、无误,而在我们这些只注重结果而忽视过程的人看来,这无疑是"啰唆"!有时听到他跟别人打电话,妈妈总忍不住比画各种手势,示意他尽量简短些,尽管这样做并没有太大作用。

因教学科研业绩突出,爸爸不到40岁就破格晋升为教授,还被遴选为研究生导师,开始指导和培养研究生。爸爸为人可亲,待人谦卑,心思单纯,不擅人情世故,从不愿麻烦别人。有几次他生病住院手术,反复叮嘱我和妈妈务必严守口风,唯恐亲友、同事和学生知晓后探视。

爸爸对于学术的执着,更体现在对学生认真负责的态度上。每次我回银川,或者爸妈到上海,只要有时间,他总会钻进书房,一字一句地修改研究生论文。我曾经看到他给博士生修改的论文,厚厚一本文稿,标满了红笔写就的各种修改意见,甚至连错别字、标点符号这样的细微之处都会一一指出。

爸爸平日工作繁忙,给家人的印象是个"书呆子",但他其实是一个兴趣比较广泛的人。爸爸年轻时是一名运动健将,尤其擅长中长跑。在北师大读书时,他屡次代表历史系参加学校越野赛,并曾获得过全校第10名的好成绩!在固原师专工作期间,他多次参加学校教职工运动会,还曾代表学校参加过一次宁夏高校教职工运动会。我读小学和初中时,他经常教我打羽毛球、乒乓球,不厌其烦地教我下围棋、滑旱冰。在督促和陪伴我练习小提琴的过程中,他对西洋乐也产生了兴趣。初为人母后,我才知道教小孩子学习新技能是需要极大耐心的!

随着年岁的增长,爸爸的身体已大不如前:两鬓的白发越来越多。由于长期伏案写作,他的视力下降得特别厉害!我和妈妈都很心疼他,劝他早日退休,享受天伦之乐,但他总说课题尚未完成,还有十几个研究生没有毕业。爸爸59岁生日来临之际,他申报的2021年度国家社科基金项目获准立项,这已是他主持的第四个国家级科研课题，也是他临退休前收到的一份特殊的生日礼物！我为他感到由衷的高兴！衷心祝愿爸爸身体健康，生活幸福，学术青春常在！

（编校：王翔）

### 作者简介

梁晓雪，女，1987年生，宁夏银川人，文学博士。本科、硕士、博士均毕业于上海外国语大学英语学院。现供职于上海外国语大学对外合作交流处。

## 谢应忠

　　1961年10月生，陕西榆林人，中共党员，博士研究生学历，林学博士学位，教授，1986年10月参加工作。先后就读于西北农林科技大学、德国法兰克福大学，获哲学与自然科学博士学位。现任宁夏大学副校长、教授、博士研究生导师，兼任宁夏生态学会理事长、宁夏草原学会理事长、中国草学会常务理事、中国生态学会理事。国家"百千万"人才工程人选。主要从事干旱半干旱农牧交错带草地资源、生态与环境领域的研究和教学工作。先后主持承担各类课题9项，获得宁夏科技进步一、二、三等奖各1项，发表学术论文50余篇，其中SCI收录2篇，出版教科书及学术专著4部。

# 传道授业勤耕耘

谢应忠

## 良师相伴好启程

1986年11月，我顺利完成了西北农林科技大学的硕士研究生学业。那个时代，读研的人少，我的同学们早已投身到火热的工作和生活之中，我自然不甘总待在校园中。带着对工作的憧憬和简单的行囊，我离开陕西杨凌乘坐火车奔向了新的目的地——宁夏银川。一出火车站，银川的寒冷先给了我一个下马威。待转了几趟公交，花了3个多小时到达宁夏农学院时，脚冻得快站不住了。黄土操场，低矮的平房与我想象中的大学校园有不小的差距。简单安顿后，我正式到系里报到上班。可能是因为我是来系里任教的第一位研究生，系主任李玉鼎老师专门约我长谈。李老师对人热情诚恳，谈话内容从工作到生活，以及对我的期待，非常细致深入。这次谈话对我一生的发展影响很大。李玉鼎老师大学毕业后，从繁华的北京来到宁夏，扎根基层数十年，我们认识时，他已是在宁夏很有影响的园艺专家。从1986年底初识至今，他都是我工作中的良师，生活中的益友。特别是近几年，他以80多岁的高龄，仍然老当益壮地奉献在推动宁夏葡萄酒产业发展的一线，令我非常感动和自豪。正是他们那一批充满理想与激情的人，在那个火热的年代投身于祖国西部的开发与建设，才奠定宁夏高等教育发展的基础。我在宁夏大学从一名青年教师逐步成长为教学科研骨干和学科带头人，甚至走上学校领导岗位，都与他们的激励、鼓励和支持密切相关。

## "重大事件"事后知

高等农林院校历来重视实践教学，宁夏农学院也不例外。按照教学计划，每年春夏季节高年级学生都要深入到田间地头和森林草原开展教学实习，学生们也都非常期待和老师一同奔赴野外开阔视野，加深对书本知识的理解。1989年5月中旬，女儿出生还不满百日，但实习季来了。我和另外3名老师打起行囊，带着40多名学生向六盘山进发，开启了为期4周的教学实习，实习课程包括生态学、树木学、土

谢应忠教授在做野外调查

壤学等。六盘山坐落在宁夏南部的黄土高原之上，素有"山高太华三千丈，险居秦关二百重"之誉，主峰米缸山海拔2942米。六盘山植被类型多样，既有水平地带性的森林、草原，又有山地植被垂直带谱中出现的低山草甸草原、阔叶混交林、针阔混交林、阔叶矮林等组成的垂直植被景观。六盘山完整的森林生态系统和深厚的历史文化积淀使其成为开展科学考察、教学实习和红色教育的理想场所。我们当年的实习营地就扎在老龙潭附近的二龙河林场。对于学生们来说，野外实习新奇刺激，热情高涨，但老师们则是责任重大。指导学生们很好地完成教学实习任务自不必说，确保每个学生的吃住行和人身安全才是首要任务。实习开始几天，学生们劲头十足，每天徒步20多公里，白天采集、整理、辨认标本，晚上撰写实习报告，似乎一切很完美。可是一周过后，问题就出来了，营地远离集镇，生活用品采购困难，莲花白、土豆成了当家菜，白天出野外，馒头、榨菜，另加一壶开水是标配，肉蛋是绝对的奢侈品。连续的野外徒步调查，部分学生开始吃不消，出现厌倦和掉队。一次下午返回营地途中，一名学生掉队迷失方向，学生们遍寻不见，直至第二天早晨他才回到营地。也许是实习前的野外生存教育发挥了作用，他发现自己掉队，天又黑了，选择了就地宿营，而不是冒险前行。那时通讯落后，进入山里基本就与外界隔绝了。我和学生们5月中旬进山，6月中旬返校，单调艰苦的实习生活结束了，返校时学生们自然兴高采烈。山区的土鸡蛋便宜，有的老师返回时还买一些，装入铁桶，带着回家。没想到，路上一个大坑，将铁桶高高颠起，重重落到一个老师脚上。他因此跛了3个月，鸡蛋自然也是"桶飞蛋打"了。

## "传道授业"勤耕耘

不管何时何地，只要有人问我，你最想从事的职业是什么？我都会毫不犹豫地回答：当老师。这种职业理想从何而来，不得而知。我只记得，1979年7月，参加完高考，我就做好准备到自己刚毕业的母校当民办教师，考上了大学，也就作罢了。1986年研究生毕业后，职业选择的余地还是很大的，但我依然义无反顾地选择了教师职业。我对学校和学生有一种自然的、发自内心的热爱，这种情感一直伴随我到现在。在初入职的几年中，教学任务很重，许多教学内容自己也没有吃透，必须边教边学，虚心向资深教师和同行请教，不断提高教学科研水平。

世纪之交前后，我担负起了宁夏大学"草业科学"学科建设与发展的重任。当时，宁夏全区高校博士研究生培养为空白，自治区相关领导到高校调研时，每每提及此事，期待能在一些基础较好的学科实现零的突破。从那时起，我与本学科学术骨干精诚团结，暗下决心，力争在草业科学学科率先实现宁夏高校博士授权"零的突破"。我和团队成员一起，对内精心凝练学科方向，合理组织学术力量，精雕细琢申报材料，对外积极宣传宁夏大学草学的特色、优势和业绩。经过两轮艰苦申报，终于在2003年顺利通过国务院学位委员会评审，获批博士学位授权，宁夏大学也由此获批为博士学位授权单位，这在宁夏高等教育发展历程中具有里程碑意义。从教35年来，我与同事们积极探索"草业科学"创新人才培养模式，完善人才培养计划，依托重点学科、重点实验室、"本—硕—博"教学体系完善的优势，将项目建设与人才培养紧密结合，以承担子课题的形式，鼓励学生在导师带领下参与研究，鼓励研究生以多种形式到海外名校访学，提高其创新意识和学术能力。同时，结合人才培养与教学实际需求，积极开展课程改革和特色教材建设。持续发力，草学团队不断超越自我。2005年，由我主持的"草地学"课程获批国家级精品课程；2007年，草业科学专业获批国家级优势特色专业；2009年，"草地学"课程团队获批国家级教学团队。从教35年，除完成本科教学任务外，我已累计培养博士研究生22名、硕士研究生40多人，他们绝大多数都已成长为各领域的学术技术骨干和带头人。我个人也因此获得了自治区教学成果特等奖和自治区教学名师称号，内心充满感激和欣慰。

要说在学生培养教育中有什么心得，那就是我特别注重对学生三种能力的培养，即客观观察事物的能力、严密的逻辑思维能力和批判性思考的能力。

多年来，我坚持用学科建设统揽队伍建设、基地建设、科学研究以及人才培养工作，并在团队内形成共识。宁夏大学草学学科紧密围绕生产和生态建设需求，在草地生态、牧草育种栽培、草原保护、饲草加工等方面充分发挥自己的特色优势，不断凝练研究方向，探索干旱半干旱地区退化生态系统恢复与可持续发展理论与技术体系，开展草地野生植物资源的保护、开发利用和抗逆牧草的选育研究，深入牧草种质资源保护、新品种培育、牧草生产和加工利用理论和技术体系研究。2011年，草业科学获批为宁夏大学唯一国家重点学科，为学校内涵提升作出了贡献。

我始终认为，只有高水平的科学研究才能确保高质量人才培养，并将这种理念贯穿于教学科研和管理实践中。多年来，坚持以地方社会经济发展需求为导向，坚持自主探索与技术集成相结合，坚持科学研究与人才培养相结合，坚持团队联合攻关，先后主持完成国家科技攻关重大项目、国家自然科学基金项目、国家重点研发计划项目及自治区科技攻关项目20余项；获自治区科技进步奖励多项，发表学术论文60余篇，出版学术著作3部，为推动人才培养质量提高和学术高水平发展贡献了微薄力量。我也很荣幸地被推举为国际生物多样性计划中国委员会委员、中国草学会第九届、第十届副理事长和国务院学位委员会第八届学科评议组成员。

## "他山之石"需借鉴

与欧美国家高等教育的起源和发展路径不同，它本身并不是中国社会内部和中国高等教育自身演进发展的结果，而是在引进西方高等教育理念和模式的基础上形成的，历经政治动荡和社会剧变，发展跌宕起伏。新中国建立后，国家借鉴苏联模式，迅速恢复了高等教育体系，为社会主义建设培养了大批急需技术人才。但这一进程很快被一系列政治运动打乱了节奏，我国生产和建设各领域出现了严重的人才断档。"现在看来，同发达国家相比，我们的科学技术和教育整整落后了20年"，邓小平同志的话至今振聋发聩。他提出："教育要面向现代化，面向世界，面向未来。"正是在这样的大背景下，经过严格选拔，我获得了国家留学基金委全额资助，于1994年春天踏上了前往德国法兰克福大学学习的漫漫征程。记得非常清楚，出发前学校按规定可以支付500元人民币的服装费，那时穷，国家希望有机会出国学习的人，能穿得体面一些。可到了德国，才发现那里除少数讲究的教授外，其他人都着夹克牛仔裤，那套新做的西服基本没有派上用场。到了北京，首先得去国家留学服务中心取已预订好的机票，北京—法兰克福单程票价38900元是我无法想象的数字。时隔20多年，现在一张北京往返法兰克福的机票不过是那时的一个零头。这些微不足道的小事，从一个侧面反映了在短短的20多年中世界发生的巨变和中国取得的巨大成就。

德国高等教育素以崇尚科学和理性、推崇学术自由，坚持人才培养与科学研究并重著称于世。德国大学人才培养质量高，学习期限长，毕业要求严，学位证书含金量高，这些都是人们通常的认识。但德国高校是如何在长期的发展中树立起了这样的形象，一般人就不知其所以然了。我在德国学习生活长达6年之久，师从著名生态学家

Ruediger Wttig 教授，因为他，我对求真的态度、对科学研究负责的精神产生了质的变化。1999年夏天，我在博士论文撰写过程中引用了一部分在国内样地调查获得的数据，他因此坚持到中国样地现场进行了查看；我学位论文中列入的所有植物，他要求逐一鉴定、制作标本保存备查。我的学位论文用德语完成，并在德国正式出版。可在论文写作初期，我经常是一天能憋出一页就很不错，下班前交给他，第二天带着满篇修改他再还给我。这样的情形大致持续了近两个月，从未见他不耐烦。2001年我顺利完成学业回国工作，我们由师生变成了忠实的朋友和合作伙伴。我们共同组织中德学者开展合作交流、资助中德学生开展联合实习，推荐学生交流学习，发挥了中德人文交流桥梁和纽带的作用。我和家人与 Wttig 一家从结识到结缘，成了终身的好朋友。在德国学习期间，我还结识了 Richard Pott、Sebastian Zizika 等和 Wittig 教授一样唯实唯真、勤奋务实、待人诚恳的德国教授。正是从他们身上折射出了德国高等教育的品质，这些品质对我的从教从学生涯产生了很深的影响。

在高等教育管理体制方面，德国通过法律形式确定学校自治权利，通过评估机制将高校教学科研及培养人才方面的绩效作为国家对高校制衡的杠杆，形成了以大学自治与国家制衡为特点的高校管理模式。德国大学自治的确切含义，应该是教授自治。因为，德国高校内部管理体系是一个非常扁平的结构，按照世界第一所现代大学——柏林大学创建人洪堡（Wilhelmvon Humboldt）的理念，要确保大学能产生真知，大学教授必须拥有学术自由，并处在寂寞的环境中，即尽量不受外界纷扰。他认为，只有大学能源源不断地产出真知，才能持续支持国家发展，才符合国家长远发展利益，这一理念在德国被广泛接受，在全世界也有很大影响。柏林大学从创建至今，已产生了20多位诺贝尔奖获得者，德国高校的原创成果强有力地支持着德国产业的发展。

德国高等教育历史悠久、博大精深、体系复杂，我介绍的这些情况和看法只是管窥之见，也无褒贬之意，只为取人之长，批判地借鉴其他国家先进的办学理念和经验，对不断完善和发展中国特色社会主义高等教育体系，培养符合新时代需求的高质量人才，持续推进我国高等学校治理体系和治理能力现代化具有积极意义。

# 他将教育的活水引入贺兰山下

王锡彬

他和蔼可亲，没有一点架子，他的从教生涯是一曲为了学生、为了学科、为了学校不懈付出的奋进之歌，他是将教育的活水引进来的先行者和建设者。

## 条件艰苦却心怀诗和远方

1986年底，怀着对教师职业的向往，刚刚研究生毕业的谢应忠来到了宁夏农学院，开始了他的教师生涯。

那是一段艰苦但充实，生活里满是诗和远方的日子。

学校给谢应忠分配了两间小平房作为宿舍，他把两间屋子收拾干净，并从中间隔开，一间做客厅和卧室，另一间做储物间。他对这样的生活条件感到很满意，却有一件事一直困扰着他。1987年到1988年的两个冬天，学校的教学楼、图书馆都有了暖气，但是谢应忠所居住的教职工宿舍却还没有装配暖气，冬天要靠生炉子取暖。从陕西来到宁夏的谢应忠在生炉子上"水土不服"，因为没有学会宁夏本地特殊的封炉子的方式，所以每到半夜炉子总会灭掉，第二天醒来就要再生，技术不娴熟的他总是生出许多烟，这成了当时困扰他的一

谢应忠教授（左三）在课堂指导学生

件"大事"。为了不和炉子"较劲"，谢应忠便每天都在的办公室工作到很晚，这也使他养成了在办公室长时间工作的习惯。1989年，学校的职工宿舍终于装配了暖气，谢应忠这才不用再和炉子"较劲"了。

1989年5月中旬，农学院学生们的实习季来了，彼时谢应忠的女儿出生还不满100天，他"狠心"地把女儿和妻子"丢"在家中，打起包裹同其他3名老师带着40多名学生前往了六盘山。在六盘山，谢应忠一边对学生们进行实践指导，一边负责各项外联和内部协调工作，保障师生的人身安全。学生们刚去时热情高涨，但是进行到中期便开始感到疲惫，甚至出现了"掉队"的现象。一天下午，在返回营地的途中一名学生掉队了，因为已经接近晚上，谢应忠果断要求大部队停下来等这名学生。在实训前的培训上，谢应忠就嘱咐过学生们，晚上如果和大部队分开、失联了，一定要就地扎营，天亮再行动。第二天早上，这名学生跟了过来，说前一晚天黑后他没有盲目前进，就地扎营睡了一晚后才跟了上来。

谢应忠从不认为当时艰苦的条件给他带来了困扰，而是觉得自己

"起步很好"。"当时宁夏农学院的老师大部分都是怀着一腔热血支援祖国西北建设的，这些前辈所付出的努力使得当时的宁夏农学院有很好的学习氛围。"在前辈甘于奉献、孜孜不倦的精神感染下，谢应忠坚定了自己献身教育的理想和信念，这种精神也成为他几十年从师之路上的一盏引路明灯。

身处艰苦条件，却心怀诗和远方，这便是谢应忠初来宁夏时的真实写照。

## 赴德留学影响终身

求学时，谢应忠付出了比别人更多的努力。本科期间，谢应忠的外语课程选择了德语，但是读了研究生之后外语课程却是英语。他从零开始，利用课余时间自学英语，闲暇时用一个小半导体收音机听英语广播，英语水平很快就提了上来。功夫不负有心人，掌握了德语和英语的谢应忠获得了辛勤付出的回报。1994年，谢应忠获得了去德国留学的机会，但是要去德国必须通过严格的考试。谢应忠凭借良好的德语和英语基础，以优异成绩获得免培训去德国法兰克福大学访学的机会。访学期间，他凭借出色的表现获得了在法兰克福大学读博士的资格。

在德国求学期间，谢应忠受到法兰克福大学学风的熏陶，并将大学里严谨的科学精神贯穿到自己的教学中。谢应忠培养研究生时，提倡学生要独立地思考和研究，不盲从已有的实验结果，主张学生亲力亲为，自己设计实验思路，观测、验证、怀疑、得出结论都由学生独立完成。他主张教师与学生平等相处，他常常和研究生坐在一起进行研讨式教学，学生的问题、想法都直接反馈到他那里，就像朋友在交谈一样，因此学生们从来都是"有话直说"，这种真诚的交流也让谢应忠和学生们成了亦师亦友的关系。在这种模式下，学生们的实践能力和学术能力都得到了显著提升，他所培养的硕士生和博士生的论文从未出过任何问题，许多学生如今已经成为农学学界和业界的专家学者。

在德国的求学经历也让谢应忠和许多德国的老师、同学结下了深厚情谊，毕业后的几十年里，一直保持联系。2007年，在谢应忠的主张和德国老师、同学的配合下，谢应忠带领自己的部分学生赴德考察学习3周。2008年，德国的老师带领学生来到宁夏大学考察学习，并前往宁夏多地实地考察、实践，促进了两国师生的学术交流。

## 学科建设敢于迈出第一步

2000年前后，谢应忠牵头宁夏大学农学院，肩负起了宁夏大学"草业科学"学科建设与发展的艰巨任务。当时，自治区内高校博士研究生培养为空白，谢应忠和团队成员一起，清晰策划了学科方向。他们逐字逐句钻研申报材料，对外积极宣传宁夏大学草学的特色、优势和成果。经过两轮艰苦申报，终于在2003年顺利通过国务院学位委员会评审，获批博士学位授权。宁夏大学也由此获批为博士学位授权单位。这在宁夏高等教育发展历程中具有里程碑意义。

从教30多年来，谢应忠与同事们积极探索"草业科学"创新人才培养模式，依托重点学科、重点实验室和"本—硕—博"教学体系完善的优势，将项目建设与人才培养紧密结合。他鼓励学生在导师带领下参与学术研究，鼓励研究生以多种形式到海外名校访学，提高创新意识和学术能力。同时，他积极开展课程改革和特色教材建设。2005年，由谢应忠主持的"草地学"课程获批国家级精品课程；2007年，草业科学专业获批国家级优势特色专业；2009年，"草地学"课程团队获批国家级教学团队。从教30多年，除完成本科教学任务外，谢应忠已累计培养博士研究生22名、硕士研究生40多名，他们绝大多数都已成长为各领域的骨干和带头人。谢应忠本人也因此获得了自治区教学成果特等奖和自治区教学名师称号。

把知识停留在教学里不够，谢应忠还想把自己和学生的学术成果转化为实践成果，服务于社会。基于这个理念，他先后牵头组建了宁夏生态学会和宁夏草原学会，本着"服务社会经济发展、服务学术交流与合作和服务会员成长进步"的原则，为推动宁夏生态环境保护和草畜产业高质量发展作出了积极贡献。此后，基于丰厚的学术成果和极高的社会影响力，谢应忠被推举为国际生物多样性计划中国委员会委员，中国草学会第九届、第十届副理事长和国务院学位委员会第八届学科评议组成员。

2004年，谢应忠出任宁夏大学副校长，他深感自己责任又多了一分，肩上的担子更重了。但是他认为不能因为责任重大就畏首畏尾，对于学校建设，许多方面还是要"敢于迈出第一步"。

谢应忠一直十分重视学科建设，多年来一直把学科建设当作高水

谢应忠教授（中）与中外学者在中亚草原（哈萨克斯坦）

平学校发展的龙头工作来抓。他把学科建设比作一件衣服的"领子"，要把整件衣服抓得端端正正，必须从"领子"上抓好。一个学科核心的研究领域是什么？最基本的研究方法是什么？应用最广泛的领域是什么？如何把学科做强做大？这些最基本的问题往往是学科建设最关键的问题。此外，他认为学校要坚持开放办学，主张办学一定要面向社会、面向国际，创造性地提出要建立能与国际接轨的师资队伍，注重培养年轻教师的能力，用高水平教学带动高水平办学。

在谢应忠身上，我们能看到作为一名学者的严谨，也有作为一名教师的尽职尽责，还有作为学校领导的高瞻远瞩；在他身上，有我国传统的文人气息，也有西方平等的教育理念。他身上优秀的品质和宝贵的精神，已成为引导宁大人前进的动力。

（编校：张惠）

**作者简介**

　　王锡彬，男，2001年5月生，山东淄博人，共青团团员，现为宁夏大学新闻传播学院新闻学本科生。

# 宁夏草业科学博导第一人

米文宝

历史的车轮驶进2021年，谢应忠教授也步入花甲之年，他在宁夏大学任教37年，从德国法兰克福大学博士毕业回宁夏大学工作已有20年，担任宁夏大学草学博士研究生导师已17年。作为宁夏大学首位草业科学博士研究生导师和学科带头人，几十年来他兢兢业业，勤勤恳恳，无私奉献。伴随着宁夏大学草业科学学科的发展和一批批博士的毕业和进步，他的鬓发由黑变花，由花变白。

## 初　见

我与谢教授初见是在2002年宁夏大学与宁夏农学院合并办学后的全校处级干部会上，彼时他是宁夏大学农学院院长。初次相见坐在一起，他潇洒的气度和敏锐的洞察力给我留下非常深刻的印象。会议主题是讨论学校学科发展，他明确地提出：学校发展要以学科建设来带动，要整合资源，建设优势特色学科，重视人才队伍建设，申请草业科学博士点，提升办学层次。他的发言得到了与会人员的高度赞同，也为学校领导决策提供了重要的参考。现在来看，也正是他的远见卓识、学校的科学决策，以及以他为带头人的草业科学学科成员的超前积累，加上历史机遇，才使宁夏大学在2002年第二次合并办学后博士点申报实现了零的突破。

## 考博士

2003年，在学校党委和行政的高度重视下，宁夏大学农学院以谢应忠、王宁、贺答汉教授为学科带头人，整合全自治区科研力量，申请草业科学博士点获得批准，这是宁夏高等教育、宁夏大学发展的历史性突破。2004年，谢应忠、贺答汉教授被评为首批宁夏大学博士研究生导师。当年，我担任宁夏大学资源环境学院院长，42岁大龄报考草业科学博士研究生，得到谢应忠教授的热情鼓励。我的学科背景是地理学，主要从事人地关系研究，谢应忠教授鼓励我跨学科读博，关注区域可持续发展中的草业科学重点科学问题和宁夏草地生态与资源环境。针对我英语水平较低的情况，他主动给我找资料，介绍快速提高阅读和听说能力的方法。在谢教授的帮助下，我最终成功考取宁夏大学草业科学博士研究生，师从谢教授门下。

## 严谨的博导

2004年我成为谢应忠教授的首位博士研究生，三年的读研每一步都在老师的精心指导下走过。老师对博士研究生的指导既高瞻远瞩，又精细具体，作为学生，感受深刻，尤其在科研思路、研究方法和具体工作以及总结创新方面我受益终身。

谢教授对博士研究生的科学指导首先体现在他开阔的思路方面。他在我确定研究方向时，为我指定众多的文献阅读，包括国内外重要学术期刊的文章、国内外著名学者的专著，同时分析了解草业科学领域的国内外需求，紧密结合国家和地方发展战略。在他的指导下，我不仅能够把握学科前沿科学问题，而且英语阅读能力迅速提升，为确定研究方向和博士论文方向奠定了坚实基础。

谢老师指导博士研究生的第二步是亲自带领我们到野外、到实地开展调查研究和具体实践，使书本理论能密切结合实际。2005年春，他带上我、马红斌、兰剑等学生，先后到盐池四墩子、永宁宁夏大学实验场、原州区彭堡、彭阳县小流域治理点、固原封山禁牧退耕还林（草）示范点开展野外调查，实地调查草地生态修复、草畜产业等宁夏草业发展与建设的具体情况，深入自然保护区、农牧户、基层村和牧草加工企业，调查生态保护、退耕还林（草）、草畜产业的基本情况。跟随谢老师，我和同学们极大地开阔了视野，真正学到了草业科学研究的基本方法。

谢老师对博士研究生指导过程中特别重视论文选题和开题。他曾经说过：选对题目，做好开题，博士论文等于完成了一大半。在选题时，他让我结合专业基础和特长进行创新。针对当时我国退耕还林（草）实践中出现的问题，谢老师和我商定的博士论文题目为《宁南山区生态修复评价研究——以退耕还林还草工程为例》，力求在生态评价理论指导和方法上有所创新，同时寻求退耕还林还草出现的问题的解决方案。在开题报告的撰写过程中，谢老师帮我找资料，多次认真修改开题报告，提出了许多新的想法。2005年国庆节前，宁夏大学草业科学博士研究生开题公开答辩，谢老师精心组织，对我的开题PPT认真审阅，提出了多条修改完善意见，体现了崇高的敬业精神和关爱学生的情怀。

对博士研究生研究工作细节的关注和严格要求是谢老师的教学风格。他严格要求我研究工作的全过程，具体工作环节中，小到一块地取样，大到一个县人工草地生物量的核算，他都亲自过问、把关，确保了我的野外工作数据和结果的可靠性。阶段性成果形成论文的过程中，他不仅提出建设性意见，而且认真修改完善，尤其是对博士论文，从结构、核心问题到具体表达、数据分析、图表，逐项修改，力求准确。我的博士论文能被评为宁夏当年唯一的优秀博士论文，离不开谢老师的心血和汗水。

## 领导型专家

谢老师担任宁夏大学农学院院长不到两年就升任宁夏大学副校长。在我的心目中，他是一位正直、有朝气、干实事的领导。他先后分管过学校重点学科、对外合作交流、科学研究和研究生工作，在分管的领域做了大量富有成效的工作，推动了学校的发展，受到社会以及广大师生的高度评价和尊重。

2003年以来，他致力于草业科学学科建设、草地资源环境与生态的研究和人才培养工作。作为宁夏大学草业科学学科带头人，他积极投身到学科和学位点的建设中。在他和同事的共同努力下，宁夏大学草业科学被评为自治区重点学科，本科专业被评为国家一类优势特色专业，草业科学博士点获批并成为宁夏高等学校第一个博士点，草业科学形成了本科—硕士—博士完整的人才培养体系，为国家和区域草畜产业发展及生态建设作出了应有的贡献。2011年11月，以他为学术带头人的"草业科学与生态工程技术"自治区科技创新团队获批，经过多年建设，团队形成了以德国生态专家 Ruediger Wittig、Cory Matthew 两位教授为外聘专家，以中青年教师为研究骨干的团队。

长期以来，谢老师主要从事干旱半干旱农牧交错带草地生态农业研究和教学工作，为干旱半干旱农牧交错区生态建设和农业可持续发展提供理论和技术。他先后主持国家自然基金项目"毛乌素沙地南缘沙地—草地景观界面植被和地境的演变"、国家科技攻关项目"宁夏半干旱黄土丘陵区生态型草业技术体系建设及产业化开发"、自治区"十一五"科技攻关项目"宁夏半干旱草地可持续利用技术研究与示范"等诸多国家级、省部级项目,获省部级科技进步奖4项,发表论文40余篇,其中SCI 5篇,出版专著与合著5部。教学方面,他先后承担了草业科学专业放牧管理学、生态学、草地农业生态学等课程教学任务,承担了草业科学硕士及博士指导工作,先后指导硕士生30余名,博士生20余名。教学中他认真负责,坚持产学研结合,积极投入到课程建设和教学改革中;作为课程负责人,建设并获批国家精品课程"草地学",获自治区教学成果特等奖1项,为宁夏高等学校精品课程建设作出了贡献。

谢老师在草业科学领域卓著的工作成绩使得他获得了众多的学术荣誉,他是百千万人才工程第三层次人选,自治区313人才,自治区教学名师,兼任《农业科学研究》主编,《草业学报》《草地学报》《草原与草坪》编委;担任中国生态学会理事、中国草学会常务理事、中国草学会草业教育专业委员会副主任委员、宁夏生态学会理事长、宁夏草原学会理事长、宁夏科协委员。

谢老师学贯中西,致力于国家和宁夏草业科学学科进步,潜心于追求科学和人才培养,是学界和我们这些学生心中的丰碑。他的风范和精神激励我们不断以实际行动追寻祖国强大、宁夏大学辉煌发展的光荣与梦想。

(编校:张惠)

## 作者简介

米文宝,男,1962年6月生,陕西富平人,中共党员。2007年博士毕业于宁夏大学。现为宁夏大学资源环境学院教授,硕士生导师。

雷兴明

　　1965年生，教授、博导。硕士、博士毕业于中央音乐学院。国内引才"312"计划人选，宁夏"四个一批"文艺人才，宁夏首批"塞上文化名家"，俄罗斯莫斯科国立柴可夫斯基音乐学院访问学者。曾任教于中央音乐学院、星海音乐学院以及天津音乐学院等专业音乐院校。曾任北方民族大学音乐舞蹈学院院长，现任宁夏大学音乐学院院长。系中国人类学民族学研究会东西部艺术教育联合专委会副秘书长，中国教育学会音乐教育分会理论作曲委员会副主任。任中国音乐家协会作曲与作曲理论学会理事，宁夏回族自治区文联委员，宁夏文艺评论家协会理事，宁夏音乐家协会副主席。

　　出版专著与教材4部、发表学术论文20余篇，获天津市第十二届社会科学优秀成果三等奖、宁夏回族自治区第九届文学艺术作品奖三等奖，第二届、第四届中国西北音乐节歌曲创作二等奖等奖项，主持完成国家社科基金艺术学项目1项，主持完成省部级重点科研项目1项，创作各种体裁的音乐作品20余部。

# 曾为精业而求索　今又信步向广阔

雷兴明

## 人之初，苦中有乐

我的家在农村，宁夏彭阳的东部山区，山川清秀但文化落后、交通不便、生活条件差，不要说正规条件下的音乐训练，就连优美动听的音乐都很难听到。人们接受到的"音乐欣赏"渠道大致有这样几种情景：公社集体劳动社员们休息时唱的群众歌曲，如《东方红》《三大纪律八项注意歌》《大海航行靠舵手》等；回族小伙子劳动路上唱的"花儿"；姐姐哥哥回家来兴致头上哼的几句红歌；公社每年举办物资交流会邀请表演的地方戏剧秦腔，以及亲戚们探亲时带来收音机里的广播音乐，印象最深的是中央人民广播电台的小燕子节目。

最令我难忘的是大哥上大学假期带回来的一支口琴，在当时那寂静的山区农家院里，怎能传出如此美妙和谐的声音来！犹如天籁。大哥看我喜欢，开学临行时就将这难得的乐器留给了我。说来有趣，这件乐器从此就与我形影不离，并伴随我去了固原师范上学。1983年暑假我还带着它远赴新疆参加全国青少年地震科学夏令营，它成为我一系列联欢活动的表演乐器，我独奏了《游击队歌》《啊！朋友再见》等保留曲目。这些大约就是我最早的音乐启蒙了。

固原师范的学习经历，是我步入音乐殿堂的初阶，也是我走向音乐人生的第一步。专门的音乐课堂教学，丰富的课外音乐活动，诱人的社会艺术实践，作为初学小提琴的我，渴望能参加乐队演出，那"美"的滋味真是难以言表。我默默地承担了乐队分谱的抄谱任务，马国俊老师夸赞我抄的乐队分谱和印刷的一样。一些复杂的谱子如长笛、小提琴等分谱都归我抄写，而且很少出错。乐队的锻炼和熏陶，给了我十足的信心，成为日后专业道路上的强劲动力。

课余，我喜欢阅读音乐家的传记事迹，音乐潜移默化地成为我的梦想，成为一生追求的目标。20世纪80年代伤痕文学深入人心的故事里，经常有艺术家的血泪片段和跌宕起伏的人生经历，那里能听到小提琴家演奏的《魔鬼的颤音》，也能看到画家背着画夹来到山清水秀的乡村……艺术家需要与常人不同的想象力，需要超常的形象思维，这些《小说月刊》里的中、短篇小说，会使你暂时脱离眼前的世界，进入缤纷的梦幻；暂时搁置当下的艰辛，步入理想的追寻。不能不说，它也会不自觉和下意识地成为你生活的源泉和动力。

童年的记忆有苦涩和艰辛，但更多的是甜美，充满着五颜六色的梦幻。春天的山花烂漫，夏天的麦浪滚滚，秋天的五色田野，冬天的冰雪世界……这些都是印刻在心灵深处最初的音符，是奏响在人生道路上开篇的乐章，不时会升腾起婉转悠扬的主题，些许会推向激情澎湃的高潮。

## 求知路，披荆斩棘

真正的音乐之路当从进入银川师专音乐系的专业学习开始，我带着梦想而来，怀揣求知的愿望。我给自己设计了"超前学习"的理念和计划，不拘泥于课程表的进程，而是把各年级的理论课与感兴趣的课糅合在一起，只要有时间就去旁听，找老师批改作业，按照自己的

"课表"进行，这种学习方法持续到后来的西北师大和中央音乐学院求学。

银川师专两年学习之后，我被学校作为唯一的选优生推选进入西北师范大学音乐系本科深造，跟随卜锡文、李锦生老师学习作曲与配器，高天康老师的键盘和声训练、康建东老师的音乐分析课堂，都有难忘的瞬间和记忆。

从1995年开始，我算是与中央音乐学院结下了缘分，硕士和博士的两段学习经历，真可谓人生的转折点，是我专业能力和认识深度的质的飞跃。我的硕导杨儒怀先生的敏锐学思与学者风范，孜孜以求的严谨学态，使我受用终身。2004年，时隔6年之后我又来到了中央音乐学院攻读博士，这次是在导师姚恒璐先生门下，重点攻读有关20世纪音乐分析的方法，博士论文《承先锋之锐，拓回归之新——潘德列茨基前四部交响曲创作技法的分析与研究》是这一主攻方向的成果，获得天津市第十二届（2010年）社会科学优秀成果三等奖，并由人民音乐出版社出版。读博期间我有幸被国家留学基金委员会公派进入莫斯科国立柴可夫斯基音乐学院访学，师从俄罗斯著名音乐理论家、教育家V·哈洛波娃（Valentina.Kholopova）学习作曲技术理论，尤其是俄罗斯当代作曲家的音乐作品分析研究。

那段时间里，国内国外，可谓奔忙；教师学生，身份多变（当时在中央音乐学院兼课教学）。京城的历史文化，厚重而令人回味；学校的艺术氛围，浓烈且目不暇接。我自认为，学子求学过程，课堂学习与氛围熏染同等重要；学校培养过程，课堂教学与环境营造同等重要。观看指挥家们的乐队排练，是一种难得的"活"的学习机会，国内和国外的指挥大师们的举手投足与点滴细节，让我收获了宝贵的创作经验，为我后来从事乐队指挥奠定了扎实基础。

莫斯科柴院（原莫斯科音乐学院）坐落于红场边上，V·哈洛波娃教授身体微胖，待人和蔼，她是俄罗斯著名音乐理论家尤·霍洛波

雷兴明

235

雷兴明教授（左）在莫斯科国立柴可夫斯基音乐学院
与导师Ⅴ·哈洛波娃教授

夫（中国的刘康华、甘碧华教授曾随他学习，斯波索宾的学生）的妹妹。她是一位音乐理论家、音乐教育家。有一次克里姆林宫展演，她带上我和其他几个学生去观摩。一些她要出席的重要音乐会都会带我们去参加。记得每次下午在她的琴房上课时，遇到外面教堂的钟声响起，她会立即停止授课，并打开窗户静听直到钟声消失。安静、祥和、耐心、严谨，是在她身上体现出的关键词。

从中央音乐学院博士毕业的2007年，是不平凡的一年，南北奔波、上下求索。7月，南下广州星海音乐学院作曲系任教，讲授本科生的作品分析和研究生的20世纪音乐，往来于新旧校区之间，是我这个西北人领略南国风情时间最长的一段。12月，即又北上就职于天津音乐学院，先后任作曲系理论教研室主任和作曲系副主任。天津音乐学院历史悠久，曾经是中央音乐学院的前身。那里产生过许多中国音乐界的名人大咖，如缪天瑞、施光南、王莘、阿拉腾奥勒、鲍元恺、田青、陈世兵等，还有腾格尔等表演领域的众多名人。在作曲系的三年令我终身难忘，除了日常教学、学术活动、管理协调外，还有很多同学朋友、师长领导、捻音论文、同行同道，形成了轻松愉快的生活氛围。2010年离开时，情不自禁，有感而发，有诗为证：

## 清平乐·念友

旧朋新去，
挥泪沽堤屿，
共踏津门高处聚，
更有醉盏长叙。

怅然揾手别多，
西风万里云隔，
何日凭栏共饮，
秋风秋雨秋歌。

2019年岁末，我又回到了宁夏大学，这无疑是一次回归，更是人生的再现。艺术家喜欢戏剧或戏剧性情节，我自愧造诣尚浅，算不上艺术家，但人生经历却富有戏剧性。回到家乡、服务家乡，六盘山高、黄河水长，地阔天远、水深鱼翔。这里有发展的空间，这里也有施展的舞台。2004年离开宁夏大学，15年后又回归宁夏大学，人生又画圆，是圆圈也是圆满。回想起我的博士论文题目《承先锋之锐，拓回归之新——潘德列茨基前四部交响曲创作技法的分析与研究》，主题是论述波兰当代著名作曲家潘德列茨基一生创作风格的转变，他从锐意的先锋派开拓者转变回归为新浪漫主义。这种回归，贵在于一个"新"字，人生的回归，同样也贵在于一个"新"字。是的，人生就是一篇文章，是一篇大文章，谁说不是呢！

## 从业者，兢兢业业

作曲与作曲理论研究，是我长期从事的专业方向，主要研究对象是音乐分析学。在我所撰写的专著和学术论文中，有部分出版和发表于人民音乐出版社、《中央音乐学院学报》《天津音乐学院学报》《沈阳音乐学院学报》等专业学刊，主要研究作曲技术领域的技法现象和内容探索，有的涉及前沿性的理论研究和20世纪以来的作曲技术问题。除了理论研究与科研工作以外，乐队指挥的实践和研究是我最感兴趣的一件事情，我从事过西洋管弦乐队与民族乐队的指挥、排练与演出工作，担任北方民族大学和宁夏大学管弦乐团的指挥多年，不断地在实践中总结和进步，在锻炼中提高和成熟。

自1999年担任宁夏大学音乐系副主任起，我开始了专业教学与行政管理双肩挑的历程。教学对象涉及专业音乐学院（中央音乐学院、天津音乐学院、星海音乐学院）作曲系本科课程、非作曲系公共课程、研究生主课及公共选修课；综合大学音乐学院作曲专业主课、作曲理论研究、研究生主课与公共选修课等。教师当以教学为本，教书育人，职业初心。前述老师们对我的影响，我一直在通过言传身教对我的学生进行传递，包括待人品行、做学问的态度。"善为师者，既美其道，有慎其行。"可见老师的重要性。

理论研究与音乐创作不分家，互相印证、相辅相成。鉴于此，在音乐创作方面，我做过很多努力。从在彭阳期间初次工作时的中小学校歌，到后来的管弦乐作品、重奏独奏、合唱、艺术歌曲、群众歌曲等，边创作实践，边总结思考。由于我兼任宁夏音乐家协会副主席的原因，时有基层采风体验，经常要带头创作出成果，所以，回到宁夏后，围绕黄河主题、宁夏风格、歌唱家乡这一线索创作过一些作品，也得到了社会的广泛认可。

专业音乐学院学习的经历和长期教学中养成的习惯，使我形成了严谨审慎的创作态度。从技术层面讲，创新，是创作的灵魂，每次作品的出品，都应该有自己满意的创新点，而不应该是乏味的低层次重复。管弦乐《春舞塞上——琵琶与管弦乐队》由宁夏青年琵琶演奏家段茹担任独奏在宁夏大剧院首演，获宁夏回族自治区第九届文学艺术三等奖，并在2020年广西的中国—东盟音乐周上展演；歌曲《尕妹妹我的花儿》（车行词）获第四届中国西北音乐节歌曲创作二等奖；童声合唱《菩萨蛮·校园松柏》（侯开川词）获宁夏教育厅校园歌曲比赛一等奖，并在核心期刊《音乐创作》上发表；声乐作品《你的身影》（何英隽词）（抗疫主题）入选2020年全国高校理论作曲学术研讨会的教师作品展演活动；声乐作品《金沙滩》（路兴华词）（脱贫攻坚主题）发表于宁夏音乐家协会微信公众号并上演于宁夏春晚等，另外还有部分器乐独奏、重奏等。"才须学也，非学无以广才。"创作无止境，仍需再努力。

黄河岸宽鱼米香，贺兰山高天地远。这里有无穷的营养，这里有不尽的资源。立足地域，走向大千，无论是在理论研究、教学一线，还是服务社会、创作实践，都有接踵而至的任务，持续不断的工作计划。有意识地寻找主题，聚焦于黄河文化、塞上江南、红色文化等题材，挖掘宁夏乃至西北的地方资源，锁定广义而开放的民族风格，是我的初心，也是我的终愿。

2021年12月30日 于银川

雷兴明

# 从大山深处走出的宁夏首位作曲博士

## ——记宁夏大学音乐学院院长雷兴明

张新民　封宏砚　周雪娇　余子夜

### 怀揣梦想求学路

童年时期酷爱音乐的雷兴明有一个梦想，想成为一个音乐家。然而他的音乐之路并不是从幼年开始的。直到1981年，15岁的雷兴明才在固原师范学校接触到了人生除古埙、口琴之外第一件"真心"意义上的乐器——小提琴，这使他第一次强烈地感受到了来自灵魂深处的触动，梦想的种子从此在心里牢牢生根。

作为一所普通的四年制师范学校，固原师范对音乐的教学远不能满足雷兴明对音乐学习的期冀，他主动找到当时银川市文工团的雍希贵老师学习小提琴。为了汲取更多的知识，他在固原和银川之间往返奔走。

这种超前的学习思维和求知若渴的学习热情，不仅使他快速进步，更是潜移默化地为他的音乐探索之路打下了坚实的基础。几年后，他以优异的成绩从固原师范毕业，成为家乡彭阳职业中学的一名音乐教师，拥有了稳定的工作和平静的生活。然而雷兴明并不满足于此，他不仅读了别人没有读过的书，更走了一条别人几乎没有走过的路，他毅然决然地辞职重新参加全国普通高考。通过了高考的他进入了银川师专音乐系学习。他把给自己设计的"超前学习"的学习理念发挥得淋漓尽致。他打破课程分年级开设的界限，入校同时学习大二大三的专业课程，超前完成作业。经过两年多的学习，他顺利通过了学校的选优，成为同届中唯一到西北师范大学音乐系做"插班生"的优秀学生，后以优异成绩毕业，回到了银川师专任教。

## 登高望远续辉煌

西北师范大学本科毕业后，雷兴明并没有停下追梦的脚步，步入工作岗位后，他投入到更深层次的学习当中。音乐需要天赋和努力，这两点他都不缺，但他的英语基础十分薄弱。受到老师何建军的启发，

雷兴明教授（左）在中央音乐学院与导师姚恒璐先生

他自制英语单词卡片，每天随身携带，读写记忆，即便是大年初一，他也和往常一样到办公室里读背单词。

1995年和2004年，雷兴明两度考入中央音乐学院读硕和博，先后师从杨儒怀和姚恒璐先生攻读学位。中央音乐学院专业学习的积淀与艺术氛围的熏陶感染，使他在艺术领域取得了质的飞跃。博士学习期间，他作为俄罗斯莫斯科国立柴可夫斯基音乐学院高级访问学者，进行了为期一年的访学。这段访学经历，极大地开拓了他的学术视野和创作眼界，为之后科研与创作领域的大胆创新打下了基础。

2007年雷兴明博士毕业以后，先后在广州星海音乐学院作曲系和天津音乐学院作曲系任教，从事教学和行政管理工作。他的成功经验令人深受启迪——持续恒久的追求，一以贯之的兴趣爱好，是他不断取得进步发展的内在动力；正规的学习教育与高质量的专业培养，使他在实现梦想的道路上少走弯路；良好的个人天赋、宽阔的知识视野，使他勇于超越自我、迎接挑战；对音乐创作和理论研究不懈钻研，成为他攀登音乐艺术高峰的持久动力。

如今，雷兴明仍然保持着对音乐创作和理论研究的高度敏感、对艺术创新的持久好奇，在教育教学一线不懈奋斗，从事着行政管理工作。这些宝贵经验，不仅是他的人生财富，更是他对学子们的启迪引领。

## 黄河岸边吟贺兰

2010年，雷兴明放弃了京津地区更好的发展前景，回到了故乡宁夏，任北方民族大学音乐舞蹈学院院长，2019年回归宁夏大学，任音乐学院院长。

从宁夏走出来的他，怀着音乐创作的激情，创作了大量不同体裁的音乐作品，这些作品涉及交响乐、合唱、独唱、器乐独奏与合奏等，每一部都深深地打上了宁夏这片土地的烙印，或宏达或细腻的音符杂糅着独特的民族韵味。

他的声乐作品《尕妹妹我的花儿》（车行词），带着典型的宁夏风格特色，韵律优美引人入胜，获得了2018年第四届中国西北音乐节歌曲创作二等奖；歌曲《黄土魂》《师恩难忘》、钢琴组曲《塞上风情》、钢琴独奏《赋格二首》、歌曲《彭阳，我可爱的家乡》、抗疫歌曲《你的身影》（何英隽词）、童声合唱《菩萨蛮·校园松柏》（侯开川词）脱贫攻坚歌曲《金沙滩》（路兴华词）等作品分别在国家级、省级演出平台公演、出版并获奖；排箫新作《萧关雪月》，意境含蓄，古朴悠远，令人耳目一新。

2020年，在广西南宁"中国—东盟音乐周"展演舞台上，气势恢宏、旋律优美的交响音乐作品《春舞塞上——琵琶与管弦乐队》，欢快与激昂错落，抒情和叙事交织，传统与现代结合，雄浑又细腻，水乳交融、难分难隔。雷兴明作为唯一受邀的宁夏作曲家，同时这部具有宁夏风格特色的琵琶与管弦乐队作品首次呈现于国际舞台。雷兴明凭借这部作品获得了宁夏第九届文学艺术作品三等奖、宁夏第六届大学生艺术展演一等奖。

取得这样的成绩，离不开雷兴明发自内心的热爱。宁夏这片热土上，孕育了太多赤诚热忱的儿女，他们带着热烈的梦想走出山去，又带着一身才华回到家乡，这是一场亲情的预判，一次血脉于土地的回归。

## 不忘初心启新程

雷兴明从事高校音乐教育工作，始终坚守在音乐人才培养一线。他认为，音乐人才培养是与整个教育体系乃至社会运行体制有机关联的，音乐人才培养必须把普遍化培养目标与个性化人才培养有机结合起来，不能"一刀切"地管理和运行，既要执行普遍方案，又要照顾个别特殊人才的出类拔萃、脱颖而出，并给予继续上升的空间。

作为宁夏大学音乐学院院长，雷兴明始终把音乐本体的人才培养、学校窗口形象和宣传以及学校的文化氛围和美育教育作为"十四五"规划的重点。"我们在服务地方经济这方面有短板，但服务地方文化建设是我们的长处。"雷兴明说。宁夏大学音乐学院不仅是培育人才的平台，是学校宣传的重要窗口。在学校的文化氛围营造和美育教育功能的发挥上，雷兴明进一步统筹，把美育教育纳入"十四五"规划与"双一流"学科建设的总体目标当中，作为学院及学校长期发展的目标。

如今，雷兴明仍然没有停止科研与创作的脚步，他始终将音乐研究与作品创作作为自己的立身之本，"将来有了更多时间以后，我还会努力将更多更好的作品和研究成果呈现出来。"他主持完成了1项国家社科基金艺术学项目，主持完成了1项宁夏社科艺术规划重点项目；独立出版专著3部，其中博士论文《承先锋之锐，拓回归之新——潘德列茨基前四部交响曲创作技术的分析与研究》由人民音乐出版社出版；参编出版教材2部、参编出版音乐作品集1部，在全国重要专业期刊发表了多篇高质量学术论文。

如何将中国优秀传统文化创造性转化、创新性发展，在建设黄河流域生态保护和高质量发展先行区战略中发展地方文化，努力创作艺术精品，雷兴明在不断调整思路，探索创作属于宁夏自己音乐语言的优秀作品。当笔者问到如何从无意识创作向有意识创作转化时，雷兴明展现了惯有的超前思维和远见卓识。一方面他拥有自己的构想和设计，践行作品的思想性与艺术性结合的原则，避免没有艺术品位的低档次重复作品；避免刻意技术堆砌而缺乏鲜活生活气息和思想内涵的纯形式主义作品。他将宁夏风格的钢琴组曲和部分室内乐的创作列入下一步的创作计划中，将国家项目的专著出版列入下一步的科研计划中，这就是有意识、有计划地转化。另一方面，他有意识地寻找主题，把视线聚焦在黄河文化、塞上江南、红色文化等题材方面，挖掘宁夏乃至西北地方文化，突出民族风格特色。

时至今日，雷兴明这位在全国多所高校任过教的音乐学院院长，笑称自己是在"业余时间搞专业"。这位自治区首批"塞上文化名家"，在知天命之年矢志不渝，倾心艺术、专注育才，煮酒唱朔风，舞笔吟贺兰。

（编校：刘晔）

### 作者简介

余子夜，女，宁夏大学2021级汉语言文学专业学生。

# 绿草·绿洲·绿荫

## ——雷兴明的音乐世界

侯开川

一

兴明是作曲家、教育家，在音乐语言的大海中遨游，但首先打动我的，是他的诗词和书法。在攻读硕士、博士和访学柴可夫斯基音乐学院的日子里，他写了不少现代诗和古体诗，其中2005年元旦作于北京中央音乐学院的《爱之颂》中有这样几句：

哦！不要惊动
远方那浸润着雨露的心田
正滋生着一棵青青的绿草

"绿草"，正是他自幼便生于心田的音乐理想，他一生为此而奋斗，正如这年秋天他在莫斯科国立柴可夫斯基音乐学院548宿舍里写下的诗序：

以超常的忍耐来度过这里的每一天。不远万里穿云破雾
飞来异域，为的是艺术，为的是生活，更为的是心中那块还
一直存留着的晶莹的绿洲。

他的音乐理想，兴寄于绿洲，挥洒于雄风：

　　西上黄河边，
　　沙尘舞翩跹。
　　煮酒唱朔风，
　　舞笔吟贺兰。

（2007年6月3日《西域赋》）

大河边关，朔风沙尘激起的，是舞是唱，一如兴明其人：从不言
苦难，只破土耕耘。

我曾坦率地问过他："在我交往的音乐专业人士中，大多并不以
文学语言为重，为何你这样执着地追求文字表达呢？"他说："音乐美，
语言更美，诗词是最美的语言。"是啊，语言文字本来就是艺术与审
美活动产生的推动力与工具。兴明出口不凡，见识高远，令人佩服。

他还喜欢书法艺术，北方民族大学音乐舞蹈学院门额上的院名和
门庭的题字，就是他的墨迹。

他用母语把音乐深植于心，遂成音乐的绿草、绿洲、绿荫。难怪
他的音乐作品充满了诗意！这个因果关系正好用他自己的诗句来揭示：

　　有了你，灵感之泉时刻迸涌，
　　有了你，艺术之神频频招手，
　　有了你，善良之缘无处不在，
　　有了你，美好之愿永远相逢。

就连他的专著《承先锋之锐，拓回归之新——潘德列茨基前四部交响曲创作技法的分析与研究》的整体布局与分章标题，也俨然一首绝句的起、承、转、合。就像姚恒璐先生评价的"作者'结论式标题'值得称道"，其布局"使得文章读来更贴近创作的实际，便于人们从阅读中汲取和借鉴"。

兴明还用诗的语言描述了他留学、著书的日子：

> 三秋砺来蹉跎路，
> 细风吹却微浮云。
> 背着书包上学堂，
> 流落他乡觅新知。

## 二

兴明是宁夏本土走出的第一位音乐专业博士，毕业后在广州星海音乐学院和天津音乐学院任教。2010年夏，北方民族大学将其"挖"回宁夏，聘任音乐舞蹈学院院长。

我虽不了解兴明在北方民大9年的全部工作，却知道他主政音乐舞蹈学院后从无到有，建立了作曲及理论专业，组建了管弦乐团并担任指挥。乐团与本校青年钢琴家李宴君副教授合作，排练上演了钢琴协奏曲《黄河》的全曲，这在宁夏音乐界当数首次，引起很大反响。这个乐团还十分重视排演本校教师的原创作品，有力地推动了教学科研水平的提高。

2017年1月11日，我将歌颂乡村教育者播植绿色人生希望的童声合唱歌词《菩萨蛮·校园松柏》发给了他，询问可否谱曲。他很快回复我：要按照艺术歌曲的标准来谱写这首歌。5月9日，兴明将定稿传给我，细读之，全曲十分契合"菩萨蛮"平仄互换、两句一转韵、疾徐缓急间波澜起伏的内在节律，又采用了转调的手法来表达起承转合、卒章

雷兴明教授在宁夏大学新年音乐会上指挥乐队演出

显志的特点，做到了歌词内容、音乐旋律和钢琴伴奏的高度协和。

> 校园松柏先生栽，学生抬水来灌溉。青翠育新苗，岁寒
> 知后凋。
> 春秋松柏长，伴我书声朗。绿意照童年，人生步步宽。

这首少儿合唱曲的创作，不但让我感受到兴明对山区教育的一往
情深，还直接触摸到了他的古典诗词修养在作曲中的生动体现。当年，
这首合唱便发表在《音乐创作》第11期上。

2018年5月，张闽娜教授和尚海燕老师指导小燕子合唱团排练了
这首歌，兴明请高思雨老师担任钢琴伴奏，杨强鑫制作了专题视频。
这首歌入选宁夏回族自治区成立60周年献礼歌曲集《放歌新时代》，
并获自治区第三届校园歌曲大赛一等奖。

## 三

2021年9月19日下午6点，雷兴明、马志学、马正虎、马淑华、

胡玉琴和杨强鑫《艺术的审美》联合讲座在《萧关雪月》排箫曲中完满结束。讲座在位于西吉县葫芦河畔杨河村的木兰书院举办，完全是公益性质的，听众踊跃参与。9月28日，固原市广播电台《记录六盘》栏目第112期以全栏目时长（近30分钟）详细报道了讲座实况。

兴明以其作品《春舞塞上——琵琶与管弦乐队》为讲座的开篇。

"同学们，我们今天在木兰书院，面对着对面的山梁和一丛丛翠绿的树木，还有下面的山沟、头上的蓝天与不时飘来的细雨，在这样的氛围中，我们来欣赏多重艺术作品……"

真没想到，他会以这样即景抒情的语言开启听众对一部交响乐的欣赏。我随着他的话透过窗玻璃望了望对面的山景和坐满大厅的学生和家长，不禁赞叹：兴明一开口就把自己的音乐安放在六盘山区的大地上了！哦，他的音乐世界是绿草、绿洲、绿荫，离不开大地呀！正像此时他告诉听众的："这部交响乐，反映的就是宁夏的内容，表达的就是宁夏的感情，大家可以从中找到自己熟悉的体验，听到自己熟悉的音调。"他还用"手舞足蹈"来说明快板，用"书写想法"说明中板，用"人间烟火"说明慢板，让人们通俗地去理解交响乐的速度构成及其表达特点。很快地，我也沉浸在兴明的讲解之中而忘掉了自己的讲座主持人身份。

如果说《春舞塞上——琵琶与管弦乐队》是对改革开放的讴歌，那么《萧关雪月》就是历史回照的心曲。这首排箫曲是兴明2021年为西安音乐学院国际排箫学术交流中心创作的，由青年排箫家、该中心副主任吕涛演奏。作品旋律出自西北民间音乐，采用变奏、对比的单三部曲式结构布局，写意唐边塞诗，古朴辽远，撩人心弦，我专赋"七律"记下所感：

大漠关中一线牵，六盘峡谷列萧关。

汉武交通回中道，唐宗马政瓦亭喧。

脱贫海固换新貌，航宇神舟动居延。

恰有排箫传雪月，参差心曲付清泉。

一位高等学校的博士、教授，站在山村书院的讲台上，为了孩子们而挥洒才华，这是艺术最动人的回归！

四

再说说兴明的古埙吧。

在西海固，老百姓把古埙称作"哇呜"，泥捏成坯，烧制而成。当然现在人们演奏用的古埙，有专门的工艺，有固定的调，十分精致，但它仍然出自陶土，离不开烧制。

第一次听兴明吹奏古埙，是戊子腊月夜深月高的一个夜晚，我们酒后漫步在宁大南湖曲桥，他突然掏出一只埙，吹奏起来，其音呜咽，满溢冰面。辨之，原来是电视剧《三国演义·五丈原》配乐。乐为心声，我知道此时他遇到了选择的难处——是留津门还是赴塞上？就让他在古埙曲中考虑吧。

兴明童年时"泥哇呜"从不离身，还用老式铁皮罐头盒自制了土二胡，小小年纪便以这样"自力更生"的方式走上了学习音乐的道路。直到1981年考入固原师范学校，才接触到钢琴、小提琴等乐器，并长途奔赴银川拜师学习小提琴。此后，虽然他教学、创作中常用的是钢琴，却一直没有间断古埙的演练。埙于他，是一个象征——六盘山与关陇大地孕育出的音乐理想。

从天津回到宁夏后，他还特意送给我一只 F 调的埙。

兴明的求学道路与众不同，从小学、中学、中师到专科、本科、硕士、博士，从贺兰郊外的师专音乐系到中央音乐学院和莫斯科国立柴可夫斯基音乐学院，从罐头盒到三角琴，几乎什么样的层级他都经历了个遍。山乡知道他的人感叹道：这人把不上的学都上了，把不走的路都走了！

很少有人知道，他从固原师范毕业并在彭阳县职业中学任教两年后，为了考进大学继续追求自己的音乐理想，竟然辞去了在别人眼里求之不得的教职。对于一个21岁的人来说，这需要多么大的勇气，无异于破釜沉舟！

当我在联合讲座中插叙了兴明"罐头盒二胡"及求学的故事后，大家都很感动。固原市名师马正虎说："雷院长一路走来，成为山区孩子走出大山的榜样。做一个普通的大学教师容易，但做一方音乐教育的掌门人就难了！他的精神包括那种谦逊内敛的态度，都是我们应该好好学习的。"

兴明是性情中人。9月19日雨后之夜，风清月朗，群星闪烁，在木兰书院四合院里，他放开伴奏带，拿出那只埙，演奏起来。这首乐曲古朴深邃，穿透山村的夜空。我们又请他演奏了一遍。问曲名，说叫《追梦》，是专为古埙作的曲。

好一个《追梦》！

埙曲如波，笼罩山村；埙声度心，人再前行。

2021年11月18日一稿，2022年3月29日再稿

**作者简介**

侯开川，男，1947年12月生，中共党员。高校讲师，高级政工师。1982年后先后在银川师专、宁夏教育学院、宁夏大学任职。

蔡永贵

　　生于1958年，中共党员，文学博士，教授（二级岗）。汉语言文字学专业硕士生导师，西北民族地区语言文学与文献专业博士生导师，宁夏回族自治区重点学科汉语言文字学学科带头人，自治区"313人才工程"跨世纪学术技术带头人，自治区塞上文化名家，享受国务院政府特贴专家。兼任宁夏语言学会会长，中国语言学会理事，中国文字学会理事，自治区政府法律咨询委员会委员，教育部第四届高等学校图书情报工作指导委员会委员，团中央、全国学联"第一届中华学子青春国学荟"国学专家及全国专家咨询委员会成员，国家出版基金评审专家，国家社科基金项目通讯评审专家。曾获全国师德先进个人称号、中国高等师范院校教师奖，获评全国优秀教育硕士导师、宁夏回族自治区优秀教师，获宁夏第四届哲学社会科学突出贡献奖等。

　　长期致力于文字、音韵、训诂及出土文献的教学与研究。发表《"右文说"新探》等论文50余篇，出版《俄藏黑水城汉文文献俗字研究》等著作5部，参编著作多部，主持国家社科基金项目《敦煌与黑水城手写汉文文献俗字比较研究》（冷门绝学专项）等2项，主持省部级科研项目5项，参加国家社科基金项目和省部级科研项目多项。科研成果《汉字字族探论》（论文）、《俄藏黑水城汉文文献词汇研究》（著作）和《汉字字族研究》（国家社科基金项目结项成果）等论著获宁夏回族自治区优秀社科成果一等奖3项、二等奖2项、三等奖2项。两部著作分别获全国优秀古籍图书奖二等奖、全国古籍百佳图书二等奖。获自治区教学成果奖1项（排名第一），自治区优秀硕士论文指导教师奖5项。

# 我的求学经历

蔡永贵

我的家乡在陕北农村。年幼时，村里居住460来人，在当地是个大村落。家乡人重视教育，村里有一所像模像样的小学。一排七孔清一色的砖窑洞，配上三面围墙围出庭院，是村里最气派的建筑物，是农村孩子们向往的乐园。

本村小学，近水楼台，我6岁便入学了。小学时期学习的事情大多已经忘却，但有几件事还记得比较清楚。第一，小学时期的语文课本我都会背诵，直到现在一年级的课本的前几课还会背诵。第二，有一位中师毕业的语文老师叫蔡建刚，人长得帅，课讲得有趣。他讲的"闻鸡起舞""悬梁刺股""走马观花"等成语典故我现在还记得。现在回想起来，他应该是第一个开启了我学习语文兴趣的老师。第三，小学时期学的几首毛主席诗词现在还会背诵。第四，生产队分救济粮，我的口算速度比会计用算盘算得快，这件趣事，时常被同乡人提起。

1970年9月至1972年底，我在瓜园则湾公社（相当于现在的乡镇）的瓜园则湾中学读初中。我的初中阶段是两年半，这是因为当时要把秋季入学制转为春季入学制，所以我的初中多上了半年。

初中时期，我是班级的学习委员。这期间，我很幸运，遇见了两位引导我热爱语文学科的语文老师。一位叫薛文发，人长得黑瘦黑瘦，但字写得漂亮，善于指导作文。一位叫高丕文，是20世纪60年代初期陕西师范大学中文系毕业的本科生，举止潇洒，风度翩翩。他的一举一动都深深地吸引着我们这些乡里娃。

蔡永贵教授为澳门市民讲授中华文化

我的初中学业很正规，很扎实。这期间，我文理科兼优，数学、语文都是拔尖生。初中毕业那年，正赶上中央整顿教育。整顿的结果就是抓教学质量，升学由推荐制回归到了统考录取制。毕业时，全公社两个中学的毕业生统一会考，我得了第一名，当了一次公社"状元"。当然，整个初中时期，我最得意的还不是这个乡间状元，而是我的作文。初中5个学期，我的作文差不多次次受表扬，篇篇被传阅。这样的激励和刺激，让我每周都盼望老师布置作文。初中毕业时，我的大作文本竟被别人偷去收藏了，报告老师后，自己反因"保管不善"而被老师训诫。

初中毕业后，经全县统考，我顺利地考入了陕西子洲县最好的中学——子洲中学（当时叫双湖峪中学）。1973年2月底入学，1974年底毕业，为期两年。

高中期间，尽管我是乡下娃进城了，没有初中时风光，未能当选学生干部，但令人欣慰的是我的作文依然有名，学校黑板报上常登载我的作文。记得有一次，我在作文中借用另外一个班同学的诨号作为我作文人物形象的姓名，此文在黑板报上登载后，引起了同年级6个平行班同学的普遍关注和议论。高中时期，高丕文老师也调入子洲中学任教，是我的语文老师之一，他依然是我爱好语文的原因之一。这

蔡永贵

个时期，我仍然是一个各科均衡发展的学生。我的数学，还是班级的拔尖生。记得1978年暑假，当时我已是陕师大中文系一年级的学生，有复旦大学电光源专业的高中同学来陕师大找我，竟然首先问询的是数学系。

高中毕业前的一个夜晚，宿舍同学各言其志。我说："我的志向就是上大学，即使大学毕业后当农民也愿意。"在当时，没有高考，上大学的唯一渠道就是推荐。我家因为已有大哥被推荐上了大学，而我再想得到推荐上大学的机会几乎为零。但是，我仍然怀揣着上大学的梦想。

高中毕业后，1975年到1977年，我在本乡一所"带帽中学"任民办教师，担任初中语文、数学和历史三科的教学工作。非常巧合，1977年恢复高考时陕西省文科生考试的科目就是语文、数学、历史和政治。所以，这个工作经历为我以后参加高考选择文科创造了条件。

1977年12月参加高考，全公社众多考生中，只有我一人被初选并被录取，由此一时之间，我又当了一次乡间"状元"。1978年3月，进入陕西师范大学中文系学习，有幸遇到了赵克诚、辛介夫、高元白等先生，得到了恩师们的悉心教诲和关爱。1985年9月，我回到陕西师范大学中文系汉语言文字学专业攻读硕士学位，师从辛介夫先生，还得到了郭芹纳、迟铎、郭子直等先生的教诲。2003年9月，我考入福建师范大学文学院汉语言文字学专业，攻读博士学位研究生，受教于马重奇先生。从本科、硕士研究生到博士研究生的求学经历，《善学者其如海——记文字学家蔡永贵教授》和《记我的导师蔡永贵先生》两文多有记载，因此本文不再赘述。

回忆我的求学经历，我有三点感想：

一是老师的鼓励非常重要。高中之前，我的理科一直学得很好，有天然的优势，尤其是数学；而我的文科，特别是对语文的兴趣，主要是老师鼓励和培养出来的。我由一个理科生转变为文科生，究其原因主要是老师的鼓励和老师魅力的感召所致。

二是求学需要转益多师，破除门户之见。在我成长的道路上，从小学到博士研究生，一路走来，得到了许多老师的指点。尤其是进入硕士研究生学习阶段之后，除了得到导师们的循循善诱、谆谆教诲外，还得到了许多学者的教导，受到了许多学者的影响，甚至还有从未谋面或不可能谋面的前人或古人。在专业研究上，对我影响较大的学者有以下几位：辛介夫先生，在辛介夫先生那里，我学到了研究问题时注意综合考察，形音义互证；马重奇先生，在马重奇先生那里，我学到了培养科研眼光，把握学术方向，学会了选择研究课题应注意学术高度，研究问题要视野宽、站位高；裘锡圭先生，在裘锡圭先生那里，我学到了严谨，学到了视野，注意出土文献与传世文献相结合；沈兼士先生，在沈兼士先生那里，我学到了尽量占有材料，系统梳理相关文献，寻求创新空间；刘又辛先生，在刘又辛先生那里，我学到了注意层次与历时考察。

三是成才需要环境，身边的人就是最重要的环境。学生是构成促进老师发展环境的最重要因素，老师是构造学生成才环境的最重要因素。因此，上学遇到好老师、教书遇到好学生，都是人生幸事。打个比方，以水为喻说明之：如果老师是江海，学生就可能成为蛟龙；如果老师是湖泊，学生就可能成为鱼鳖；如果老师是池塘，学生就可能成为虾蟹。当然学生对老师的成长也很重要。在我的求学生涯中，我对学生作用的认识也有一点感悟，仍然以水为喻说明之：如果学生是江海，老师就可能是航行于江海之上的巨轮；如果学生是湖泊，老师就可能是穿行于湖面的舟船；如果学生是池塘，老师就可能是浮在上面的竹排木筏甚至是树叶。

这是我的求学经历，也是我的成长自传。

# 善学者其如海

## ——记文字学家蔡永贵教授

张新民　　封宏砚　　周雪娇

　　蔡永贵教授作为宁夏汉字研究第一人，长期致力于文字、音韵、训诂及古文献的研究与教学，在文字学研究方面造诣深厚。发表学术论文50多篇，完成《俄藏黑水城汉文文献词汇研究》《俄藏黑水城汉文文献俗字研究》《汉字认知理论研究》等著作5部，参编著作多部。主持国家哲学社会科学基金项目《敦煌与黑水城手写汉文文献俗字比较研究》《汉字字族研究》2项，省部级科研项目5项，参加国家哲学社会科学基金项目多项。获全国优秀古籍图书奖二等奖2项，宁夏哲学社会科学优秀社科成果奖7项（其中一等奖3项、二等奖2项），自治区教学成果奖1项，自治区优秀硕士论文指导奖5项。1997年获"中国高等师范院校教师奖"，1998年获"宁夏回族自治区优秀教师"奖，2001年获"全国师德先进个人"称号，2010年获"全国优秀教育硕士指导教师"奖，2015年获宁夏回族自治区"塞上文化名家"称号，2016年起享受国务院政府特殊津贴，2021年获宁夏第四届哲学社会科学突出贡献奖。

## 受教于名师，逐梦无悔四十年

　　蔡永贵是恢复高考以后的首届大学生。他研究语言文字学的启蒙老师是本科第一学期的现代汉语任课老师赵克诚教授。受赵先生的影响，在随后的几个学期里，他选修了当时陕西师范大学中文系开设的所有语言文字类课程，如音韵学、《说文解字》研究等，为日后学习和研究文字训诂学打下了坚实的基础。为了弥补教材的缺失，蔡永贵经常将图书馆借来的学科经典著作，进行要点摘录，甚至还全文抄写了《孟子译注》《汉字的组成和性质》两种图书。

　　1985年9月，蔡永贵考入陕西师范大学中文系汉语史专业攻读硕士学位，师从辛介夫教授。在辛先生的影响下，蔡永贵走上了汉字学研究之路，执着前行40年，发愤忘食，乐以忘忧。

　　1987年3月至7月，蔡永贵到北京访学，先后师从李学勤、王宇信、裘锡圭、高明等名家，努力学习文字学理论和研究方法。其间还有一项重要的学习内容，就是经常去北京图书馆（今天的国家图书馆）查阅、抄写文献资料。这段学习经历，令蔡永贵受

蔡永贵教授在为学生授课

益良多。

学无止境，教然后知困。2003年已担任教授、硕导多年的蔡永贵，怀揣读博士梦想走进了福建师范大学的校门，师从著名音韵学家马重奇教授，主攻汉语音韵和文字。蔡永贵认为，读博不是为了镀金，是实实在在的提升。读博，有利于提升理论修养、科研素养和科研眼光，科研会更加专业化、规范化，读博是一个学者进入学术前沿，进入专业研究队伍行列，走向全国所应有的打磨。

方孝孺《赠俞子严溪喻》说："善学者其如海乎。"蔡永贵，其善学者也。

### 匠心于讲台，乐育学子启后人

1982年1月，蔡永贵本科毕业，响应教育部的号召奔赴宁夏，进入银川师范专科学校中文系任教，成为学校的骨干教师。1988年7月，研究生毕业后，蔡永贵再回宁夏高校任教。

1996年蔡永贵入选宁夏回族自治区第一批"313人才工程"跨世纪学术技术带头人，1999年担任宁夏大学中文系副主任并被破格评为教授，2002年原宁夏大学中文系与历史系等系合并成立宁夏大学人文学院，他出任副院长。此时，他作为自治区重点学科汉语言文字学科负责人、学术带头人，分管学院的研究生工作，作为硕士生导师承担着繁重的研究生教学和指导工作。他始终坚持以科研促教学、带教学，注重科研成果教学化，以教书育人为核心职责、为立身之本。

"己欲立而立人，己欲达而达人。"蔡永贵在求学中从师受恩，享受过春风风人、夏雨雨人的感觉，因此，当他自己成了研究生导师以后，也希望自己的学生能从他身上学有所得，让自己的学生也能享受到阳光雨露的哺育。作为学科和学术带头人，蔡永贵先后为本科生讲授过古代汉语、文字学专题、训诂学专题等课程；为硕士研究生讲授过文字学、古文字学、汉字字族学、《说文解字》研究、段玉裁《说文解字》研究等课程；为博士研究生讲授文字训诂学、民族地区古文献汉语俗字研究概论、《说文解字》与语言文化等课程。在研究生培养中，他兼顾学生品德和学问的养成，注重继承和创新两手抓，鼓励学生精读经典，学以致用。由于长期坚持不懈，他和团队在字族和黑水城文献俗字词汇研究方面形成了优势，开拓了学术领地。对学生来说，他是一位良师，也是一位益友。早年间蔡永贵的一位留校工作的学生，准备结婚却没有婚房，他便将自己在南校区的临时住所让出来权作这位学生的婚房。有的学生因为家境贫寒，在进一步攻读博士和止步硕士之间犹疑，蔡永贵及时地鼓励他继续攻读，并且真诚地向他表示了支持。蔡永贵在学习上生活中尽可能地给予学生指导和照顾，是实实在在的人生导师、指路明灯。目前为止，他已培养了100多位硕士、博士研究生。在教育教学中形成的教学成果，曾获自治区第一届教学成果奖。

## 陶醉于文字，寂寞一点透书香

2015年，蔡永贵所著《俄藏黑水城汉文文献词汇研究》获得了全国优秀古籍图书二等奖、自治区第十三届哲学社会科学优秀成果著作奖一等奖。2019年，他的又一部著作《俄藏黑水城汉文文献俗字研究》获得全国古籍出版社年度百佳图书二等奖。这是蔡永贵运用传统的文字训诂学理论研究出土文献，开拓新的研究领域产生的新成果。

40年来，他潜心学术，开拓创新，建立了汉字字族理论，形成了自己的学术特色，"成一家之言"。早在硕士研究生期间，蔡永贵就发表了学术论文《"右文说"新探》，在业内引起了较大影响，从此跨入了学术前沿。在汉字学研究领域，蔡永贵在六书基础上形成了自己的"八书说"；在对"右文说"批判继承的基础上，形成了自己的"母文说"

及"母文类属字"的理论，进一步发掘出了汉字字族的秘密，建立了独家汉字字族系统理论。积25年之力研究字族，完成了《汉字字族理论研究》的重要成果。他的汉字字族研究，注重在发展变化的动态中考察汉字，注重汉字发展孳乳中的内在联系，探索了一条汉字研究的新途径，有助于进一步研究汉字孳乳发展的内部规律，对于促进汉字研究和教学的科学化，具有重要的理论意义和现实意义。

身为学者，他搞好了学术和科研；身为教师，他桃李满园深受爱戴。作为文字学、训诂学、字族研究专家，他的脚步并未仅仅止步于此。根据国家文化建设的需求，他将自己的研究扩展到了国家"冷门绝学"的攻关项目，积极研究汉字文化，探索中华文明传承。他关于《论语》等传统文化经典的研究成果曾先后两次在台湾中华经典研究会议演讲，他关于汉字文化的研究成果曾以"澳门市民讲座"的形式在澳门演讲，他关于字族研究的成果曾在多所大学做过专场报告。他受聘组织的"宁夏汉字大赛"很好地传播了汉字文化。为了更加广泛地弘扬汉字文化，传承优秀中华文化，也为了帮助学生将理论转化为实践，学以致用，他组织团队共同主持《说文解字》节目，在银川电视台连续播出了3年，反响热烈，备受好评。

1999年起，蔡永贵先后任宁夏大学中文系副主任、人文学院副院长，负责中国语言文学硕士学位点和自治区重点学科汉语言文字学的建设，精心谋划，尽心尽力，顺利建成了中国语言文学一级学科硕士点。

2011年出任宁夏大学图书馆馆长，他在其位谋其政，系统建设图书馆文献资源，努力提升服务能力和水平，加强文献资源推广和利用，积极开展环境和文化建设，努力改善技术和后勤保障建设，持续推进图书馆现代化和智能化建设。经过一系列卓有成效的整改和提高，宁夏大学图书馆的面貌焕然一新，为双一流建设提供了坚实的文献支撑和保障。

　　"桐花万里丹山路，雏凤清于老凤声。"蔡永贵认为，汉字文化魅力无穷，在未来，会有更多学子循着前人的足迹，寸寸开垦，在这辽阔的土地之上培育出更加美丽的汉字研究之花和更加丰硕的汉字研究之果。


（编校：刘晔）

蔡永贵

# 记我的导师蔡永贵先生

包　朗

蔡永贵先生是我的硕士生导师。

2003年9月至2006年6月我在宁夏大学人文学院汉语言文字学专业攻读硕士学位，师从蔡永贵先生。我研究汉语言文字学的根基是在蔡老师指导下建立起来的，研究方法是跟蔡老师学来的。因此，我毕业分配到塔里木大学后，仍和蔡老师保持着密切的联系。

2005年，我曾撰写过《重教书更重育人——记蔡永贵老师》一文，刊载于《宁夏大学报》，随后入选《春风化雨——宁夏大学学生心目中的老师》一书（鲁晋主编，宁夏人民出版社2005年10月版）。该文所记是我16年前对蔡老师的认识，有关内容此处不再复述。随着自己的成长和与蔡老师交往的加深，我对蔡老师又有新的了解和认识，现补述于下。

蔡老师给我留下最深刻印象的是他培养研究生方法的独特。独特之处有三：

一是注重研究生学术思想和学术品位的培养。蔡老师带研究生，非常注重在教学和科研合作中对研究生进行学术思想和学术品位的培养。回想起来，我觉得跟着蔡老师读研，收获之一正是树立了纯正的学术思想和学术品位。在学术思想方面，让我懂得了对学术方向的把握，对学术规范的敬畏；让我明白做学问和利用文献要有正确态度，研究文字学要在继承中增长出创新，否则研究结论往往行之不远、传之不久。在学术品位方面，让我学会选择研究课题应注意学术高度，研究问题要视野宽、站位高，研究结论要有新认识，力求对学科发展有所贡献。

二是他培养研究生不随大流，不盲目强调"博览"，而是根据汉语言文字学专业的特点强调"精读"。他所说的精读含有两层意思。一指反复精读本专业的几种经典著作，成为研究这些著作的专家。二指根据在自己大脑中构建本专业知识和理论体系的需要，选择系列专业著作阅读。这样才能在头脑中形成"专业磁铁"，不断吸收新知识新理论，使自己常处于学术前沿；这样才能在大脑里构建专业模型，才能够纵横比较、触类旁通、迁移创新。

三是把自己的科研引入课堂，进行示范性教学。科研示范，有利于学生学会如何发现问题、解决问题，有利于学生学到研究方法、形成研究能力。正是由于他培养方法的独到，他指导的5篇硕士论文获得了自治区优秀硕士论文奖。

我还要补述的是蔡老师对读书的认识和他在读书中的一些新见解。同门师兄弟们谈论起来，对蔡老师论读书学习的见解印象深刻。蔡老师认为，只看重纸质图书而不会使用电子图书、专业数据库，是"近视者"；相反的，只青睐电子图书、专业数据库，不精读纸质文献经典的人，是"缺钙者"，难以在学术研究的道路上走得远。蔡老师还认为"越传统的学问越需要现代化，如果不借力于现代化设备和手段，不与现代社会相适应，文化传承将会失去一条坦途"。

关于读书，他认为，读书不仅是学术创新的基础和津渡，还是开阔视野、完善人格的重要途径。一个人读过的书摞起来有多高，他的境界就可能有多高；一个人对书的研读有多精，他的见识就可能有多精深。读书，就是给自己的智力银行不断储蓄。今天读过的一本书，可能就是未来前途中的一座桥。有效地读书，应该思于心，注于手，行于文。

蔡老师的读书，常常有新解。杜甫《戏为六绝句》之六说："未及前贤更勿疑，递相祖述复先谁。别裁伪体亲风雅，转益多师是汝师。"蔡老师说，对这首诗我的解释不同于一般的注释，我认为杜甫是说：那些轻薄为文的今人"不及初唐四杰这些前贤是毫无疑问的，他们写诗囿于门户、因袭成风，又有谁能够出类拔萃呢？要写出好诗就要剪裁掉一味模仿而没有现实内容的东西，要亲近、学习像风雅那样反映实际生活和情感的东西，这种放弃门户之见、转益多师的态度才是你们应该效法学习的"。作诗需要放弃门户之见，转益多师，学习和做学问更是如此。

《论语·为政》："子曰：吾十有五而志于学，三十而立，四十而不惑，五十而知天命，六十而耳顺，七十而从心所欲，不逾矩。"这是孔子总结自己一生的一段话，学者多有不同解释。蔡老师译注为：我15岁立志学习文献（六经，理论知识）。30岁时就在学习中形成并确立自己的学说主张。40岁就不会被别的学说、理论所迷乱（《说文》："惑，乱也。"指心意被外物干扰而迷乱），在为政中坚持自己的学说。50岁就懂得了让自己的学说与社会规律自然规律相适应，并在治理社会中遵循社会和自然规律。60岁时在坚持、践行自己的学说主张的同时，广泛听取各种意见以丰富自己的学说（耳顺的本质是善于听取各种不同见解，吸收别人长处，即圣）。70岁时根据自己的所想而作为（处置事情），就不会逾越规矩。可见孔子的一生就是由学习理论知识开始，建立并践行自己的学说和治国主张。类似这样的精义，在蔡老师讲课中时时可听到。

此外，我想补充介绍蔡老师的学术特色。蔡老师的学术特色主要表现在四个方面。一是汉字字族研究。他发挥自己在传统学科上的学术优势，在对传统语言文字学深入研究的基础之上，有了新的

蔡永贵教授（中）接受档案馆采访留影

增长和开创，建立字族理论框架，形成了特色。更因为他的学生们加入团队，在字族研究领域内，形成了气候。二是黑水城文献词汇、俗字的研究。这是将传统的文字训诂学基础与地方特色文献靠拢的结果。这方面他和他的研究生团队的研究是开创性的。他们的研究有利于推动文献本身的准确解读和研究质量的提高，为宁夏大学抢到了一块学术研究的地盘。三是《说文解字》及汉字文化的研究和传播。这方面的研究有利于科学说解汉字，传播中华文明，普及汉字文化。四是汉字认知理论研究的探索。力求把象牙之塔的文字学，变成人民大众的汉字教学法。

从次，专此补述蔡老师的尊师重道。尊师重道也是蔡老师的一大特点。蔡老师对他的老师辛介夫、赵克诚、马重奇和王宇信等教授，长存感恩之心。每每在课堂上讲授到这些恩师的学术和为人时，崇敬之情溢于言表。为了纪念辛介夫先生逝世十周年，他和同门陈枫教授等整理出版了《说文部首集注笺证》。该书的内容是在辛介夫先生指导他们讨论《说文》部首发言稿的基础上整理出来的，非常有纪念意义。在书的《后记》中蔡老师写道："1985年秋天，我们从祖国的不同方向，汇聚陕西师范大学中文系，投入辛先生门下，成了辛介夫先生的第一批硕士研究生。2007年1月14日，我们敬爱的辛介夫先生永远离开了我们。先生走了，给我们留下了无限的伤痛，也给我们留下了无尽的思念。""最难忘先生传道授业，每逢先生讲授《说文解字》选修课，一座难求，必须提前抢座。在先生的课上，能体验学问，更能学会做学问。先生有诗曰：'鸳鸯不绣绣凡鸟，乐把金针度与人。'（《说文拥彗·跋》）体现了辛先生教书育人的境界。我们研究文字训诂，考证文字的能力和方法都来自辛先生的教诲、传授。先生之德范，仰之如太乙终南；先生之情怀，感之如三秦大地；先生之学术，行之如周行大道。《说文部首集注笺证》一书，就是先生培养我们读书研究的记录和见证。书稿犹在，斯人已逝。见书思人，怀念先生。"字里行间充满了尊师重道的深情。

最后，我要补述的是蔡老师为人的特点。蔡老师做人做事的一个重要特点，就是认准目标，坚定不移，勇往直前。蔡老师看起来外表文弱，但内心刚强坚毅。求学，他克服困难，坚持读完了博士研究生，这对于像他这个年龄段的人来说，并非易事；做研究项目，他从校级项目、区级项目，一直做到国家社科基金项目，他新近的项目叫《敦煌与黑水城手写汉文文献俗字比较研究》，是国家社科基金的冷门绝学项目，该项目是那一年"冷门绝学"专项申报中宁夏回族自治区收获的唯一一个项目；科研获奖，他的成果从校级奖开始，一直到获得7项自治区哲学社会科学优秀社科成果奖（其中一等奖3项、二等奖2项），2项全国优秀古籍图书奖二等奖，最近从网上的公示材料中看到他又获得了宁夏第四届哲学社会科学突出贡献奖，这个奖是宁夏回族自治区哲学社会科学方面最高的奖励；干事业，他获得了宁夏回族自治区优秀教师、宁夏回族自治区塞上文化名家、中国高等师范院校教师奖、全国师德先进个人，直到成为享受国务院政府特殊津贴专家。

这些荣誉获得一项也不易，但蔡老师却说："荣誉已是过去，人生重要的是不忘初心，厚德载文。我还可以做20年的科研工作，还可以再完成几部著作。"

这就是我认识的蔡老师，我们尊敬的蔡永贵老师。

（编校：刘晔）

## 作者简介

包朗，宁夏大学人文学院2003级汉语言文字学硕士研究生。现为塔里木大学人文学院教授，硕导。

潘忠宇

中共党员，生于1957年9月，1980年毕业于北京大学哲学系，曾在北京大学哲学系和中国人民大学哲学系进修访学，后毕业于香港公开大学获硕士学位。曾担任宁夏大学政法学院院长、北方民族大学马克思主义学院院长，现为宁夏大学民族伦理文化研究院副院长，二级教授、博士研究生导师。系中国民族伦理学会副会长兼秘书长、国际儒学联合会理事、中国民族学会常务理事、中国伦理学会常务理事、宁夏伦理学会会长。撰写、主编出版《民族伦理与社会和谐》等专著、教材19部，在《道德与文明》《伦理学研究》等刊物发表学术论文约50篇。主持并完成国家社科基金重点项目1项、重大项目子项目1项，主持并完成省部级课题20余项。曾先后荣获"全国社会科学普及名家""北京大学优秀校友"荣誉等，获宁夏社会科学优秀成果一等奖、宁夏"社会科学工作贡献奖"等。

# 为宁夏高等教育事业耕耘

## ——潘忠宇自传

潘忠宇

我自1980年北京大学哲学系毕业回到宁夏进入高校从事教学及管理工作，至今已经42周年，从一名青年学子成长为二级教授、博士研究生导师、学院院长，一直在为宁夏的高等教育事业默默耕耘。

我于1957年10月出生于宁夏永宁县。1974年初，高中毕业后回乡务农，成为一名回乡知识青年，曾经担任青年突击队副队长、队长，团支部副书记、书记，大队团总支部副书记、书记，大队农田建设指挥部副总指挥，兼大队文书，加入了中国共产党，成长为一名永宁县优秀回乡知识青年代表。1975年底，在永宁县招录青年干部中，被选拔招录为永宁县十名青年干部之一，成为后备培养的青年干部，并被下派到望远公社进行基层锻炼，担任党委秘书、宣传干事、团委负责人。1976年底，在高校招生中，经过推荐、考试和考察，我被录取到北京大学哲学系。1977年2月入北京大学哲学系上大学，曾经被评为北京大学"三好"学生和"三好"学生标兵，参加了1979年暑假北京大学学生工作部和团委组织的"北京大学'三好'学生标兵夏令营"赴大连考察，于1980年元月毕业。

大学毕业后，被分配到银川师范专科学校任教，为汉语言文学

潘忠宇教授参加第三届全国公共管理院长论坛

专业学生讲授形式逻辑专业基础课，为全校学生讲授马克思主义哲学、思想修养、法律基础等思想政治教育公共课。1982年9月至1983年7月参加教育部委托北京大学哲学系举办的高校青年教师哲学进修班。1984年7月任教务处副处长，主管学生工作，兼任学校团委副书记，主持校团委工作。1986年被评为讲师。1987年2月至7月参加了国家教委在中国人民大学哲学系举办的高校哲学教师高级研修班。1987年8月任校团委书记兼学生科（独立设置，学校直属）科长。在主管学生工作期间，出台了《改善和加强学生工作的十项措施》等重要改革方案，建立了优秀生系列奖励、优秀专科生选优上本科、优秀毕业生择优分配、学生参与学校食堂管理和教学管理、学生评教等一系列管理制度。1989年，银川师专与宁夏教育学院合并后，任学生处第一副处长，主持学生处工作。担任政治教育系教师，主讲形式逻辑、伦理学、马克思主义哲学、法律基础、社会学、行政管理等课程。1989年至1991年，与朱玉华、李伟等共同策划编写了宁夏第一批高校德育教材，主编《人生哲理》。1994年被评为副教授。

1997年，宁夏教育学院、银川师专与宁夏大学合并后，在政治系任教，主讲形式逻辑、伦理学、西方哲学史、现当代西方哲学等课程。1999年至2000年，为适应高校德育教材本土化的需要，在自治区党委宣传部常务副部长朱玉华领导下，我们共同谋划编写具有宁夏特色的高校德育教材，我主编《马克思主义哲学原理》，这是宁夏第二批本土化的高校德育教材。1999年3月任音乐系书记，1999年7月至2001年参加陕西师范大学"哲学与现代管理研究生课程班"学习。2001年9月至2004年6月参加香港公开大学"教育管理硕士"研究生班学习。2004年任音乐学院书记。2005年评为教授，被聘为外国哲学硕士点研究生导师。任音乐系、音乐学院书记期间，为音乐系教职工思想建设、党务工作、教师队伍建设、教师科研和高等教育自学考试音乐本科教育教学等作了积极努力。

2006年10月任政法学院书记，2007年7月至2012年12月任政法学院院长。在任政法学院书记、院长期间，与李正东、李德宽、任军、曲正、吕耀军、拜发奎、崔明堂等学院班子成员，潘素洁、朱爱农、杨文林等系主任，和孙振玉等教授共同努力，重点做了以下工作：

一是学院二级教代会试点。为促进学院民主管理，在学校党委领导和工会指导下，学院主动承担二级教代会试点工作。在学院二级教代会上，共同商讨学院发展规划，探索优化学科建设计划，讨论教育教学管理规章制度，审议学院财务收支情况。政法学院成为全区首批进行学院二级教代会试点的三个学院之一。

二是迎评促建。为迎接教育部2008年对宁夏大学第二轮本科教学的评估，按照宁夏大学书记、校长陈育宁教授提出的"负重拼搏、再爬五年坡""迎评促建、再上新台阶"的要求，对标对表评估要素，优化人才培养方案和教学体系，完善课程体系和课程方案，健全教学管理规章制度，优化学业评价制度，加强教学实践基地建设，组织开展课程教学研讨交流。由于迎评促建工作认真、充分、细致、扎实，政法学院合理的人才培养方案、健全的教学管理规章制度、鲜明的实践特色、出色的学生能力展现均受到了评估专家的高度赞扬。学校顺利通过了教育部第二轮本科教学评估工作，获得"优秀"等次。政法学院也为宁夏大学教学评估"达优"贡献了力量。

三是加强专业建设。在专业建设上重点做了加强实验室建设、卓越法律人才培养和建立社会学专业三个方面的工作。为补强实践教学的短板，着力加强实验室建设，建设了模拟法庭、法医物证实验室、社会工作实验室、办公自动化实验室、心理辅导实验室等。我们制定了卓越法律人才培养规划和培养方案，与自治区高级人民法院、自治区检察院、宁夏司法厅等单位签订卓越法律人才协同培养协议。政法学院原有思想政治教育、法学、行政管理3个本科专业，为扩展专业领域，在加强原有3个专业建设基础上，着力加强了社会学专业建设。原有社会工作专业是2002年开始招生，依附在行政管理专业下，学科归属不顺，经过几年的培育努力，2011年获批建立社会学专业。在2011年社会学系成立大会上，邀请了北京大学王思斌、谢立中，中山大学蔡禾，上海大学李友梅等我国众多社会学名家，参加了成立大会，莅临指导。借用北京大学社会学系主任谢立中校友在会上的话说，如此众多的社会学名家齐聚参加一个学校的社会学系成立大会，是罕见的。当时主席台上就座的12个人中，有7人有北大背景，所以他说，北大社会学系全力支持宁夏大学社会学系建设。

四是"211工程"重点学科建设。2008年9月，宁夏大学迎来了建校50周年华诞。在庆祝大会上，时任国务委员的刘延东同志给宁夏大学送来了一份大礼——会上宣布宁夏大学进入"211工程"建设学校行列。这对当时的宁大人来说，无疑是一个天大的喜讯！在喜悦和兴奋之余，作为宁夏大学的教授、政法学院院长，我在思考：政法学院应该如何主动参与"211工程"建设促进学院发展？2008年时，宁夏大学的重点学科只有3个：农学、水利水电和草业科学。这些都是服务地方经济建设能力强的学科，但是没有一个人文社会科学重点学科。当时这种重点学科发展不平衡现状与宁夏大学的综合性大学的学校性质和发展定位是不匹配的。基于重点学科发展这种不平衡现状的分析，我们以政法学院牵头，联合经济管理学院、教育学院、西部发展研究中心、人文学院、马克思主义学院、外国语学院、回族研究院等文科学院的院长、教授，开始了自下而上的重点学科凝练和争取宁夏大学人文社会科学学科"211工程"建设项目的文科自救自强行动。我和孙振玉、何风隽、高桂英、李德宽、任军、俞世伟等一批文科学院院长、教授，经过多次研讨、交流、沟通、协商，凝练出宁夏大学人文社会科学学科"西北民族地区经济文化社会发展研究"这一"211工程"建设项目，主要依托宁夏大学的哲学、民族学、经济学、法学、社会学、公共管理等学科的综合优势。经过与学校领导的多次座谈对话、协商沟通、积极争取，得到了时任宁夏大学党委书记荣仕星、校长何建国和主管副校长李星等领导的赞同和支持，最终"西部民族地区经济文化社会发展"获批进入宁夏大学"211工程"建设培育项目，将当时的"不可能"变为了"现实"。（详见潘忠宇《在申报民族学一级博士点的日子里》。刊于《为党育人　为国教才——我与宁夏教育（一）》宁夏人民出版社，2021年版，第171—178页。）

　　五是民族学一级学科博士点申报。2010年的3月，国务院学位委员会下发通知，开展第十一次博士硕士学位授权审核工作，我国第十一次博士硕士学位授权申报工作正式启动。当时宁夏大学没有一级学科博士学位点，文科也没有一级学科硕士学位点。所以，当时我们经过仔细分析认为，申报机会虽然难得，但是各文科学院单独申报一级学科博士学位点几乎都不可能。当时我和孙振玉教授不谋而合，共商共谋提出一个设想：借鉴我们前期"211工程"建设中整合学科资源的经验和做法，以民族学学科建设为核心，积极整合宁夏大学文科资源，凝练学科方向，联合申报民族学一级学科博士学位点。我和孙振玉教授等积极与经济管理学院、教育学院、西夏研究院、人文学院、马克思主义学院、外国语学院、回族研究院等文科学院多次沟通，与何风隽、石文典、高桂英、李德宽、任军、马宗保、周玉忠、俞世伟等一批文科学院院长、教授进行沟通。起初，大家都认为是好事，但在兴奋之余，许多人感到信心不足，这一设想普遍不被认同，不抱希望。但经过多次协商，逐渐形成共识、默契：积极联合申报民族学一级学科博士学位点。就这样，政法学院牵头组织相关学院加强协同，精细准备新一轮博士学位授权申报工作。我们通过凝练方向设计了"4+2"6个二级博士点为支撑的民族学一级学科博士点申报方案。"4"是指民族学学科目录内的4个二级学科博士点：民族学、马克思主义民族理论与政策、中国少数民族史、民族经济；"2"是指民族学学科目录外的2个二级学科博士点：民族地区公共管理、民族心理与民族教育。2011年8月，我校民族学一级学科博士学位授权点获批。这是宁夏大学文科乃至宁夏人文社会科学领域的第一个一级学科博士点，从学科发展上看，可以讲，文科建立一级博士点，不仅在宁夏大学，而且在宁夏文科发展史上都是一具有里程碑意义的大事。申博工作得到研究生院院长王银春、政法学院书记李正东及政法学院班子的大力支持，得到了相关学院的积极配合，副校长李伟教授对申博工作给予强力支持。申报民族学一级学科博士学位点过程中所需要的举办学术研讨、申博咨询、方案论证等会议以及邀请专家、走访咨询等费用绝大部分是从政法学院创收经费中支出的。（详见潘忠宇《在申报民族学一级博士点的日子里》。刊于《为党育人 为国教才——我与宁夏教育（一）》宁夏人民出版社，2021年版，第171—178页。）

六是申报哲学、民族学、法学3个一级学科硕士点。在2010年国务院学位委员会开展第十一次博士硕士学位授权申报工作中，我们在整合全校资源申报民族学一级学科博士学位点的同时，在政法学院内部整合资源，申报了哲学、民族学、法学3个一级学科硕士点。特别是法学一级学科硕士点的申报，其过程艰辛，道路曲折。尽管申报中我们作了认真准备，但是，政法学院当年申报了哲学、民族学、法学3个一级学科硕士点，出于各学院平衡的考虑，法学一级学科硕士点在学校组织的专家评审中被淘汰。法学是应用性、实践性和服务地方社会建设能力都很强的专业，宁夏公、检、法、司、律等都亟需高层次法律人才。由于前期我们对社会需求调研充分、扎实，需求数据翔实，我找学校领导和教育厅领导极力争取，经过上下反复沟通，得到研究生院、学校和教育厅领导认可，特别是得到教育厅主管高教副厅长冀永强的强力支持，他明确表态：社会亟需；也相信你们能办好。最终，宁夏大学文科获批7个一级学科硕士点，政法学院获批了哲学、民族学、法学3个一级学科硕士点，占了全校文科获批一级学科硕士点的近一半，为政法学院培养高层次人才搭建了重要平台。

七是国家社科基金项目立项突破。学科建设是高水平大学发展的核心，高层次科研团队和研究课题又是学科建设的核心支点。在科研团队建设上，我们以高层次项目申报指导的实战练兵为重点，从2008年底开始，学院组织申报课题中坚持把握4个关键环节，开好4个会：一是科研项目申报动员会，主要是分析形势，讲解政策，提高认识，进行动员；二是选题论证会，主要是组织专家对拟申报项目的选题的科学性、前沿性、合理性、可行性、恰当性进行论证指导；三是申报设计方案论证会，主要是组织专家对申报论证设计方案的科学性、前沿性、逻辑性、可行性进行论证指导；四是申报书文本论证会，主要是组织专家对申报书文本的规范性进行论证指导。通过这4个环节的论证、指导、把关，申报书文本质量大幅度提升。经过几年持续不断的努力，终于结出硕果，2012年，政法学院获得批准9项国家社科基金项目立项；2013年获得批准7项国家社科基金项目立项，其中包括1项国家社科基金重大招标项目。国家社科基金重大项目是现阶段国家社科基金中层次最高、资助力度最大、权威性最强的项目类别。2013年，以宁夏大学副校长李伟教授为项目负责人、宁夏大学为项目责任单位申报的国家社科基金重大招标项目——"我国多民族道德生活史系列研究"获得国家社科规划办公室批准立项（批准号：13&ZD064），这是宁夏大学乃至宁夏首个获批的国家社科基金重大招标项目，实现了宁夏大学乃至宁夏获批国家社科基金重大招标项目"零的突破"。我作为项目组核心骨干成员和子项目负责人之一，参与了项目策划、设计、组织、论证、申报全过程。

八是教风学风建设月。宁夏大学在完成2008年第二轮本科教学评估之后，伴随着学校进入"211工程"建设学校行列，科研、学科、学位点开始受到人们的重视，但是，对本科教学的松懈、淡化倾向开始滋长。本科教学是大学的立校基础。我敏锐地发现这一问题后，与学院班子成员于2009年在政法学院率先策划、启动开展"教风学风建设月"活动，主要是在教师中开展教学研讨、相互听课、青年教师教学比赛、骨干教师讲课示范；学生中开展读书征文演讲比赛、4个专业的专业技能大赛、本科生评选"我心目中的好老师"、研究生评选"我心目中的好导师"，每年3月份动员，四五月份实施，6月初总结表彰。在总结表彰大会上，获奖教师、学生现身说法，谈感受，讲体会，现场激励，促进教风学风建设。这一举措年年实行，后来形成传统，从政法学院推广，并延续多年。

九是着力加强师资队伍建设。为加强师资队伍建设，学院积极鼓励青年教师考博，支持骨干教师进修访学，积极引进广泛招聘博士入职。每年开展青年教师教学基本功比赛，加强师德师风建设，评选表彰"我心目中的好老师"（本科生）和"我心目中的好导师"（研究生），激励教师教书育人。经过几年的努力，教师中有博士学位者占比居宁大文科学院之首，教师的学历水平大幅度提升，教师结构明显优化，教师教学能力显著增强，教师重教重研的风气日渐浓厚。

十是积极举办高层次学术交流。为配合学科建设，加强学术交流，我们多次举办全国性高层次学术会议。例如，2010年6月，为扩大宁夏大学民族学学科影响，我们和《民族研究》编辑部联合召开"民族学西部高层论坛"，邀请了一大批国内民族学知名专家到宁夏大学进行学术研讨交流，促进专家对宁夏大学及民族学学科的了解。2011年6月，政法学院等承办的中国社会学2011年学术年会在银川召开，全国各地800多名学人参加了会议。2011年8月，中国伦理学会、宁夏大学、宁夏伦理学会主办的"全国民族伦理文化学术讨论会"在银川召开。与会专家、学者围绕"民族伦理与社会和谐"主题，对"民族伦理基本理论""民族伦理与社会和谐""单一少数民族伦理文化与价值""民族伦理典籍及跨学科研究"等专题展开了交流研讨（详见潘忠宇《我国民族伦理研究的新进展——全国民族伦理文化学术讨论会综述》，刊于《道德与文明》，2013.2）。这次会议在中国民族伦理学科建设史上具有重要的历史意义，其贡献主要在于：一是这次会议是我国建国以来召开的第一次全国性的以民族伦理为主题的专题学术研讨会，来自全国20多个省区市的120余名专家、学者参加了会议，会议收到论文70余篇；二是为促进我国民族伦理研究的学术发展和学科建设，由宁夏大学发起，成立了中国伦理学会民族伦理学专业委员会，李伟当选为会长，我当选为副会长兼秘书长。由此，宁夏大学成为中国伦理学会民族伦理学专业委员会的依托单位、会长单位和秘书长单位，奠定了宁夏大学在全国民族伦理学界的重要地位。

十一是广泛开展社会服务。积极组织学院师生，发挥专业优势，进行社会实践，广泛开展社会服务。例如，配合司法厅开展普法宣传、法律援助；配合自治区党委宣传部、精神文明办开展精神文明建设，举办多期公民道德建设论坛；配合区民政厅建设黄河善谷，开展社会工作援助、助老助幼助残等；配合自治区党委统战部、自治区教育工委、自治区民委开展中国民族宗教理论与政策宣传教育、民族团结进步创建指导、地方基层治理等。

任政法学院书记、院长的6年多，是我工作最忙碌、生活最充实的6年，也是政法学院发展最快、我个人最有成就感的6年。

多年来，在科研上，我个人主持申报完成自治区社科基金项目、宁夏发改委项目、宁夏民政厅项目及各市县区项目10多项，2007年申报立项国家社科基金项目——《和谐社会构建中的网络传媒伦理建设研究》；2014年申报立项国家社科基金重点项目——《少数民族社会主义核心价值观培育研究》。目前在研宁夏社科基金重点项目、宁夏智库项目和若干个服务社会的横向课题。

伴随着学校、学院、学科和学位点的发展，我于2012年被评为博士研究生导师，开始招收博士研究生。2012年底，我被自治区人民政府聘为专业技术二级岗。

目前担任的学术兼职有：国际儒学联合会常务理事、中国伦理学会常务理事、中国民族学会常务理事、中国孔子学会理事、中国人类学民族学研究会理事、中国伦理学会民族伦理学专委会副主任兼秘书长、中国人类学民族学研究会民族道德文化专委会副主任兼秘书长、国家社科基金通讯评审专家、教育部"国培计划"专家、宁夏伦理学会会长。

担任北京大学校友会理事，宁夏北京大学校友会副会长兼秘书长。

2014年6月，我被北方民族大学作为高层次人才柔性引进，聘期5年，任学校申博办副主任和马克思主义学院院长，重点负责民族学一级博士点申报和马克思主义学院建设工作。在民族学一级博士点申报前期准备工作中，我在申报方案的设计、学科方向的凝练、学术资源的整合、研究团队的构建、学科特色的提炼、学术骨干的集成、组织专家咨询论证、申报文本的优化等方面做了大量工作，申报文本一次次集成、一次次讨论、一次次咨询、一次次修改，申报文本十易其稿，不断优化、完善，为北方民族大学民族学一级博士点申报成功奠定了重要基础。在马克思主义学院建设工作中，大力推进了思想政治理论课"四位一体"教学改革，与北京大学马克思主义学院建立了共建联盟，促成北方民族大学成为北京大学协同创新中心的协同单位；积极推进宁夏共建高校马克思主义学院，将中国特色社会主义理论学科申报成为自治区"十三五"重点学科，将北方民族大学马克思主义学院申报成为自治区首批重点建设马院，招生、建设思想政治教育本科新专业；积极引进博士，支持中青年教师读博、访学，为教师普遍设立教学改革项目，组织教师到北京大学等高校培训，教师中博士占比明显提升，教师队伍结构逐渐优化，教师教学能力显著增强；动员、鼓励教师申报高层次科研项目，并积极组织论证指导，国家社科基金项目、教育部人文社科项目、国家民委项目、宁夏社科基金项目等高层次科研项目申报立项大幅度增加，取得了显著成效。这5年，我在宁夏大学从事教学、科研、社会服务的同时，为北方民族大学民族学一级博士点申报和马克思主义学院建设作了积极贡献。

我一生所获荣誉不多，偶有几个，如2008年被北京大学评为"北京大学优秀校友"，2011年获宁夏"社会科学工作贡献奖"，2012年获评"全区高校优秀共产党员""全国优秀社会科学普及名家"。

目前，我仍然担任宁夏大学民族地区公共管理博士学位点民族地区地方治理方向的博士研究生导师和哲学一级硕士点下伦理学二级硕士点的研究生导师，累计招收培养博士研究生16名，硕士研究生35名，培养本专科生无数。我目前仍然在研究生培养、科学研究、社会服务一线工作。

我信奉"为仁由己""天道酬勤"。在宁夏高等教育事业中默默耕耘的42年，有喜有忧、有苦有甜，成就了我丰富多彩的工作人生，也为宁夏高等教育事业添砖加瓦，奉献了我对宁夏高等教育事业的小小贡献。

2021年12月20日 于银川

# 宁大人宁大情

## ——记潘忠宇教授

张新民　林　倩

### 学科建设结硕果

潘忠宇从北京大学哲学系毕业后在银川师专任教，初来时办学条件艰苦，师资短缺，但那时学生都非常勤奋，学习氛围特别浓厚。为了提升自己，潘忠宇先后在北京大学哲学系、中国人民大学哲学系研修；参加陕西师范大学哲学研究生课程班、香港公开大学教育管理硕士研究生班学习，这些教育培训经历使他增长了学识。

2008年，宁夏大学进入"211工程"高校行列，这为宁夏大学既带来了机遇，也带来了挑战。时任政法学院院长的潘忠宇认为，建设"211工程"的核心是学科建设，高层次研究课题又是学科建设的核心支点，国家社科基金重大项目是现阶段国家社科基金中层次最高、资助力度最大、权威性最强的项目类别，他提出了一个设想：联合各文科学院加强人文社科教育研究，做一个凝练人文社会科学的"211工程"项目。经过与部分文科学院院长和教授的共同努力、与学校领导多次洽谈与协商，最后达成"西北民族地区经济文化社会发展研究"

潘忠宇教授授课中

综合性"211工程"项目。这一项目是宁夏大学人文社科研究者自强自救的积极努力和探索。

2010年3月，国务院学位委员会下发通知，我国第十一次博士硕士学位授权申报工作正式启动。当时宁夏大学没有一级学科博士学位点，文科也没有一级学科硕士学位点。潘忠宇与其他文科学院院长、教授沟通，由政法学院牵头组织相关学院联合申报民族学一级学科博士学位点。经过精细、充分准备，民族学一级学科博士学位授权点获批。这是宁夏大学文科乃至宁夏人文社会科学领域的第一个一级学科博士点。同时，潘忠宇组织政法学院申报，获批了哲学、民族学、法学3个一级学科硕士点，为政法学院培养高层次人才搭建了重要平台。

宁夏大学进入"211工程"建设高校后，面临着从教学型大学向教学研究型大学的转型，核心是提升科研实力与科研能力。潘忠宇组织相关人员进行了大规模科研申报，他以国家社科基金申报为主要抓手，全面调动老师积极性，通过召开科研动员会着重解读政策，提升教师对科研重要性的认知，使大家了解申报当年的科研导向；召开选题论证专家会，聚集多学科专家，对老师申报的选题进行多学科审议论证、咨询指导；召开课题设计论证专家会，组织专家从多学科多角度对申报项目的科学性、合理性进行研究；召开文本审核论证会，通过审核文本，避免文本的硬伤，使文本更加规范。通过这4个环节的会议，为教师申报高层次科研项目提供强大的组织保证和专家支持。正因为这样的努力，2012年政法学院获批了9项国家社科基金项目；

2013年获批立项7项国家社科基金项目。

2013年11月，以宁夏大学副校长李伟教授为项目负责人、宁夏大学为项目责任单位申报的国家社科基金重大招标项目——"我国多民族道德生活史系列研究"获得国家社科规划办公室批准立项。潘忠宇作为项目组核心骨干成员和子项目负责人，参与了项目策划、设计、组织、论证、申报全过程。这一项目的立项标志着宁夏在国家社科基金重大招标项目上实现了零的突破。

潘忠宇不仅对学院、学校学科建设作出了重大贡献，他自己主持、完成国家社科基金项目省部级研究课题11项，主编、参编出版专著、教材等19部，发表学术论文40余篇。论文《儒道哲学的生态伦理观》获宁夏第九届社会科学研究成果三等奖；论文《科学发展观——发展哲学新视域》被自治区人民政府授予宁夏社科优秀成果论文类二等奖；学术著作《回族伦理文化导论》2011年被自治区人民政府授予宁夏社科优秀成果著作类一等奖。

## 艰苦奋进不言悔

2007年，潘忠宇担任政法学院院长，他召集和主持学院管理层会议，组织讨论和决定学院的发展规划、工作方针、年度计划以及日常管理工作中的重大事项，建立和完善学院培训模式、教学体系、管理制度和工作流程，他强调"做事要严谨，办事要踏实，目标要明确"。在日常工作中他严格要求自己，以最佳状态投入工作，努力创新学院的管理机制，不断开创学院工作新局面。在大学扩招、生源质量下降、教学质量下滑、各种思潮纷至沓来、价值判断标准多元化的大环境下，他坚定不移地以本科教学为中心，2009年率先在政法学院开展"教风学风建设月"活动，狠抓教学质量不放松，通过建立健全各项教学管理制度，不遗余力地对教学各环节进行强有力的监控和科学规范的评价，激发师生教和学的积极性。政法学院良好的教风学风和教学成果的取得离不开他这个领军人物的执着。

日复一日，年复一年，在别人看来烦琐、枯燥的工作，潘忠宇却深感满足。笔者采访过他的一些同事，同事说他除了完成千头万绪的办公事务外，作为科研工作者，每年还要负责多个项目的调研、策划、撰写、上报等工作，还要撰写大量汇报、申请材料，办公室经常灯火通明，他为学院项目的顺利申报做出了自己的努力。他的不懈努力也得到了师生、领导的认可。在同事眼里，潘忠宇清正廉洁，处事公道，温良谦恭，善于与同事合作，从不贪功，能替每个人着想；安排教学计划，能够调动并发挥每位教师的优长。每年申报课题时，他总是提醒大家，应该在哪个方面努力。经他提出的思路，大多能很快出成果，收到事半功倍的效果。因此，同事们都很信服他，都很愿意跟他一起泡在办公室里加班加点。在他以身作则带动下，新老教师团结一心，超额完成教学、科研任务。春华秋实，潘忠宇披星戴月的忙碌得到了回报，在收获的时节，他的心里是甘甜的。那呕心沥血结出的累累硕果，那身后一行行扎实而闪光的足迹，是对开拓者无声的礼赞。

"致天下之治者在人才，成天下之才者在教化。"作为一名教师，潘忠宇从未忘记自己的责任。笔者采访过他的许多学生，学生说他热爱讲台，喜欢跟学生们在一起。谈起上课，许多大学生或许会用"枯燥乏味"这个词来形容，且不乏逃课者，可潘忠宇的课，大家会用"活跃"这个词来形容，还有不少外班学生来"蹭课"。尽管是讲那些理论、条文多的专业课程，可潘忠宇总会紧密地与实际结合，以解决实际问题为主。他强调伦理学是一门实践性很强的课程，是人生智慧之学，是实践理性之学，更是修身养性之学，所以，要多思考，多实践，联系实际，不要禁锢在书本里。潘忠宇在日常生活中十分关心学生，他所带的研究生中有一位南方学生，第一次见到潘老师时非常紧张，以为潘老师会提问他专业知识，然而，潘老师开口是："来宁夏适应吗？

天气干不干？平常多喝水，有不习惯的地方就来找我。"一番话就像定心丸一样，抚慰着离乡学子的心。潘忠宇教过的学生，都说他是一位不可多得的好老师，不仅学风严谨，而且待人友善和蔼可亲，跟学生之间没有距离，大家都愿意多向他请教，与他交流。无论是在课堂上、办公室里，还是校园的马路上，他身边总是围着讨论工作的同事和渴望释疑解惑的学生。

培养人才，锻炼人才，通过自己的言传身教，让青年人才持续不断地涌现出来，是大学教师义不容辞的责任。从踏上讲台那天起，潘忠宇就深刻认识到为党育人的重大责任，他总是说："法学院要培养合格的学生，要向社会输送合格的人才。"

"善教者，使人继其志。"潘忠宇在40多年的教育教学生涯中，始终将"德"作为育人的根本，努力践行立德树人、培根铸魂的学人担当，培养担当民族复兴大任的时代新人，在新时代革新与民族复兴的浪潮中恪尽职守，忘我奉献，爱岗敬业，在教书育人这个太阳底下最光辉的职业中，书写出了不平凡的人生篇章。

潘忠宇

（指导教师：王翔）

## 作者简介

林倩，女，2000年12月生，山东省日照市人，宁夏大学新闻传播学院2020级卓越新闻传播人才班学生。

# 宁夏首个国家社科基金
# 重大招标项目诞生记

潘忠宇　张新民　林　倩

学科建设是高水平大学发展的核心，高层次研究课题又是学科建设的核心支点，国家社科基金重大项目是现阶段国家社科基金中层次最高、资助力度最大、权威性最强的项目类别。2013年11月，以宁夏大学副校长李伟教授为项目负责人、宁夏大学为项目责任单位申报的国家社科基金重大招标项目"我国多民族道德生活史系列研究"获得国家社科规划办公室批准立项，这是宁夏大学乃至宁夏首个获批的国家社科基金重大招标项目，实现了宁夏大学乃至宁夏获批国家社科基金重大招标项目"零"的突破。潘忠宇作为项目组核心骨干成员和子项目负责人之一，参与了项目策划、设计、组织、论证、申报全过程。

## 坚持学科积累

民族伦理学是一门介于民族学和伦理学之间的新兴横向性跨界边缘学科，民族伦理应该是我国伦理学研究的重要领域和组成部分，民族伦理学也是意义重大、潜力巨大、前景远大的新兴学科。潘忠宇一直在汲取民族学和伦理学知识的道路上不断前行。1985年10月，在广州召开的"中国伦理学第三次会员代表大会"上，参加会议的李伟、潘忠宇等西部地区伦理学中青年学者，萌发、酝酿结合西部地区实际开展有西部地区特色的伦理学研究的设想，并逐渐形成共识。1987年4月，由陕西、四川两省发起组织的"中国西部伦理学首届研讨会"在西安召开。会上，潘忠宇和部分学者根据西部地区民族成分众多、民族道德传统文化遗产异常丰富的情况，提出了应重视从民族学和伦理学相结合的角度来研究民族伦理道德和民族伦理学的初步设想，得到了与会同仁的积极响应和热情支持，并达成共识，将研究民族伦理道德和民族伦理学作为今后长期研究的主要课题之一。

2000年9月，在中国伦理学会的支持下，宁夏伦理学会成立，李伟教授当选为会长，潘忠宇当选为常务副会长兼秘书长。2009年在浙江杭州召开的中国伦理学会第七次全国会员代表大会暨学术讨论会上，围绕"中国伦理学三十年"这一主题，潘忠宇、李伟对民族伦理学的学科发展，以"期望"的方式提出6点建议，特别是筹建中国民族伦理学研究会的建议，受到中国伦理学会的重视、支持和广大伦理学同仁的赞同、响应，自此，开始了中国民族伦理学研究会的筹建工作。

## 认真做好前期准备

经过近两年的筹备，2011年8月，中国伦理学会、宁夏大学、宁夏伦理学会主办的"全国民族伦理文化学术讨论会"在银川召开。来自全国20多个省（区、市）的120余名专家学者参加了会议。会议由宁夏大学发起，成立了中国伦理学会民族伦理学专业委员会，李伟当选为会长，潘忠宇当选为副会长兼秘书长，宁夏大学成为会长单位和秘书长单位。中国伦理学会民族伦理学专业委员会的成立，为组建重大招标项目课题组奠定了重要的人才基础。

在前期多年的研究积累基础上，2012年，潘忠宇与众学者聚焦民族道德生活研究主题，精心设计了20个选题，邀请国内相关领域知名专家开展前期系列研究。这些研究民族道德生活的研究成果，以系列论文形式分3批相继在《道德与文明》《伦理学研究》等伦理学专业期刊和《浙江工商大学学报》上公开发表，包括潘忠宇与郭春霞合写的《中国少数民族道德生活的研究视域》（《伦理学研究》2013.4）、潘忠宇与冯庆旭合写的《中国少数民族道德生活与生态和谐》（《道德与文明》2013.2）、潘忠宇与郭春霞合写的《中国少数民族道德生活与社会主义核心价值观》（《浙江工商大学学报》2013.6）。2013年6月，李伟、潘忠宇主编的《民族伦理与社会和谐》一书出版。这些丰硕的前期研究成果为本重大招标项目课题申报奠定了重要的前期研究成果基础。

## 不断凝练项目方向

已有的学术交流平台和研究成果为系统研究民族伦理提供了有意义的研究平台、有价值的学术资源和丰富的文献资料，也提供了广阔的思考空间和可能拓展的理论平台。但是，目前对于民族伦理的研究基本上是各自为政，仍处于分散、零散的状态，对于多元一体的中华民族丰富的民族道德资源的挖掘和研究，尤其是关于中华民族每一个具体成员的民族道德的形成、发展、结构、特征、价值和创新等还缺少深入的研究和挖掘，对各民族交往交流交融的伦理内涵和伦理价值研究不够，对民族伦理学科的全面、系统、完整的研究尚未充分展开，从宏观的高度和理论的深度这两方面对我国多民族道德生活和民族伦理学科进行系统研究，越来越显得迫切和必要。因此，课题组认真分析，确定了我国多民族道德生活史的研究方向。我国多民族道德生活史研究的突出特点是把伦理学的价值分析与民族学的实证分析以及历史学的历史分析结合了起来，建立起自己的理论视角。

2012年下半年，在国家社科基金重大项目选题征集中，李伟教授牵头，潘忠宇和陈文江等协助，考虑国家需求、研究价值、团队基础、专家优势、前期积累、有限目标等因素，凝练、推荐"我国多民族道德生活史系列研究"申报国家社科基金重大项目选题。项目旨在深入发掘中国各民族丰富的道德生活中所蕴藏的历史文化传统与价值理念，探索各民族道德生活发展与变迁的规律，了解和掌握各民族伦理文化和道德生活的基本要义和核心价值，为深刻理解和把握中华民族民族的精神和伦理文化的深刻内涵和丰富样态，提供有价值的文化资源、理论咨询和基础参考，具有很重要的学术价值和现实意义。

### 精雕细琢申报方案

项目总体研究框架由两大部分构成：综合创新性研究和主体资源性研究。

第一部分，综合创新性研究，即中国多民族道德生活史通论，主要是"中国多民族道德生活史"的基本理论内涵。

第二部分，主体资源性研究，主要是中国各民族道德生活史。

对上述问题的研究，需要分别研究中华民族各单一民族道德生活形态及其发展过程。本项研究依托中国伦理学会民族伦理学专业委员会的12所成员单位高校的不同科研团队，采用整体设计、分别论证、集团申请、分工合作的方式，分阶段对这些民族开展研究，先期部分以回族、藏族、蒙古族、白族、裕固族、纳西族、畲族、壮族、土家族、维吾尔族、苗族和满族等民族道德生活史为单位，形成系列子课题。

在项目申报方案论证过程中，2013年9月，中国伦理学会民族伦理专业委员会、宁夏大学、宁夏伦理学会主办的"中国民族伦理学2013年学术年会"在银川召开，邀请了国内民族道德生活相关研究领域知名专家参加，他们也是课题组的核心骨干。与会的30余名专家学者以"中国多民族道德生活史研究"为主题，对民族道德生活史的内涵、特征、类型、价值、作用，研究视域、方法等问题进行了热烈讨论，并且特别对12个少数民族道德生活史研究的对象、内容、方法、资料等问题进行了重点研讨，对拟申报的国家社会科学基金重大项目"我国多民族道德生活史系列研究"设计方案进行了充分的研讨论证、优化完善。在4天的集中研讨中，对项目申报设计方案的讨论尤其激烈，围绕学科方向的凝练、项目特色的凸显、创新点的提炼，大家时而兴奋，时而焦虑，时而争论，项目组部分核心成员常常熬到夜里一两点钟，两眼发红，却还在讨论、修改方案。有一天夜晚，潘忠宇和成员讨论设计方案，他执笔修改，写着写着，就握笔睡着了，被叫醒一看表，已经凌晨3点多。

## 团队合作项目获批

课题组按照重大项目协同创新、联合攻关的思路，开展课题研究单位的协作。根据课题骨干所在单位的实际，确定课题由宁夏大学作为责任单位，兰州大学、中央民族大学等12所高校作为合作单位，联合组建课题组。由于宁夏大学在民族伦理研究领域与这些合作单位前期有良好的合作基础，所以，本项目申报得到了这些合作单位的大力支持和积极配合。

课题组由宁夏大学牵头，依托中国伦理学会民族伦理专业委员会学科团队人力资源，邀请、汇集国内民族道德生活相关研究领域知名专家和中青年才俊参加，组建课题组。首批启动的课题组有120名成员，其中有70名教授、82名博士、50多名少数民族学者。课题组以多学科的专业背景、扎实的专业基础、丰富的研究经验、较强的研究能力，团队阵容强大、结构合理，申报课题如愿获批立项。

## 严谨思考开题论证

2016年12月1日至3日，"我国多民族道德生活史系列研究"项目成果论证会在银川举行。宁夏大学陈育宁、中国人民大学姚兴中、中南大学李建华、兰州大学陈文江、云南大学高力、内蒙古师范大学萨·巴特尔等与会专家对课题设计方案进行了深入研讨、论证，给予积极评价和充分肯定，并提出了许多建设性的优化、完善建议。

该重大招标项目首批成果于2020年评审验收结项。

"我国多民族道德生活史系列研究"这一国家社科基金重大招标项目，实现了宁夏大学乃至宁夏获批国家社科基金重大招标项目"零的突破"，对宁夏大学乃至宁夏人文社会科学的科学研究和学科发展发挥了引领和支撑作用。

（编校：王翔）

潘忠宇

霍 维 洮

1956年2月生，陕西绥德人，硕士研究生，教授（二级岗），博士研究生导师。主要研究方向为中国近代史、西北民族史。先后担任宁夏大学历史系副主任、主任，人文学院院长，曾任中国史学会理事、宁夏历史学会会长，宁夏社会科学院特聘研究员，宁夏大学中国少数民族史专业博士生导师、专门史与中国近现代史专业硕士生导师，宁夏回族自治区"313"人才，政府特贴专家，自治区教学名师。长期从事中国近代史、西北区域史与回族史的研究。主持和参与国家省部级课题多项，在《近代史研究》《西北民族研究》等刊物发表学术论文40余篇，多项研究成果获省部级奖励。

# 岁月无痕　往事零落

霍维洮

我生于1956年2月，陕西绥德人氏。幼年曾在甘肃临洮、西藏比如县等地生活，后居陕北，1973年1月随父母迁往宁夏吴忠居住，此后一直在宁夏工作和生活至今。

## 成长经历

我的小学和中学都是在"文化大革命"中度过的，从小学四年级开始，语文课主要学习《毛主席语录》，算术课也七零八落。当然，课余还是要找些闲书看看，其中对我影响最大的是《水浒传》，那是一本七十二回本竖排版繁体字的书。我对这本书极有兴趣，读了4遍，很多段落可以背诵了。由此，我认识了繁体字，还喜欢竖排版书籍，对文言文着迷，觉得文言文表达很有意味，这样就总想着找旧书看。

1969年夏天我到绥德义合中学读初中。这是一所县办中学，学校的老师大部分是外地人，每人一孔窑洞，宿舍兼办公室。老师们都关心学生，教学水平高，激发了我们学习的兴趣。两年半后，我升学高中，仍然在原来的中学。学校的老师和环境我都很熟悉，我经常晚上去老师宿舍，他们一高兴就会给我讲课。印象深刻的一次是，我到一

霍维洮教授在国外访学留影

位语文老师宿舍（他不是我们班的任课老师），向他讨教古典诗词，这位老师有些兴奋，给我讲了一晚上唐诗。油灯照着老师的面孔，似乎洋溢着一种久违的专业热情，这深深地感染了我。至今我每念及此，都会默默地感谢这些老师。

1974年1月，我从吴忠东方红中学高中毕业。3月，我们这届毕业生都戴着大红花，坐县上的卡车拉去下乡了，身份成了知识青年。过了不到半年，我当了生产队出纳，负责队上的经费物资管理。后来又当上了会计，负责队上的经济账目与分配方案等事务。当生产队干部的好处是不需要按时下地干活，在队部记账之余可以看看书，每天我大概都能看两小时书，下午去田里劳动。回想起来这是一种非常健康的生活方式，每天劳动几小时，保持了体力，又能学习知识。下乡两年读的主要是过去大学中文系的教材，包括《中国文学史》、朱东润主编的《中国文学史参考资料》等。除了作品，我特别感兴趣的是作者与作品的历史背景，通过学习作品背景掌握了不少历史的具体知识。

1975年，宁夏各工厂纷纷招工，公社给了我招工名额，12月我被招工到青铜峡水电安装工程处。经过4个月的培训，我被分配到实验电工班。因为没有固定的计划任务，我们先被派遣去安徽安庆支援电站建设，后来又到石嘴山电厂、同心罗山电视转播站等处工作。作为徒工，工作上没什么压力，重点还是读书。师傅们对我特别照顾，允许我在上班时间看杂书，而和我一起进厂的另外3位学徒只能看电工书。这是我遇到的最尊重知识青年的单位。

1977年11月，我在罗山工地收到家人来信，信中夹着一片报纸，上面登载教育部答记者问，说要恢复高考。这是一个宝贵的机会，我立即请假回到青铜峡单位复习。因为不知道高考是怎么回事，而且只有一个月时间，我把自己擅长的古文和历史下功夫整理了，而数学和政治就简单背了点公式和资料。结果上了考场发现古文和历史题都非常简单，我不用复习也能答上，而数学题不会演算，政治题凭着背会的应付了。

1978年3月，我进入宁夏大学政史系学习，属于1977级，也就是"文革"后的第一届大学生。当时的大学百废待兴，没有教材，宿舍不够，伙食也很差，每天只有水煮白菜或土豆，主食是馒头。1977级学生学习的劲头众所周知，排队买饭、等公交都在看书，凑在一起说的都是专业问题，晚上10点半之前没人离开教室，还有通宵达旦读书的。学校也十分重视1977级，把最好的老师都安排来给我们上课。给我们上课真是太辛苦了，课间休息，同学们总是围着老师问各种各样的问题，以至于系里下通知说课间要让老师休息。我们班的同学可以用《水浒传》的一句话形容：三山五岳人，七长八短汉！ 49名同学，年龄从18岁到30来岁，有应届的，但多数是知青、工人、干部、军人，大家知识面庞杂，阅历多样，提出的问题也稀奇古怪，往往令老师意想不到。

大学毕业，我被分配到吴忠中学任教，任高三政治课教师。这里学生的素质较好，理解力很强，讲课可以超出教材范围，引申到更广阔的领域，反而能激发学生的兴趣。中学教学既要对课程整体逻辑有深入把握，又要在细小的知识层面有扎实的讲解。我在教学中逐步掌握了一些教学方法，这对我后来的教师生涯很有影响。

1986年9月，大学毕业4年之后，我重返宁夏大学读研，专业是中国近现代史，导师是宁夏大学历史系刘钦斌先生，还有东北师范大学历史系的赵矢元先生。自大学起，我对中国近代史产生了兴趣，觉得这是一个具有理论意义的史学学科，与现实社会有密切关系。直至今天我们的社会仍然处在向现代化变迁之中，而近代史正是这一过程的开端。我的学习和思考，并不仅限于书本，密切关注现实社会的变化，从现实反观历史，会有很多启发。三年的研究生学习给我打下了比较扎实的近代史专业基础。在此期间我还参加了宁夏社科院吴忠礼先生主持的《西北五马》科研项目。期间发表了几篇文章，我的学位论文《同治年间西北回族反清运动性质再认识》，发表于《近代史研究》，还有《太平天国政制与天京事变》《朱执信的社会主义思想》等文章，也是我这阶段学习的心得。

## 任教体会

1989年6月，我留校任教历史系。我先后讲中国近代史、中学历史教学法，还给自费班讲了两门课。讲授新课，备课任务重，每天晚上都在宿舍备课。我的体会，教案是保证课堂教学基本水平的方案，教师在课堂上是在教案的基础上，结合自己的学识向上发挥。教学要有现场感，因此上课不能念教案，而是要不脱离教案自我发挥，这样才是现场教学。除了专业研究，教师要不断地思考课堂教学的方法，体会自己上课的感受和了解学生的动态，并且应该向其他人学习。我大学时听吴家麟老师的课，他没有讲稿，滔滔不绝，逻辑清晰，趣味丰富。大概50岁以后，我也可以拿个简单的提纲，做讲座和讲课了。教师是我的根本职业，把课上好是我的职业起点。2001年我获得"全国优秀教师"奖，2007年被评为"自治区教学名师"，我觉得这是对我教学工作的肯定。

2002年以后，我在人文学院管理教学工作中，发现本科扩招后的学生读书少，且缺乏读书的积极性。我和同事们反复讨论，最后确定采取"四环节教学法"，即在课堂教学中贯彻"读书、讨论、讲解、

霍维洮教授在日本京都大学讲课

论文"4个环节，换言之，就是通过这4个环节来达到教学目的。这个过程包括了学生读、写、说几方面的训练，是文科学生必需的基本功。我们多次组织学生反馈会，多数学生认为受益颇多，少数学生觉得任务多，课后学习太忙。我的看法是学生忙点比闲着好，也有利于学风改进。该教学法在人文学院从2005年至2011年实施，取得了良好的成效。作为一种教学模式，2009年获得自治区教学成果一等奖。

## 学术研究

20世纪90年代，我的时间主要用于读书和研究。我读的书主要分两类，一类是理论书籍，用以扩大认识领域；二是史料书籍，针对研究的课题搜罗资料，用以研究史实的细节。我的体会是，理论可以使人扩大视野，在各种现象之间找到联系，避免陷于就事论事和琐碎研究。史料所反映的事物运动中的环节和变化最重要。这些环节和变化是研究的着眼点。我最熟知的理论还是马克思主义，这一理论对我认识历史的具体事实本质有极大的意义，也帮助我有效地找到历史现象之间的关系。当时我参加《西北五马》和《宁夏通史》的研究任务，比较系统地阅读了甘肃、宁夏、青海近代史料，思考了这段历史发展的内部关系，对西北回族社会的组织变化有了新的认识，很长一段时间的研究工作都集中在这个课题上。1993年《西北五马》《宁夏通史》先后出版，我在这两本书中完成了20多万字的写作。此后我发表的论文多数是在这个基础上的进一步深入，10年研究的成果《近代西北回族社会组织化进程研究》于2000年出版，次年获自治区社科成果著作一等奖；《近代西北回族社会二重组织及其演变》一文于2009年获自治区社科成果论文一等奖。1995年暨南大学邱树森教授邀我参与他主编的《中国回族史》书稿的修改工作，我去广州对该书的近现代部分作了修改和补写。邱教授学术功底深厚，精力超人，每晚写作至凌晨，令我十分感佩！《中国回族史》1996年由宁夏人民出版社出版，是回族史领域比较系统的专著。近年我关于中华民族的研究，集结为《经济、文化、制度——三维向度中的古代多元一体民族关系格局》和《近代中华民族形成的历史逻辑》两篇论文，分析了我国古代多元一体民族关系长期维持的原因，结合中国近代历史变革认识中华民族形成的内在逻辑。

## 学科建设

20世纪的宁夏大学，全校硕士学位点寥寥无几。我认为历史系应该在这方面有所突破。1996年王天顺教授和我分别以西夏史、回族史为学科方向，申报少数民族史专业硕士学位点，并且获得批准硕士学位授予权。该专业于2001年获批为自治区重点学科，也是后来申报中国少数民族史博士点的重要支撑学科。2000年历史系又申报民族学专业硕士点，得到批准，扩大了历史系的研究生教育。2005年，在时任校长的陈育宁教授主持下，"中国少数民族史"专业获批为博士学位授权专业。这是宁夏大学的第一个文科博士点。我作为其中的"回族史"方向带头人，2006年被聘为博士生导师。

我经历了农民、工人、教师几个职业，但主要身份是教师。教书是我的乐趣所在，我对上课一直很有热情；学术研究为了有话要说，也为锻炼自己的思维和理论见识，算是不说空话。20世纪八九十年代，教师收入微薄，但宁夏大学风气端正，青年教师积极向上。时至今日，宁夏大学校风学风优良依旧，少了纷扰，师生能安心读书。我生活在这个校园里，留下了许多美好的记忆！

霍维洮

# 漫漫书海育人才

林　倩

　　从一个酷爱诗文的文学少年，到艰苦岁月里的追梦学子，到默默无闻的青年教师，再到学养深厚的历史学者，霍维洸以坚定的信念、乐观的心态和不懈的努力，克服种种困难，终于取得了今天的学术成就。

　　走进霍维洸办公室，满屋子的书映入眼帘。泛黄的纸上，漂亮的蓝黑色钢笔字迹依然清晰，纸张有了年头，却依然保存完好。这一本本书，一个个字，见证着霍维洸对史学研究的炙热情怀，书写着一个人民教师平凡而灿烂的岁月。

## 学者霍维洸

　　1974年，刚高中毕业的霍维洸和大多数同学一样，成了一名下乡知青，被分配到吴忠东塔公社，后招工至青铜峡水电安装工程处。挥别昔日的同学和老师，读古文、抄书便成了霍维洸每天劳动之余最爱的消遣，他通过看文学作品，从注释中获得了大量历史知识，由此培养起了对历史的兴趣。1977年冬天，正在同心县罗山执行任务的霍维洸得知高考即将恢复，心怀大学梦的他，匆匆向单位请假，回到青铜峡基地复习。"整个复习的时间就一个来月，一个月就参加高考，这对1977级学生是很特殊的。"霍维洮说。尽管高中毕业已经4年，数理化的知识大多已经忘记，但他一直在自学文学，高考成绩下来，他被录取至宁夏大学政治系思想政治教育专业。虽然与自己喜欢的专业失之交臂，但面对来之不易的上学机会，他格外珍视，"那时候，我特别羡慕在马路上散步的人，因为我没有时间去散步。"大学四年的课程，霍维洮只有少数几门课的成绩在90分以下。他平日里花销最大的就是订阅书籍刊物。本科期间，他就与同学在《宁夏大学学报》合作发表了两篇文章。回忆起大学生活，霍维洮意气风发："我那时候就经常看书，翻资料，通过看书形成自己的认知，常常在课堂上因为和老师意见不同讨论起来。"

大学毕业后，霍维洮被分配至吴忠中学任教，担任高三政治课教学。政治课本身较为枯燥，但因为热爱自己的工作，霍维洮总是想尽办法调动学生的积极性。他研究出一套特有的讲课方法，那就是用历史讲政治，引用史实，将道理讲得透彻、深刻、具体，启迪学生，深受学生欢迎。

尽管在高中的教学有所成就，但霍维洮并不满足于眼前安稳的工作，他希望自己对世事的理解更深入，做更有挑战的工作。1986年他考取了宁大历史系研究生。由于基础比较扎实，加上自身的不懈努力，研究生期间，他就发表了数篇文章。"我给自己的学习做了一个规划，就是这个学期不管开几门课，我所有的课程都要合格，并且其中必须有一门课的作业要做到能够发表。"由此，在研究生第一学期学习太平天国历史时，霍维洮便写了一篇论文并发表在《宁夏大学学报》上。同时，他还参编了《西北五马》《宁夏通史》，完成了20多万字的书稿写作，得到了主编和专家的好评。

"做科研就是要耐得住寂寞。"青年时期，霍维洮对自己每天的工作量定下很严格的标准，每天工作三个单元，上午一个单元，下午一个单元，晚上一个单元。他要求自己每天早上7点半准时坐在写字台前，晚上新闻联播结束就要回到写字台前，书稿每天保证写3000字，并尽可能一遍成稿。他的著作《近代西北回族社会组织化进程研究》获"宁夏第八届社科优秀成果著作奖"一等奖；《宁夏通史》获"宁夏第五届社科优秀成果著作奖"一等奖；论文《近代西北回族社会二重组织及其演变》获"宁夏第十届社科优秀成果论文奖"一等奖。他在《近代史研究》《西北民族研究》等刊物发表学术论文40余篇，多项研究成果获省部级奖励。

霍维洸的研究多是在新领域艰难探索，从材料的发掘、梳理，到观点的提炼、辨析，最后到文章的成稿、修改，每前进一步都要花费大量的时间和精力。历史事实的细节与理论思想的结合，发现新的问题，提出自己的观点，是霍维洸的研究心得，故其文章能言之有物，自成一体。

几十年如一日的默默耕耘、开拓创新，让霍维洸对于史学、历史与现实有着比常人更为深刻的理解，在这份坚守和耕耘中，史学已经融入他的生活和人生，化成他的生命。

## 教师霍维洸

尽管霍维洸十分注重对科研的探索，并且还承担着部分行政工作，但他始终没有忘记自己教师的身份，在教学方面也颇有造诣。"我一直认为我是一个老师，我一定要把书教好。"霍维洸说。"备课并不是说明天早上要上课，今天晚上赶紧去看书，而是要用毕生所学去备课，备课是一个漫无边际的过程，时时刻刻都要思考怎样讲。不要以为教案就是课程质量的标志，教案只是最低水平、不出现失误的保证。"霍维洸在20世纪90年代中期开设的任意选修课中国近代思潮，很多理科专业的学生都抢着报名，甚至有学生因名额所限，即便无法得到学分，也坚持听课。

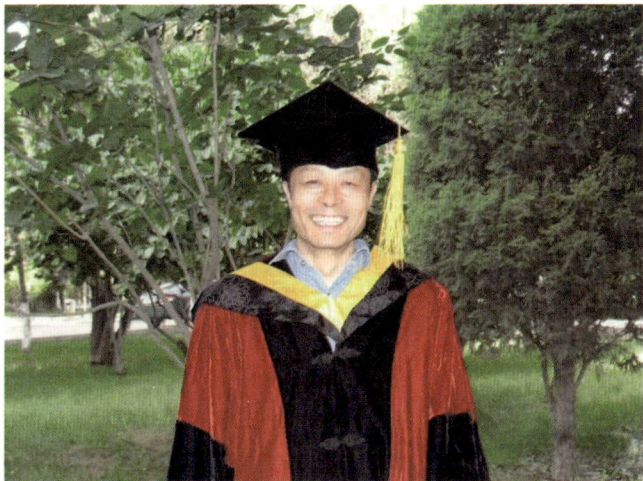
霍维洮教授参加学生毕业典礼活动留影

"我这人性格就是这样，如果我讲课学生反应很沉闷，真的会出一头汗，就会想这是怎么回事，是什么地方不对，赶快凭经验临时调整。"霍维洮说。讲课时，他十分关注学生们的反应，特别在意课堂上的思想互动，针对不同的学生有着不同的上课方式。在面对四五十人的班级讲课时，他提倡要精神饱满，像表演一样地讲课；在给六七个人的研究生上课时，则提倡娓娓道来式授课；在面对300多人的大报告时，提供利用话筒掌握分寸，既不能热情高涨，又不能太低沉。有一次，他下乡给农场的400多名农工讲课，农工们刚开始时吵吵嚷嚷，然而不到20分钟，整个现场变得十分安静，"这是我认为一个成熟的教师应该掌握的技巧"，霍维洮说。

此外，霍维洮一直在思考教学方式改革。在讲授中国近代史时，他就在思考能否先让学生自己查阅资料，自己先思考，通过对资料的总结得出结论，而不是老师先讲授，先入为主地给学生一个概念，这样容易出现学生不理解、只会死记硬背的状况。在人文学院担任院长后，霍维洮推行"四环节教学法"，即讲解论文，将4个环节严格贯穿于课堂上。"那时候学生经常反馈太忙了，但我认为忙总比闲着好。"在他的身体力行和积极推动下，人文学院学风有很大改观，这项教学改革课题也被评为自治区教学成果一等奖。

"希望现在的学生做学问、搞专业一定要有坚强的意志，使自己始终沉浸在里面，打好基础，做好传承。尤其是人文学科，没有传承哪里来的创新呢？"霍维洮对青年学生寄予厚望。霍维洮一生都在教育岗位默默奉献着，曾获教育部"全国优秀教师奖"。自治区教育厅"高校教学名师"；教学成果"民族地区文史专业学生培养模式"获自治区教育厅举办的"自治区教学成果奖"一等奖。在宁夏大学工作期间，他始终记着自己"教书匠"的身份，真正做到为国家、为社会育人才。

迄今为止，霍维洮已经在宁夏这片土地上"种"了近40年的"树"，可谓桃李满天下。不论作为老师还是学者，他一直在不断攀登。现在，尽管已经退休，但他并没有离开教学，依然坚守讲台，为研究生传授知识。

# 可爱可敬的老顽童大兄

王岩森

从认识，到后来一起共事，直至今天，我一直以"霍老师"称呼霍维洮大兄！

认识霍老师，还是当年一起住学校招待所（现群贤楼）教职工单身宿舍的时候。那时，霍老师刚刚从吴忠中学重返母校，在历史系任教。初识时说了什么，早已不记得了，记住的只是霍老师的高和瘦，还有那双虽不大却很有神的眼睛，和"呵呵呵"的极具"霍氏"风格的爽朗大笑。

认识后，渐渐知道霍老师不仅课讲得好，而且学问做得好，深得年轻同事的敬重和老先生们的赏识。那时候的大学，还没有像现在这样，将科研置于绝对重要的位置，教师们做科研的很少，而以专心教学的居多。霍老师则不然，教学的同时，将很大的精力投入到做学问之中，而且在自己的专业领域已有了诸多的发现、建树。做学问对霍老师而言，既是兴趣使然，更主要的则是对学术、学问的自觉担当。后来，当我也学着做学问的时候，才深刻体会到兴趣热情和自觉自信之于做学问的重要。

再后来，霍老师担任了历史系的副主任、主任，成为我们舍友中最早当领导的一个。尽管此时大家早已陆陆续续搬离了单身宿舍，但依然关注着彼此的情况。我不时可以从历史系朋友那里得到霍老师和历史系的零星消息：历史系在原有的历史教育专业之外，新增了酒店管理专业，而且有了自己的硕士研究生专业——专门史。那时的宁夏大学，像这样规模的系有自己的硕士研究生专业的，历史系应该是独此一家。在我的经历中，书教得好或学问做得好的很多，但书教得好、学问也做得好的就比较少见，而像他那样书教得好、学问做得好、行政事务同样做得好的，则是凤毛麟角。这也正反映了霍老师和很多读书人大为不同的一面：不尚空谈，重事功！

2002年2月，学校将原来的中文系、历史系、对外汉语教学中心以及回族文化研究所几家单位合并为人文学院，霍老师出任人文学院的首任院长。于是，我和霍老师又多了两重关系：同事、部下。在此期间，我对霍老师的大气、率真，有担当、肯负责，特别是举重若轻的管理艺术，有了近距离的观察和切身的感受。建院伊始，人文学院中文系有近60名教师，有汉语言文学、汉语言文学教育、新闻学、文秘4个专业，而历史系则只有20余人，设历史教育、旅游管理2个专业，两个系可谓相差悬殊。历史系主任出身的霍老师做院长，不仅中文系的人，甚至学校的不少人都在观望，看霍老师将如何"摆平"这件事。记得在学院成立大会上，霍老师做表态发言时，特别表达了对中文系的认可和承诺：中文系占据了人文学院的大半壁江山，中文系的稳定和发展，对人文学院有着决定性的作用。人文学院将全力支持中文系的发展壮大，凡是过去老中文系立下的"规矩"、定下的事情，只要有利于新中文系的建设、发展，学院一律保持不变，而且还要给予更多的支持。这一表态对中文系教师而言，不啻为一颗定心丸。

霍老师的这番表态，绝不是权宜之计，而是一切为了学院发展深谋远虑的结果。谋定而后动，是霍老师一贯的处事风格。在霍老师担任院长的10年时间里，只要是有利于中文系建设、发展的事情，学院无一不是一路绿灯，全力支持。其中最大的支持，莫过于力主中文系有自己相对独立的人事权、财务权（这在当时学校各新建学院下设的系中是绝无仅有的），尤其是后者。当时的中文系以自考为主体的创收工作正做得风风火火，中文系教师的福利不仅在人文学院是最好的，即使在学校也是很好的，财务权的保留（下放）对学院而言无疑是一个很大的损失（当时正是学校财务最困难的时期，学院的公用经费因此而大打折扣），但对稳定、激发中文系教师的人心和积极性却起到了关键性的作用。宁可学院过紧日子，也要稳定、凝聚中文系的人心，推动中文系的发展，实现学院的真正融合，霍老师处事的大气、果决可见一斑！由此，中文系迎来了建系以来最好的发展时期：二级学科硕士学位点由原来的1个（中国古代文学）增加到了4个（中国古代文学、中国现当代文学、比较文学与世界文学、汉语言文字学），教师承担的省部级以上教学、科研项目，所支配的教学、科研经费的数额，所发表、出版的学术成果，以及所获得的省部级以上教学、科研奖励，都在学校文科院系名列前茅。汉语言文学专业成为首批国家级、自治区级优势、特色专业。更重要的是，专心教学、一心治学成为中文系乃至学院大多数教师的共识和目标。

最能反映霍老师识见的，是在学院开展的以"四环节"教学方法为核心的一系列教学改革探索、实践。人才培养是大学的核心任务，而人才培养的关键在于本科教育教学。1998年开始高校扩招，学生人数急剧增加，生源质量也大踏步地倒退，学生的专业基础差、自主学习能力不足。与此同时，教学班级的大幅增加，导致教师的教学工作量陡增，多数教师处于疲于应付的状态，无暇顾及教学质量，这让大多数师生深感忧虑。为了破解这一困扰，在霍老师的谋划、主导之下，人文学院在学校率先推出了"读书—讨论—讲解—论文"的"四环节"教学法，旨在训练与培养学生思维能力与专业素养基础上的"读—说—写"的能力，扩大学生的专业知识广度与深度。"四环节"教学法让学生真正地动了起来，从而唤醒、激活了学生的积极性

霍维洮教授的退休生活

和创造力：一批学生在公开学术刊物、文学刊物上发表了论文、作品，有学生公开出版了长篇小说，还有几位学生成为《黄河文学》的首批签约作家，学生自办的文学刊物《西北角》、文学社团"雨巷文学社"不仅在学校，甚至在宁夏文学界都有了不小的影响……以这一改革为核心内容形成的成果《民族地区文史专业创新能力培养模式研究——以宁夏大学人文学院"四环节"教学方法为例》，先后于2009年、2010年获得学校、自治区教学成果一等奖。尽管"以本为本"的理念当时还没有提出，但人文学院进行的一系列改革，却超前地体现了"以本为本"的精神。

　　霍老师在人文学院做院长的10年，不尚空谈、重事功，成绩是有目共睹的。但在我看来，其间也不乏遗憾。最大的遗憾，是由于在学院的融合、发展中投入了太多的精力，他上课少了，更少写文章了，除了给博士生、硕士生上课外，几乎没有给本科生上过课；除了修订了自己的1本著作（《近代西北回族社会组织化进程研究》，这也是霍老师学术研究的成名作、代表作）、与人合著了一部著作以及写了2篇有关"西北学"和近代甘青地区"土官"制度的论文外，几乎再无其他学术著述问世。对于一个人文学者、大学教师而言，四五十岁正是学识、思想渐趋成熟的时期，正是学术研究的黄金时期，也正是"传道""解惑"的最佳时期。而恰恰在这样一个收获的阶段，却不得不搁置自己的教学、治学，这对于以教书、做学问为志业的霍老师和他的学生而言，无疑是一个损失。

霍老师退休了，我原以为大兄终于有整块的时间可以专心"侍弄"他的学问了，不料想大兄性格中散淡的一面却毫无来由地释放了、"爆发"了，显露了老顽童的本色，除了看看他钟爱的《动物世界》，偶尔与三两朋友神聊一番之外，竟然不再触碰学问，甚至绝口不谈学问。仔细想想，这看似无来由的背后，其实是对学问的深刻敬畏！做学问容不得分毫懈怠、糊弄、轻慢，既然已无法超越自己，那么就和它保持一点距离，心存一份神圣、庄严。这正是霍老师的通达、通透之处，我想！

（编校：张加琦）

## 作者简介

王岩森，男，1965年3月生，宁夏盐池人。1986年毕业于华东师范大学中文系汉语言文学专业。无党派人士，现任宁夏大学人文学院副院长，教授、硕士生导师。

霍维洸

# 后　记

继第一辑、第二辑先后出版发行后，今天，《贺兰山下种树人——宁夏大学口述实录（第三辑）》《贺兰山下种树人——宁夏大学口述实录（第四辑）》也和广大读者见面了。

挖掘、抢救、编研宁夏大学弥足珍贵的历史记忆，记录先行者们艰苦而坚实的创业足迹，珍藏并传承前辈们用智慧与汗水浇铸出的"宁大精神"，是我们档案人的历史机缘和现实使命。

在前两辑中，我们共遴选了52名宁夏大学老领导、老教师作为访谈对象，分为"采访视频文字""人物通讯""亲友回忆文章"三大板块，以期立体呈现被采录对象在宁夏大学工作、生活的真实图景，以不同的视角全方位描绘"宁大人"在艰难中前行、在奋进中崛起的全貌，诠释"'沙枣树'精神"的丰厚内蕴，为广大读者留存一份值得珍藏和回味的宝贵记忆。

在后出的两辑中，我们共收录了34名55岁以上的各学科专家学者，他们都是各专业领域的佼佼者，为宁夏大学建设发展作出了不少贡献。内容结构分为"本人业务自传""人物通讯""亲友学生回忆文章"三大板块，较之已出版的两辑，既体现了内容上的延续性，又显示出结构上的创新性。

"口述档案"是近年来兴起的一项新颖的档案编研形式，以清新自然、别具一格见长。宁夏大学此项工作能走在西部高校前列，离不开学校领导的鼎力支持，得益于中国高校档案学会与兄弟高校的指导与支持，依托于我校档案人自身的孜孜进取。校党委书记李星于百忙之中撰写总序，体现出学校党委对档案校史工作的重视与关怀；彭志科校长、郎伟副校长对我们的工作多次予以悉心指导；自治区党委办公厅，自治区档案馆，宁夏大学发展规划与学科建设处、计划财务处、离退休人员服务处、办公室、党委宣传部、资产与实验室管理处、校友总会与教育发展基金会工作办公室等部门都给予我们有力的协作配合。特别是疫情防控期间，编辑们克服困难，仍赶往学校加班加点，笔耕不辍。在此，对各位领导、部门、个人的无私付出，一并表达真诚的感谢和深深的敬意！

本次采录工作邀请函、采访提纲、文稿撰写供稿、视频剪辑等，均由档案馆牵头制订、实施、定稿。在采录、撰稿、编辑工作中，新闻传播学院硕士研究生封宏砚、于晨曦，新闻传播学院、人文学院、教育学院、农学院本科生虎娟、刘娇、王锡彬、周雪娇、纳茹、林倩、何小倩、吕欣、余子夜、李欣宜、庄佳林、马昙兰、王爱婷13名同学，作为学生记者，电话联系、登门走访、查阅资料、撰写采访提纲与通讯稿，做了大量颇有成效的工作，其专业素养值得肯定，敬业精神值得表扬。全书由档案馆王海文馆长统稿，郎伟副校长最终审定。

根据工作计划，采录工作任务落实、文稿初审分工负责情况如下：王海文（郎伟、刘彤、苏冠文），马海龙（李星、何建国、田军仓），张惠（谢应忠、王玉炯、高桂英），褚文娜（孙振玉），杜维民（杜建录），马健（李伟、宋乃平），贾国华（李建设、贺答汉），王斌（何文寿），翟伟（许兴、米文宝），陆为（张维江），刘晔（蔡永贵、梁向明、雷兴明），韩勇（尹敬其），胡彬（周玉忠、俞世伟、张亚红），赵芳红（陈彦云），雍文娟（王银春），王翔（徐桂珍、乔立恭、潘忠宇），马瑞（张磐兰），张加琦（霍维洮、何风隽）。此外，图片收集、编辑由王翔负责；退休教师张新民参与了文稿的编辑工作。在此，对上述同志的辛勤付出，予以充分肯定。

此项工作的顺利完成和丛书的如期出版，宁夏阳光出版社唐晴社长，李嫒嫒、贾莉两位编辑，付出了很多心血，在此谨表衷心的谢忱！

　　因编撰经验不足、编者水平有限，书中难免有错漏不当之处，敬请广大读者批评指正。

王海文

2023年3月于金波湖畔

后
记